站在巨人的肩上
Standing on Shoulders of Giants

TURING
图灵教育

iTuring.cn

TURING 图灵原创

智能增长

蒋凡 著

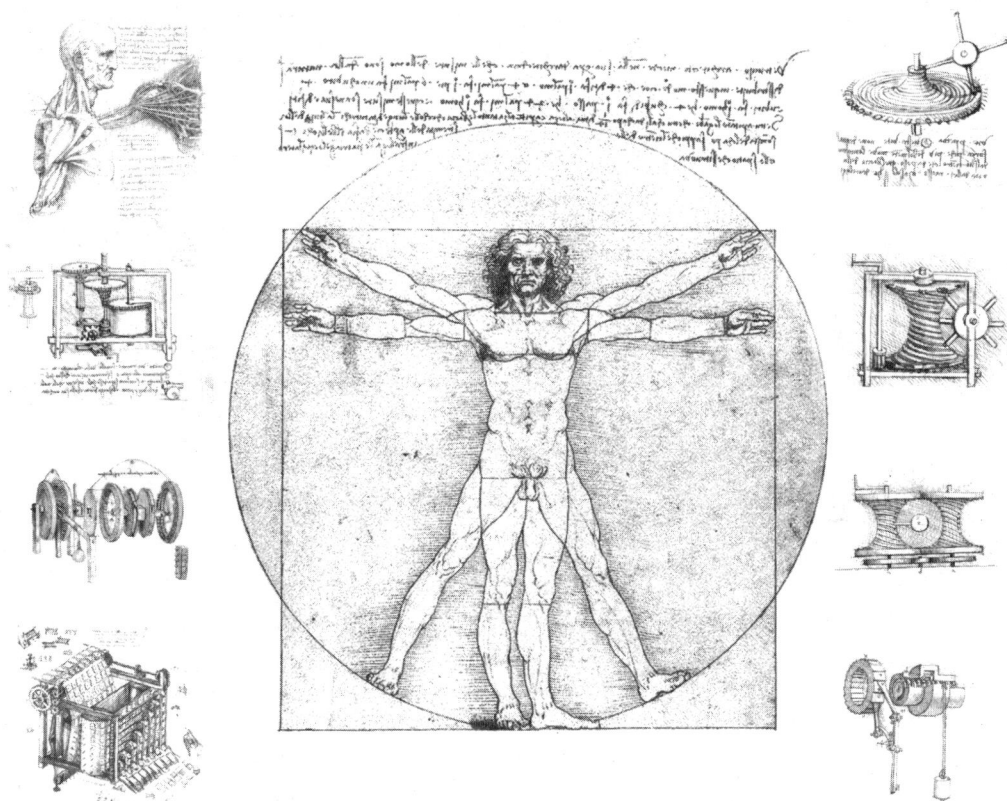

人民邮电出版社

北 京

图书在版编目（CIP）数据

智能增长 / 蒋凡著. -- 北京 : 人民邮电出版社,
2017.12
（图灵原创）
ISBN 978-7-115-47142-0

Ⅰ. ①智… Ⅱ. ①蒋… Ⅲ. ①网络公司－企业管理
Ⅳ. ①F276.6

中国版本图书馆CIP数据核字(2017)第264908号

内 容 提 要

本书共分 5 部分：数据篇从智能驱动增长方案的基础出发，沿着实际工作链条，介绍数据收集、加工、存储和访问；模型篇衔接基础数据到上层应用，全面介绍数据建模，包括生命周期、RFM、AARRR 和地理信息模型；场景篇真正介绍智能增长怎么做，这里以完整的商业运营链条为例拆解 9 大运营场景，从业务、财务和技术的角度详述增长实践；团队篇解释了数据驱动增长在人物层面需要具备的必要因素；结语篇探讨了智能增长对经济的促进作用和作用方式。

本书适合所有从事移动互联网行业研发、产品和运营的人员阅读，对智能增长、互联网＋经济分析预测的观察者也有借鉴意义。

◆ 著　　　蒋　凡
　　责任编辑　王军花
　　执行编辑　陈兴璐
　　责任印制　彭志环

◆ 人民邮电出版社出版发行　　北京市丰台区成寿寺路11号
　　邮编　100164　　电子邮件　315@ptpress.com.cn
　　网址　http://www.ptpress.com.cn
　　大厂聚鑫印刷有限责任公司印刷

◆ 开本：720×960　1/16
　　印张：16
　　字数：343千字　　　　　　　　2017年 12 月第 1 版
　　印数：1 - 3 500册　　　　　　2017年 12 月河北第 1 次印刷

定价：69.00元

读者服务热线：(010)51095186转600　印装质量热线：(010)81055316
反盗版热线：(010)81055315

广告经营许可证：京东工商广登字 20170147 号

前　　言

　　智能革命越来越成为时下热门的话题，每个人都迫切想知道人工智能技术正在以及接下来会对人类社会的生产、运输、销售和消费活动产生什么样的影响。原因是不言自明的。最初，人们觉得自己的生活变得方便了一些，可以便捷地查询到详尽的信息和知识，可以轻松建立信任，购买到各种各样的商品，可以几近免费地即时和亲朋好友沟通联络。然后，人们逐渐发现也可以将生活中繁重细琐的事务交给更加智能友好的应用，像差使佣人一般，让手机App为自己预定餐厅、叫出租车、点外卖、呈阅新闻，似乎有一种魔力唤出了蕴藏在地下的无尽宝藏，每个人都在享受这个时代的美好生活。可是这些佣人并没有停下脚步，而是坚定地按照某个方向改善或者修正着我们本以为只能是那样的生活。佣人们开始学着掌控驾驶汽车、查阅病例做出诊断、辅导孩子学习功课、决定银行审核放贷，甚至坐下来和我们对话聊天。

　　在社会生活中，每一个人既是消费者，同时也是生产者。当我们作为消费者体验到更便捷高效的服务时，一般不会想到那些被服务取代了的生产者已经退出历史舞台。直到有一天，当自己作为一个生产者时，才惶恐地发现，似乎有更先进的替代者已经隐隐出现。于是，一些人学习并实践了几十年的知识和经验不再重要，一些机械重复性的工作逐渐被取代，甚至今天看起来体面稳定的工作也许会在未来的某一天成为历史。还在享受生产效率提升带来丰厚收益的人们不禁开始为明天担忧起来。

　　有经验的人会联想到历史上曾经发生过的几次技术革命，每次似乎也都经历了人类社会生活水平提升、原有的工作职位消失、新的工作机会出现的过程。然而这一次的变化似乎更加剧烈、更加不可预测。

有识之士会指出大数据和人工智能技术是这场变革的推动力量。的确如此。然而，虚拟存储的数据和程序运行的算法究竟如何改变真实世界面貌，如何驱动物质世界增长？这对很多人来说仍然是模糊不清的。

通常，会有两类图书试图回答这个问题。

- 一类是由行业领袖、趋势分析专家和咨询顾问，从宏观层面分析智能革命的意义、价值和前景，提供很多源于各行各业的统计数据、发展图景和判断预测。读者可以由此加深对大数据和人工智能概念的理解，形成属于自己的理念认识和未来判断。然而，为求甚解的读者还是想知道微观层面发生的事情。

- 一类是由创业公司合伙人、传媒记者和观察家，从经验层面归纳智能革命在某个领域出现过的景况和规律，提供一些通过采访、摘录和体验而来的具体案例和分析结论。读者可以由此将这些经验转化为自身体验，丰富自己对某个行业发生变革的感性认识。不过，欲知其所以然的读者还是希望能掌握到方法论的工具。

本书则从微观层面分析了互联网企业面临的增长业务体量、提高财务收入等问题，探讨了大数据和人工智能技术所能起到的作用和需要采取的做法，从方法论的角度提供了一些普遍适用的衡量体系和思考框架来处理各种纷繁复杂的业务难题和盈亏困境。通过本书，读者能够自行搭建起一套大数据智能驱动增长的行动框架，了解其中各个组成部件的机能和运作规律，并可以结合自身需求进行调整。

因此，本书的基本内容和组成逻辑如下。

- 数据篇从智能驱动增长方案的基础出发，沿着增长型团队内部发掘数据价值的实际工作链条，分成收集、加工、存储和访问这4章，分别回答了数据来源和性质的差异对收集方式的影响问题、数据加工中要注意的忽略噪声和发现隐藏信息的问题、数据存储中考虑到时间与空间因素的不同解决方案的问题，以及衡量数据访问效率的工具、指标和优化设计问题。

❑ 模型篇则沿着从基础数据到上层应用发生转变的需求，分成生命周期模型、RFM模型、AARRR模型和地理信息模型这4章内容，带领我们进入数据驱动增长的承接阶段。

每个数据模型自成体系，又相互关联：生命周期模型摆脱传统客户关系概念的束缚，将消费者和经营者看成自有其成长规律的循环体；RFM模型则迅速化繁为简，用三维指标提供了一套普适可用人群分类方案，并能足够灵活地衍生出各种变体；AARRR模型与前两者相似，但又有所不同，结合互联网产品用户行为特点，用形象的漏洞概念强调了留存和转化这两大关键指标，更加便于设计更多行之有效的营销策略；地理信息模型相对来说更强调移动通信和人工智能技术的进步，提供了一整套将实体世界数字化的技术方案，使得移动互联网下的各种应用方案成为可能。

❑ 场景篇用9章内容重点描述智能增长的关键场景，介绍智能增长怎么做，该如何实践。为了便于理解，再从公司内部的三个不同视角分开理解。

其中，业务视角主要考虑扩大体量，因此对应了新用户获取、老用户促活、商户运营、商户赋能等各个促进业绩数量增长的领域；财务视角主要考虑增加盈利，因此对应了帮助运营和产品人员设计更加智能的定价、补贴力度、反作弊、调度策略等场景；技术视角主要考虑效率，因此需要逐一探究这些场景背后依赖的搜索引擎、推荐系统、自然语言处理、计算广告、调度规划等技术方案的秘密。

❑ 团队篇中，为了真正将以上理念落实到每个具体的公司和团队，并在实践中发挥作用，我们专门用两章内容来解释数据驱动增长在团队层面需要具备的必要因素。

其重要性在于，再成熟的技术方案、再丰富的业务经验也需要整个增长团队的合作与执行才能落地。越来越多的公司开始重视组建负责增长指标的专业团队，采用更有效的方法促进各部门协同完成业务增长任务。其必要性在于组建增长团队的过程中还存在很多未知领域，不同公司也都面临各自不同的问题。来自于原先的数据分析团队、营销团队的成员或多或少都会按照之前的理解行事，因此未免会出现很多不能同心同力的问题。本章则给出了相应的答案。

❑ 结语篇则回到了出发的原点，带领读者继续探讨智能增长力量对整体经济发展的促进作用，包括在不同历史发展阶段逐渐展现自身力量规模和作用方式的区分。最后，讨论完智能增长的本质之后，再回过头来关注这一历程中人应该体现的价值和可能的归宿。

本书面向的读者群体包括如下三部分。

❑ 对所处时代正在发生的变化拥有好奇心的消费者和从业者。你在经历了科技改变传统商业模式过程、体验了便利满意的服务之后，愿意花些时间了解这些变革背后所依赖的机制。

❑ 对参与这场技术变革充满信心和热情的参与者，以及从事移动互联网行业研发、产品和运营的同学。你想知道如何将最前沿的数据挖掘、数学建模和机器学习等人工智能技术应用到传统行业，以催生更多互联网新经济增长点。

❑ 对智能增长、互联网+经济分析预测的观察者。本书从微观和方法论层面提出了一套崭新的理论和实践框架，通过这个框架，你可以得知诸多增长团队所面临的实际问题及其解决方案。

那么，现在就让我们逐章解读吧。

目　　录

第五部分　结语篇

第一部分

数据篇

　　数据驱动增长的能量来源于丰沛充足的海量数据，数据对于智能时代的意义就像煤炭和石油对于工业时代。然而若没有高效的开采技术，一片蕴含极其丰富矿藏的土地，对于渴望借助它力量的人们来说都只是无意义的荒漠。大数据就是如此。我们必须掌握必备的数据收集、加工、存储和访问技术，才能将潜埋在大数据地下的洪荒之力唤醒，从中梳理出逐渐清晰可见的纹理脉络，让大数据成为即时可用的数据资源。

　　数据篇从智能驱动增长方案的基础出发，沿着增长型团队内部发掘数据价值的实际工作链条，分 4 章阐述原始数据从平台和用户的交互过程中收集而来、在系统内部为了满足各种约束条件而精细加工、要适应各种环境压力而存储自身，以及最终为了满足上层应用需求而提供访问能力的整个过程。

　　数据篇主要解释大数据从哪里来的问题，能够帮助运营和产品人员更好地了解，究竟是什么力量支撑着我们脚下的坚实大地。

第1章

数据收集

俗话说,万事开头难。大数据增长的第一步就是收集数据。有什么样的数据,就会有什么样的结论。数据收集阶段工作的质量会直接影响随后的一系列工作的方法、难度和效果。因此,从一开始就强调数据收集技术的重要性,是怎么都不为过的。

相比信息时代,数据收集技术在大数据时代发生了显著变化。

❑ **大数据的收集变得更容易**:以射频识别、红外感应器、全球定位系统、激光扫描器、气体感应器等信息传感设备为代表的物联网技术的广泛运用,极大提高了计算机系统获取外部数据的能力;移动智能手机设备的广泛普及,极大地拓展了用户随时随地接入互联网服务的时空界限;第4代移动通信技术的商用化和WiFi热点数量的快速增长,极大便捷了实时数据的传送,使得更为复杂的商业行为交互逻辑成为可能。

❑ **大数据的处理变得更便宜**:以MapReduce、Hadoop为代表的并行计算解决方案的出现,使得具备一定分布式编程能力的工程师,就可以在业界领先的工业级水平上进行操作;GPU计算、云计算服务平台等硬件在计算能力和规模上数量级的提升,使得个人或中小企业可以用极为低廉的价格和降低的门槛,获得以前只有大公司才能组建和维护得起的数据处理能力。

硬件物理层面和系统架构层面的技术革新，在短短几年里迅速改变了信息时代数据收集技术面临的问题，也提出了新的挑战。在这个背景下，企业级应用的数据收集工作会遇到新问题：如何在实际工作中遵循一种普遍适用的准则去消繁就简，支持业务以较少的代价进入可用状态；如何尽可能多地利用成熟技术工具的现有解决方案，获取大数据环境下的自然红利；如何打开上帝视角，以全新的角度重新审视既有的流程和模式，提出对多源数据颠覆传统的理解。

本着实用和便于理解的原则，我们不以教科书知识点的形式，去阐述数据收集每个技术点的定义和相互关系，而是从商业应用业务最关心的核心问题切入。不管你是工程师、产品经理，还是业务运营人员，当搭建一个能提供商业价值，且具备一定技术含量的大数据收集子系统时，都要了解在这一过程中需要判断的因素、关注的要点和留意的风险，从而减少不必要的损失，提高系统部署成功的效率。

具体来说，本章会从用户行为、商业交易和标签属性三个方面，分别介绍收集这些数据过程中要注意的问题。这三大类数据已经基本覆盖了商业应用中的主要来源数据，比如在滴滴预约出租车出行、在百度外卖点餐送到家、在今日头条阅读新闻资讯、在携程预定旅游地酒店，这些主流的移动互联网应用都是围绕着如何获取这些数据展开的；常见的算法模型，比如协同过滤推荐、CTR 点击预估、用户画像，所依赖的基础数据也都来源于这些数据指标。因此，如果相关人员能以这样的分类视角，弄清楚上层数据形态所依赖的底层数据来源的收集技术，会更有利于从源头熟悉大数据增长技术的来龙去脉，获得更加全面整体的概念。

1.1　行为数据

行为数据，特指用户登录应用后在操作过程中产生的数据，而不包含这些操作行为所达成消费交易和社交关系建立等与平台相关的衍生数据。因此，在讨论行为数据时，会更侧重用户在与应用交互过程中特有的行为习惯对收集数据产生的影响。同时，由于用户在广义上的操作行为非常琐细繁复，在收集行为数据时我们也必须考虑到采集效率，尽量避免给采集过程带来较高的成本。

1.1.1 传统获取方式

目前，互联网应用收集用户行为数据主要包括后端服务器和前端客户端两种方式。

1. 基于后端服务器日志收集

当用户在浏览器里输入 URL 向网站服务器发出 HTTP 请求，或者登录手机 App 向应用服务器上传数据时，后端日志收集行为就开始了。服务器在接收到请求数据后，会自动在后端的日志文件里追加记录，记录下请求主机 IP 地址、登录账号、日期、时间、请求类型及详细指标等信息。服务器也会记录下返回给用户操作的每一次记录，包括响应主机 IP 地址、服务耗时、服务类型及详细指标等信息。

比如，谁在访问网站、用户访问网站的路径、用户在每页停留的时间、用户离开站点的位置、用户是否成功完成自己想要做的事情，等等。具体到某个应用领域，后端日志收集的范围可以包括用户浏览过的物品 ID、物品展现在哪个频道页、物品所在位序、用户加入购物车的物品 ID、是否最终下单、下单前取消过哪些物品、有哪些附言和特殊要求（比如是否要发票、配送时间）等。

2. 基于客户端用户行为收集

与后端服务器日志收集不同，前端用户行为收集需要采用通常所说的"埋点"技术，也就是在网页编码上嵌入 JavaScript 代码，或者是在 iOS 和 Android 应用代码中基于事件机制开发相应操作的记录代码。当用户访问网页，或者在手机 App 客户端上操作时，触发嵌入代码向单独的日志收集服务器发送请求，从而记录用户访问的数据。这段代码会从访问者硬件设备的 cookie 中取得详细信息（比如，访问时间、浏览器信息、工具厂商赋予当前访问者的 userID 等），并发送到数据收集服务器。数据收集服务器将收集到的数据处理后存入数据库中。网站经营人员通过访问分析报表系统查看这些数据。埋点技术以其快捷性和精确性得到很多数据收集方的青睐，已经发展成为当前最流行的数据收集方式之一。

1.1.2　获取方式对比

后端日志服务器的方法，比较适合以较低的成本获取数据，同时保持对外部数据获取方更加谨慎的态度。

- □ 它对于数据源的形态要求不高，开发成本较低。
- □ 它比较方便对历史数据进行离线的后续处理，也可以用于收集搜索引擎爬虫的访问记录。

从客户端收集到的数据更加精确、更加丰富。

- □ 它不受动态分配 IP 地址或代理服务器的影响。可以采用更加灵活的客户端跟踪技术，比如，由 Web 服务器对每个访问站点的客户机自动分配 ID，并将其记录在客户端的 cookie 中。这样，每当用户浏览网站时，Web 服务器可通过访问客户端的 cookie，就知道此客户端是否访问过本网站。
- □ 它能够记录正确的用户浏览路径。由于是在客户端记录用户行为,所以客户端代码可自动跟踪用户的浏览路径，不管是否通过本机缓存或通过代理服务器访问。这种收集数据的方法更加灵活、可定制性强，可以记录缓存、代理服务器访问，而且对访问者的行动追踪更为准确。

但是，第二种方式需要付出一定代价，即需要提前在网页或应用程序中加入大量定制化的脚本或代码，增加了前端服务的性能开销，频繁地记录下载和重定向数据会比较困难。当业务需求发生变化时，系统需要上线新的前端服务才能满足新的埋点数据收集要求，迭代周期长。

1.1.3　无需埋点的数据收集

"埋点"技术使得大规模高效灵活的数据采集成为可能,但也会遇到各种各样的问题。

- □ 它需要将用户行为轨迹的追踪变量、信号指示，或者 JavaScript 脚本、应用代码嵌入在网页和程序内部，这增加了原始代码的复杂度。由于是有别于原始功能的另外一段逻辑，对程序员来说，在后期的维护、追查问题、代码可读性方面都会引入不可预期的问题。

❑ 越来越多的业务方需要在前端添加代码来收集数据，大家可能会分别从自身的需求定义事件类型，工程量会逐渐扩大，工程越来越臃肿。后添加的代码往往是在老代码的基础上叠加，数据一致性很难通盘考虑。

通常出现的情况会是，业务同学从老板那里拿到了下个月的预算审批，计划在月底时候实现新用户留存或交易流水指标的大幅提升。业务同学将预算池分摊到若干个活动方案，制订按周的资源投放计划和预期目标。产品同学继续细化每个活动方案，负责将这些业务指标体现到用户可见可交互的功能逻辑里，同时开始设计针对这些指标要收集数据的埋点。

由于系统需要新增代码，所以需要产品、研发和测试同学走完需求沟通、详细设计、代码编写、功能和性能测试、上线这些阶段。虽然这些只是数据层面的收集功能，理论上不会影响线上服务，但只要是线上代码，就有可能引入 bug，不管是直接影响用户体验，还是写乱记录的用户日志，都有可能带来致命的事故。经验表明，越是这种临时性加入的功能，越有可能引发预期之外的错误。

因此，尽管看起来硬件、软件以及架构层面的技术进步使得大数据决策成为可能，但在很多企业走向数据驱动业务的道路上，数据采集依然是一个很大的障碍。目前解决这些困难往往耗费不同部门人员之间大量的沟通成本，需要业务、产品和研发同学进行长时间的重复而且低价值的劳动。但如果不克服这些挑战，运营推广人员、产品经理、数据分析师、公司战略决策层等不同部门不同层面的分析决策都会受到或大或小的影响，导致业务发展速度减缓。

一种可能的解决方案是基于用户行为的"无埋点采集技术"，能够迅速生成数据分析结果，提供针对市场推广、产品体验以及用户留存等精益化运营分析模块。在客户端网页或者是 App 自动埋点，不再需要手动埋点。采集系统可以智能抓取关键用户行为，迅速发觉之前定义好的行为数据，在很短的时间内建立起 App 和网站数据 BI 运营体系。

比如，打开一个网页，只要通过可视化平台操作圈点某个位置，系统就能自动生成获取转化率、访问量、点击量等数据，而不需要任何埋点操作、手动添加脚本和代码。在此基础上，同样可以详细分析用户行为，提高用户活跃度，提升产品体验；分析用户转化原因，提高用户转化率；预测客户流失，运用复杂数据挖掘模型提高客户留存。

具体来说，无埋点的数据采集技术基于通用的 GUI 程序机制。常见的 Web、iOS 和 Android App 程序开发都依赖两个基本原则：树形界面结构和事件触发驱动模型。用户所见网页的 DOM 节点结构以及手机 App 上滑动的 UI 控件，其背后都是一个构建完好的树形结构，被前端浏览器或应用框架渲染成肉眼可视的图像展现在页面或屏幕上。因此，只要建立对树形结构的监控和监测，就可以知道哪些节点上发生了变化、何时发生变化，以及发生了什么变化。同样，当用户主动发起一些变化，比如鼠标点击或触摸屏幕，所引发的事件就会触发事先定义好的回调函数，进而执行对应的日志记录程序。因此，无埋点技术不再试图改写这棵树的内部结构，而是从外部观测这棵树的实时变化，从而规避了以上提到的埋点技术带来的种种问题和困扰。

1.1.4　用户行为数据类型

不管是在后端处理日志数据，还是在前端填入代码埋点，都是要为以后的数据建模采集最精准的基础数据的。那么，我们首先要清楚未来想做什么功能，为此需要收集什么数据，哪些数据可以收集到，以及如何收集、何时收集、何时使用。

举个例子，如果想在一款移动互联网应用中建立能够深入刻画每个用户的画像体系，进而横向了解每个用户的生命周期过程，纵向聚合每个细分用户群体的消费场景，就需要设想以下问题。

❑ 如何与使用应用的用户建立一对一联系，有没有必要为每个用户设置系统里的唯一标识？

❑ 用户的使用场景里可以获得哪些唯一标识（比如，硬件设备、邮箱账号、手机号、银行账号等）？

❑ 可以在这款应用中的哪些交互环节识别、提交、辨识、纠正这些唯一标识？

❑ 在这些交互环节埋点会遇到哪些问题，是否会引入信息冗余和冲突？

这其实已经变成一个产品设计问题，广义上的产品设计不只是要满足用户眼前的功能需求，也要满足整个产品运营体系的增长需求。所以，应该在哪个环节埋点，可以转化为从运营角度的业务增长目标和指标设定问题。

❑ 为了验证产品的业务逻辑是否顺畅，先有哪些基本假设？
❑ App 的核心指标是什么，是访问量、访问时长，还是下单量、下单金额？
❑ 这些指标的优先级如何排序，在产品运营不同阶段的侧重点是什么？
❑ 这些指标的时效性程度如何选择，是要小时级、日级还是周级更新？

要想回答好这些问题，其实考查的是产品运营的基本功，也就是产品定位与产品目标的确定，以及这些目标拆解成短期、中期、长期规划以及相应的具体路线图。通过优先级和深入度，可以将指标拆解为结果指标和过程指标，图 1-1 中的示例或可加深读者对于相应的业务指标拆解步骤的理解。

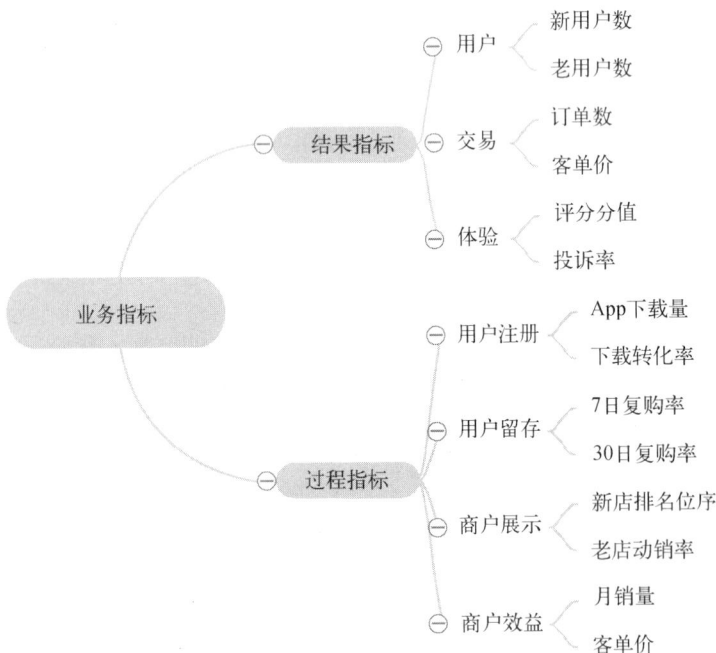

图 1-1　业务指标拆解示例

以上所说的是通常情况下设计埋点需要考虑的问题。对于某些特殊业务目标来说，比如新版本上线的用户行为和功能效果数据回归验证，它们还会存在以下三种场景需要设计特殊的埋点功能。

❑ 验证新增功能是否得到用户的理解，能够在产品预先设定的场景中正常使用，新版本增加新功能的用户点击率怎样？
❑ 验证目标用户在核心使用路径上是否顺畅，有没有因为交互体验功能按钮的设计而导致无效点击增多？
❑ 验证产品运营是否达到预期效果，针对某个主题的 Banner 推广或者针对某个人群的促销推送，该活动的效果如何？

埋点设计从源头开始决定要拿到哪些用户的哪些行为数据，这其实是需要贯穿整个产品运营设计的大事情。传统的产品功能设计只需要考虑如何提供更有效率、更符合用户心理的功能，但这些还只是停留在让用户接触产品的表面层次。要想让用户更加深入地融入产品，不断地产生互动，获得服务的同时也回馈出高质量的数据，就必须在产品表面之下的经络处深挖埋点，设计出一款有深度的产品。

1.2 交易数据

交易数据，顾名思义指的是用户在商业平台里实际产生交易行为所连带的所有数据，是所有以盈利为目的的网站和 App 最核心的用户数据。交易数据记载了过去发生事件的商业价值，也能预测未来可能的商业前景。因此，收集好交易数据对于企业的商业模式发展至关重要。

1.2.1 收集交易过程数据

用户下单交易前的过程充满不确定性，用户可能打开 App 就下单，可能浏览过很多页面后才做出决定，也可能反复选择，甚至将商品加入购物车后再取消订单。面对这么多不确定性，交易前数据收集需要注意记录能区分用户决策路径的信息。

- ❑ **候选商品**：用户登录后在服务范围内的所有候选商品，可以是配送范围内的在线商铺，可以是 5 分钟内能驶达的出租车，也可以是某一品类下的上架商品。候选商品的范围很广，因此应用需要结合用户的实际操作行为和页面埋点，综合判断哪些商品是用户当时真正可见的候选商品，比如，用户是否下拉窗口看到第二屏的商品列表。
- ❑ **浏览商品**：它是用户真正关注、点击进去查看详情的可选商品，应用通常会有对应的操作行为辅助判断用户是否进入下一步。
- ❑ **待购商品**：用户提交进入购物车或者选择好指定提供服务的对象，通常是上一步数据的子集，但这里会存在多次换入换出操作。

用户下单那一刻至关重要，产生的数据很多，通常也会更容易被记录下来。

- ❑ **支付数据**：通过收集用户下单涉及与金钱相关的数据，就能从中建立关于消费历史、购买频率以及消费水平的概念。比如，应用从商品价格、商品件数、支付渠道、支付方式这些数据中可以发现用户的消费能力和粘性规律。支付对用户、商户和平台来说都是最重要的事情，因为它关系到真金白银的交割，传递出来的信息量也最大、最真实。另外，由于支付数据往往都是具体的数值和可枚举的变量，它们的记录也会更加直接。不过挖掘支付数据要注意时效性，一周内的支付数据和六个月前的支付数据对使用者来说意义完全不同。
- ❑ **联系方式**：它包括注册账号、邮箱账号、手机号、送货地址，用于通过线上或线下的方式找到用户，达成交易或维持联系，直至促成下一笔交易。通过邮箱地址能在日后得到用户其他信息。把用户邮箱输入你的营销软件，就能向用户发送调查问卷、促销信息、新品发布消息等。

用户下单到达成交易的过程可长可短。

- ❑ 用户在外卖平台点餐，骑士平均 30 分钟内就可以将餐品送到。
- ❑ 用户在电商平台购物，配送公司可能要 1~2 天才能将货品配齐送达。
- ❑ 用户在出租车平台寻呼，乘客会期望能在几分钟内看到车辆到达。
- ❑ 用户在团购餐饮，他可能会预约一周后到店消费。

在这个时间跨度弹性很大的过程中，我们可以记录以下关键数据。

❑ **服务质量**：它包括影响用户体验线上或线下服务的各个环节，比如，配送时长、客服呼起次数和时长、用户评分。

❑ **服务成本**：它包括平台和商户为了提供线上或线下服务所消耗的各种资源，比如，骑士运力成本、平台补贴成本、商户响应时间、司机空驶距离。

1.2.2　收集交易累积数据

以上是按照一次交易本身的组成阶段区分了获取交易数据的三种类型，但这样获取到的交易数据还都只是一次独立交易。我们不知道这些交易的前后背景和因果关系，因此有必要以用户为单位划分清楚一系列交易的累积数据。通常可以根据交易次数、交易时间来区分出这些累积数据，便于后续处理。

按交易次数划分，交易的累积数据可以划分成首单、2~5 单、6 单及以上这三类情况。

❑ **首单**：它特指系统所认定的用户识别账号在平台上所产生的第 1 单交易，标示出首单记录将用于认定新用户在平台生命周期的起点，后续的所有用户生命状态分析也都将从首单记录的消费时间开始计算。

❑ **2~5 单**：5 单的标准取决于不同平台业务特点的需要，但平台核心目标是要划分出考查用户能否成为平台忠实用户的重要阶段。在这一阶段记录下来的累积交易数据对于分析用户的消费特性至关重要，后续很多促进用户活跃度的营销手段也是在这一阶段发挥作用的。

❑ **6 单及以上**：当用户已经在平台上产生持续交易以后，他一般就可以认定为老用户，对老用户交易数据的记录将用于各种提高留存率的潜在流失用户唤醒营销手段。

按交易时间划分，用户的交易阶段可以划分为时段、周、月这三种粒度。

❑ **时段**：粗粒度的时段划分可以分为上午、中午、下午、晚上和夜间，用于辨别用户交易背后所代表的消费场景。比如，对于餐饮领域来说，这种时段划分可以帮助平台判断用户订的是午餐还是晚餐；对出行领域来说，这种时段划分可以帮助平台判断用户是在上班还是下班。细粒度的时段划分则会精确到小时、分，用于辨别用户交易在时间维度上的分布。这种时段划分对于需要运力调度的应用来说尤为重要，从累积的按时段分布的数据中可以挖掘出大量有价值的信息，可以用于指导更高层次的业务调优。

❑ 周：按照一周七天的周期划分交易数据是最常见的区分累积数据方法，可以用于对比分析业务在每周周期上的增减变化情况。这种粒度进一步还可以区分出工作日和非工作日两种情况，用于区分用户不同生活场景对消费行为的影响。

❑ 月：月粒度是按照一个月所有自然日的周期对交易数据进行划分，也可以用于对比分析业务在每月周期上的增减变化情况。月粒度的特点在于容易受到业务自身运行逻辑的干扰而呈现出在月初月末的突变效应，因此应用需要在数据收集和处理过程中格外重视这种突变，避免异常数据干扰正确的业务判断。

1.2.3　区分交易金额的组成

在很多情况下，交易金额只是一组数值，我们看不到它背后的很多细节。在数据收集阶段，有必要从源头就正确区分出每一笔交易金额的组成部分，为后续的精细化数据运营提供依据。

交易金额一般可以分为：

$$交易金额 = 用户实际支付金额 + 补贴金额$$

用户实际支付金额对服务提供方来说是收入，一般可以分为：

$$用户实际支付金额 = 平台收入 + 商家收入$$

补贴金额对服务提供方来说是成本，一般可以分为：

$$补贴金额 = 平台补贴 + 商家补贴$$

这是表面上的计算公式，它的背后还隐藏着平台和商家各自的成本盈亏核算。

平台为每一单付出的成本包括人力、物流、系统开发和运营推广，摊算在每一单上会有一个成本价格。同样，商家付出的商品、店面租金，摊算在每一单上也会有成本价格。这些价格是不透明的。

对平台来说：

$$平台盈利 = 平台收入 - 平台补贴 - 平台成本$$

对商家来说：

$$商家盈利 = 商家收入 - 商家补贴 - 商家成本$$

1.2.4 收集广告点击数据

计费广告是一种特殊的交易行为，由用户实施，商家付费，平台收入。根据常见的广告计费模式，一般需要收集以下广告点击的相关数据，将其用于计费收入和建模训练。

❑ 按展示计费，需要收集广告展现次数。广告又分为驻屏广告和刷屏广告。

■ 驻屏广告比较容易统计，只要页面打开就可以计数。
■ 刷屏广告是否展现取决于用户实际是否看到该广告，但由于每一次从服务器读取物品个数会大于首屏能展现的数量，所以在统计展现时，应用需要考虑到屏幕展现容量的问题。

❑ 按点击计费，需要收集用户点击次数。一般只要用户点击广告、进入物品详情页即可计数。但相比下单行为而言，点击行为比较随意，很容易出现误点击、重复点击，甚至恶意点击，这就需要在数据收集时进行过滤。通常，应用会以某个账号在某个时长的访问会话中统计出有效点击。

❑ 按成单计费，需要收集用户下单量。一般只要跟踪用户的浏览、点击访问和下单行为，确定点击广告和下单之间的因果关系即可计数。下单量一般不会出现误操作和人为操作数据，问题比较会集中在由于整个收集过程过长，难于最终确定是因为点击了广告下单而计数。比如，用户点击广告后，将物品加入购物车，随后又取消购买，退回到上几屏页面，经过另一番挑选后，再重新将物品加入。这期间用户可能又会再次点击原广告，这就产生一条新的统计链路。在收集这些数据的时候，应用也需要以某个账号在某个时长的访问会话中统计出有效点击，而不是简单计数。

1.3   标签数据

标签数据一般是针对用户而言，是对用户身份属性、行为习惯和交易消费等基本信息进行再加工后而抽象得出的特征标识，通常带有比较鲜明的行业特点和业务诉求。标签数据来源于基础数据又高于基础数据，对用户打标签的过程也就是进行用户画像建模的过程。因此，标签数据的采集工作是随后进行数据建模和场景应用的重要开端。图 1-2 为某 O2O 类平台对典型用户进行画像加工后得到的标签描述。

图 1-2   用户画像标签

1.3.1 发现身份属性标签

身份属性标签包括性别、年龄、职业、学历、籍贯、婚姻、收入、房产等信息。

- ❑ 以旅游酒店类和航班预定类应用为例，这些应用通过分析用户的身份证号就可以发现很多身份属性标签，比如户籍所在地、出生日期、性别等。
- ❑ 在求职应聘类应用里，要求用户在注册账号时提供学历、职业和婚姻状态也是必要的条件。
- ❑ 在婚恋交友类应用里，为了能更准确地匹配到潜在配对者，用户还会进一步提交职位、收入、房产和家庭状态等更加私密的身份属性。

1.3.2 在基础标签上加工

在基础的身份属性标签上根据应用所属行业的特点进一步加工，就可以得到更能反映用户特点的高级标签。

- ❑ 在婚恋交友类应用里，系统根据用户的出生日期就可以推算出星座、生肖等标签，再依据一些星座和命理理论还可以推演出一套既满足用户的心理接受程度，又便于塑造产品功能和运营风格的标签。比如，不同的星座可能会对应不同的性格或者行事特点，如射手座对应追求自由的标签，天秤座对应注重平衡的标签。
- ❑ 在求职应聘类应用里，系统分析求职者的工作年限、历次职业经历和学历水平，就能大致划分出该人在职场的发展状态，给出适合的描述标签。比如，工作时间只有两三年，但换了三四家不知名的小公司，学历是本科的求职者，就可以打上"频繁跳槽的职场新人"标签；工作五六年，但一直在行业内领先的大公司，学历是硕士的求职者，就可以打上"状态稳定的行业骨干"标签。
- ❑ 在电商类应用里，系统根据用户的送货地址就可以确定用户常居地的地理位置和属性，结合所在城市的楼盘价位就能推算出用户的消费水平和经济地位等标签。比如，家庭地址是北京朝阳区三环内的某个高档公寓，就可以打上"高消费"或"土豪"这样的标签，公司地址是北京海淀区中关村的某个 IT 公司写字楼，就可以打上"白领"或"时尚"这样的标签。

1.3.3　从交易行为提取标签

从身份属性及其分析中得到的标签虽然很确定，但能够覆盖到的范围有限，我们很难对用户进行更加全面的建模。通过用户交易行为来提取标签则能极大扩充用户画像标签数量，随着用户交易行为逐渐增多，系统还能够及时捕捉到最新变化的标签。

- ❏ 在电商类应用里，系统根据用户购买商品的种类、品牌、价格推测用户的特征，给用户打上相应的标签，比如购买女性用品的用户可能打上"女性"标签，购买奶瓶、婴儿奶粉的用户可能打上"家有婴幼儿"标签。
- ❏ 在交通出行类应用里，系统根据用户出行的时间段和区域可以推测用户的职业特点，比如经常在凌晨打车从中关村到回龙观的用户可能打上"IT 从业者"的标签，经常在工作日时段打车去机场的用户可能打上"商旅出差者"的标签。
- ❏ 在餐饮外卖类应用里，系统根据用户点餐的类别、口味和食材推测用户的生活状态，给用户打上相应的标签，比如经常吃日式料理的用户可能打上"时尚小资"的标签，经常在工作日中午吃商务快餐的用户可能打上"都市白领"的标签。

1.3.4　从数据挖掘建模输出标签

除了能够直接将用户交易行为的特点对应成标签，我们还可以通过数据挖掘算法对一些基础指标进行综合计算和聚类分析，得到不同的细分用户群体，每个细分群体就可以对应一个标签。这种标签往往具有一定的关联和序列。

- ❏ 利用数值预测类的数据挖掘模型可以综合多个基础指标对用户进行打分，比如潜在用户拉新概率预测、用户流失概率预测、用户价格敏感度预测等模型。模型对每个用户打分，可以根据得分的高低将用户划分成不同等级的细分群体。每个等级的用户群体规模可以根据实际需求而定，粒度越小，用户群体的刻画越精细，但对应的操作也会更复杂。最终每个细分群体都可以对应一个离散的标签。

❑ 利用基于协同过滤算法的数学模型，可以在已有标签的基础上进一步根据用户之间相似性打上更多标签，提高覆盖率。类似传统的电影评分矩阵，利用交易行为产生的用户-物品矩阵也非常适合协同过滤算法挖掘出相似用户。如果系统已知用户具有某些标签，那么也可以根据相似度大小排序，为有着类似行为的用户也打上相应的标签。

第 2 章

数据加工

数据收集起来之后，仍然还没有到可用状态，这时可能会存在很多问题。

❑ 同样是记录时间的字段，有的数据格式是"年/月/日"，有的数据格式是"月/日/年"，有的甚至采用系统计时，是一串从 1970 年 1 月 1 日起始至今的秒数。

❑ 有时某个指标的数值是真实的，但群体分布很不均匀，大部分数值集中在某个很狭窄的低位区间段，又有少量数值分布在高位区间段。这种不连续状态会导致，后续算法如果要投射到某个数学模型的超空间时，出现不满足某种假设条件的情况，进而影响算法的效果。

比如，用户对消费过商品的评分，表面上看起来既真实准确，又严格分布在 1~5 分区，可以直接用来判断商品的好坏，构建协同关系矩阵预测相似用户的偏好。但不同用户在评分时都会受到自己的主观感受影响，有的人就是更加挑剔，对大部分商品都会打低分，有的人则更加宽容，默认都是好评高分。因此，直接用评分数据构造预测模型是有风险的。

也就是说，收集的数据需要再经过一层加工的过程，使得还处于原始状态、当时只是为了便利而容忍存在的数据形态，经过一番科学细致的处理过程，变成后续流程、模型、算法可以操作的种种字符串、整数、浮点数。

具体来说，在数据加工过程中要做的事情很多，本章会总结出几类比较重要的主题，分别给出其要解决的本质问题和常见方法。

❑ 首先，要统一规范，建立标准，解决数据之间的可比性问题。

❑ 其次，要找出复杂零散数据间的内在关系，总结规律，解决关联性问题。

❑ 最后，要对充满真实世界各种干扰因素的数据进行降噪，剔除将来可能会
影响算法和模型效果的错误数据，解决信噪比问题。

2.1　标准与格式

建立数据标准是为了解决数据间的可比性问题，而可比性问题的来源主要是
同源数据内部的纲量差异和异源数据的隔离差异。

2.1.1　基本概念

对数据的标准化处理是数据加工过程的第一步，具体表现为对数据信息的分
类和编码。

❑ 数据分类是指按照某种特定的分类标准，将原本没有秩序的数据逐层化解
成相对关系固定的层次结构，这种层次结构就构成自上而下的类别体系，
也就是要有一套数据标准及体现这套标准的具体数据信息。

❑ 数据编码需要依托已有的数据分类结构，采用系统性、唯一性、可行性、
简单性、一致性、稳定性、可操作性和标准化等原则，统一安排编码结构
和码位，也就是要有约定好的数据格式及按照格式编码后的数据信息。

对数据进行分类和编码的标准化处理的目的是要解决数据可比性问题。而数
值的不同量纲和来源通常是造成数据不可比的重要原因。

❑ 量纲是用来定量衡量物理属性的必要表示方法，但也是引入差异的来源。
对同一事物的不同观察方法会导致先验的观察误差，为后续的联合计算带
来不必要的麻烦。使用统计学工具就可以消除这些不同属性或样本之间的
差异，标准化的效果也可以体现在统计学指标上的变化，比如均值、方差、
标准差、取值范围等。

❑ 数据源头则是更容易造成各种不必要标准格式的常见原因，它一般存在于
实际业务的隔离状态中。既然很难从业务关系和组织结构上解决数据来源
的不一致问题，那就要通过标准化处理的规则在数据层面上来统一解决此
类问题。结果往往就是经过几层转换过程后，原始数据都被映射到系统约
定的新值，这样保证数据入库后都能存储成标准的格式。

数据标准化是后续数据分析和数据清洗过程的前置阶段。数据标准化做得好
则可以大大减少后续过程的工作代价，提高上下游各个相关部门之间的沟通效率，
有利于实现系统推广应用和数据共享。

2.1.2　无量纲化处理

解决数据的可比性问题首先要进行无量纲化处理，这是因为不同评价指标往
往具有不同的量纲和量纲单位，在做联合计算时会影响到数据分析的结果。为了
消除指标之间的量纲影响，就需要进行数据标准化处理，以解决数据指标之间的
可比性问题。原始数据经过无量纲化处理后，各指标处于同一数量级，它们就适
合拿来进行综合对比评价。一般来说，常用的归一化方法有三种：Min-Max 标准
化、Z-score 标准化和对数标准化。

1. Min-Max 标准化

Min-Max 标准化也称为离差标准化，是一种对原始数据的线性变换，它将结
果值映射到[0-1]之间。转换函数如下：

$$x^* = \frac{x - \min}{\max - \min}$$

其中，max 为样本数据的最大值，min 为样本数据的最小值。转换后，数据映射
到 0 ~ 1 之内处理，数据处理起来变得更加方便，易于理解，适用于很多数学模型，
可以套用数字信号处理领域的很多理论和工具。这种标准化方法的缺陷是 max 和
min 的具体值不定，当样本数据集合发生变动、数值范围变化的时候，它们需要
更新所有数值的变换值。

2. Z-score 标准化

Z-score 标准化也称零–均值规范化，这种方法根据原始数据的均值和标准差进行数据的标准化，它将原始数值投射到符合标准正态分布的空间，即均值为 0，标准差为 1。转化函数如下：

$$x^* = \frac{x - \mu}{\sigma}$$

其中，μ 为所有样本数据的均值，σ 为所有样本数据的标准差。Z-score 标准化方法对原始数值的最大值和最小值不敏感，除非整体数据发生很大变化，一般情况下均值和标准差的变化不会很大。当出现超出原取值范围的异常数值或噪声数值时，人们也可以很好地用这种标准化方法进行处理。

3. 对数标准化

这种方法利用求对数函数将原始数据的数值进行标准化，投射到分布更加集中、取值更低的空间，它们适用于原始数据的值域分布很广、但大多数样本值集中于低值区间的情况。转化函数如下：

$$y = \log_{10}(x)$$

其中，取对数的底可以根据具体情况调整，这决定了标准化后数值分布的密度和值域所在的范围。这种方法通常会遇到 x 取值小于 1 的情况，这时对数函数的取值小于 0，趋于负无穷。一般在实际中会对原始的 x 值加 1，以规避以上问题。

2.1.3　多源数据融合

数据来源于不同地方也会导致可比性的问题。针对这种情况，我们具体有以下几种处理方式。

　❑ 同一个属性的数据，由于不同来源方的定义不一致，需要标准化处理。

　　■ 对于性别属性，有的来源采用男/女区别，有的来源采用 male/female 区别。

■ 对于生日属性,有的来源是年/月/日的制式,有的来源是月/日/年的制式。

❏ 同一个事物的数据,由于不同计算方法导致数值不一致,需要标准化处理。

■ 对于用户的平台使用时长,有的来源可能会记录用户的第一次注册时间,有的来源也可能会记录距离当前时间的天数,这就需要进行转化后统一记录。

■ 对于数据增长百分率指标,有的来源会直接计算前后两次百分率数值的差值,有的来源则会计算后一次百分率数值相对前一次百分率数值变化的百分比。比如,1月份的新客转化率是20%,2月份的新客转化率是30%。前一种计算方法的增长率是 10%,后一种计算方法的增长率是 50%,这就需要事先约定好一致的计算方法。

❏ 同一个属性的数据,由于不同记录操作导致数值不一致,需要标准化处理。

■ 用户的行为日志信息会被前端程序或脚本记录,同时也会在后端服务器留下日志记录。这样就有可能因为一些具体的记录操作导致数值不一致,则我们需要根据两方的记录信息进行校验处理,得到标准一致的信息。

■ 同一笔交易行为可能会牵涉多个参与者,在多个终端设备上留下记录数据。这样也有可能因为当时的网络环境或参与者操作行为的差异导致数值不一致。比如,打车应用的乘客与司机,或团购应用的商户与消费者,会在同一笔交易行为上产生不同的数据。

■ 同样的用户属性和消费行为数据,由于公司内部业务划分不同而存储在不同的数据库或数据表文件里。这样就有可能因为数据库更新、合并、拆分等操作而导致数据不一致情况。如果发现不一致,就有必要在使用这些数据之前统一合并处理它们,或者建立机制保证这些数据在生命周期内的一致性。

❏ 代表同一概念的属性在不同的数据库中可能具有不同的名字,这导致不一致性和冗余。

■ 属性名的命名不一致,比如,关于用户标识的属性在一张表里可能是

user_id，而在另一张表里记录为 uid。

- 属性值的命名不一致，比如，相同的配送地址可能在一张数据表里记录为"北京市海淀区上地十街 10 号"，在另一张数据表里记录为"百度大厦"，但在后台需要统一归为"北京市海淀区上地十街 10 号百度大厦"。

2.2 关联分析

数据经过标准化处理之后，只是具备了进一步加工的条件，还处于零散而不关联的状态。如果能进而找到数据间存在的内在因果关系自然最好，如果做不到也至少需要通过算法发现普遍规律，解决关联性问题。

2.2.1 概念

关联分析也称关联挖掘，其本质是在各种交易数据、关系数据和其他数据中，发现存在于物品之间的频繁模式、关联、相关性或因果关系。在本书里，关联分析特指发现基于交易或行为数据库中的不同商品（物品）之间的联系。

关联分析的一个典型例子是购物车分析。通过发现顾客在超市购物时放入购物车中的不同商品之间的共现关系，可以分析出顾客的购买习惯。哪些商品会频繁地被顾客同时购买，可以帮助零售商制定对应的营销策略，比如，商品定价、商品促销、商品排放和基于购买模式的顾客人群划分。

从关联分析得出共现关系规则。共现关系规则是，由于存在具体数值上的度量，因而通常在实际应用中会形成因果关系的推断，得出像"由于 A 事件的发生而引起 B 事件的发生"之类的判断规则。比如，80%的顾客在购买啤酒的同时也会购买尿布，那么，超市管理人员就可以将啤酒和尿布的货架摆放在相近的地方，或捆绑销售，就能提高超市的服务质量和销量。又比如，对于物流配送体验评分为 5 分的用户来说，他们有 67%的比例也会点下午茶订单，那么，物流管理人员就可以提高物流配送能力来促进下午茶时段的订单销量。

关联分析在电商、零售、保险等诸多领域有着广泛应用。对于商业数据分析

来说，关联分析的确是需要非常重视的一块，通过刺激交易行为占据主导的 O2O
市场尤其如此。用户当前消费过程的关联物品推荐、受各种因素影响的交易体验
优化点挖掘、用户复购率的提升等，都和关联分析有很大关系。关联分析的强大
之处在于它能够定量分析这种关联关系，得出基础数据统计分析验证支持的关联
规则。这些规则既简单、容易理解，又有数字表达、有说服力，因而能够得到广
泛认可和应用。

关联分析的一些基本概念如下所示。

- 关联规则 A→B 的支持度：support=P(AB)，指的是事件 A 和事件 B 同时发
  生的概率。
- 关联规则 A→B 的置信度：confidence=P(B|A)=P(AB)/P(A)，指的是发生事
  件 A 的基础上发生事件 B 的概率。
- 同时满足最小支持度阈值和最小置信度阈值的规则称为强规则。
- 如果事件 A 中包含 k 个元素，那么这个事件 A 称为 k 项集，并且事件 A 满
  足最小支持度阈值的事件称为频繁 k 项集。

挖掘过程可分为：找出所有的频繁项集，由频繁项集产生强规则。

2.2.2   Apriori 算法

Apriori 算法是挖掘产生关联规则所需频繁项集的基本算法，也是最著名的关
联规则挖掘算法之一。Apriori 在拉丁语中的原意是"由原因推及结果"，它用在
这里表示将有关频繁项集特性作为先验知识，因而从中演绎推测出结果知识。

Apriori 算法使用逐层搜索的迭代方法，将第 k 项集用于探索第(k+1)项集：

- 首先，它找出频繁出现的第 1 项集的集合，将其记做 L_1；
- 其次，它利用 L_1 找出频繁出现的第 2 项集的集合 L_2，再类似找出 L_3；
- 以此类推，直到不能找到频繁第 k 项集的集合为止。

每找出第 k 项集的 L_k 需要算法扫描一次数据库。为了提高按层次搜索并产生

相应频繁项集的处理效率，Apriori 算法的一个贡献在于利用了所谓的 Apriori 性质，能够帮助缩小频繁项集的搜索空间。

Apriori 性质：一个频繁项集的任一子集也是频繁项集。

证明：若项集 I 不满足最小支持度阈值 min_sup，则 I 不是频繁的，即 P(I)<min_sup。若将项 A 增加到项集 I 中，则结果新项集($I \cup A$)也不是频繁的，在整个事务数据库中所出现的次数也不可能多于原项集 I 出现的次数，因此 P($I \cup A$)<min_sup，即($I \cup A$)也不是频繁的。根据逆反公理可以确定 Apriori 性质成立。

Apriori 算法的不足在于可能产生大量的候选集，以及可能需要重复扫描数据库。为了解决这个问题，近年来学术界陆续提出了基于划分、基于 Hash、基于采样、减少交易个数，以及基于频繁模式树的 FP-growth 算法等优化方案。

2.2.3　应用关联分析

经过关联分析算法得到的关联规则，可以帮助我们对原始数据进行加工处理，得出一些有价值的结论。实际中常用的应用方法包括：规则提升度，可以用来判断事件 X 对事件 Y 的促进作用；置信差，可以进一步提高关联规则结果的可用性，代表了获得关联规则所提供信息的多少。

为了解释分析过程，需要先形式化定义以下概念。

1. 支持度

支持度（Support）表示项集{X,Y}在总事务集里出现的概率。公式如下：

$$\text{Support}(X \to Y) = P(X,Y) / P(I) = P(X \cup Y) / P(I) = N(X \cup Y) / N(I)$$

其中，I 表示总事务集，N(I)表示总事务集的个数，N($X \cup Y$)表示含有{X,Y}的事务集的个数。注意，这里的符号∪不是求 X 和 Y 都出现过事务的并集，而是表示 X 和 Y 同时出现（作为一个合并事务）的事务集合。

支持度衡量了待考察事件是否普遍发生的程度。支持度低的事务，一般来说应用价值不高，不需要太关注；支持度高的事务，本身不能说明太多意义，必须和其他因素结合考虑。

2. 置信度

置信度（Confidence）表示在先决条件 X 发生的情况下，由关联规则"$X \rightarrow Y$"推出 Y 的概率，即在含有 X 的项集中，同时还含有 Y 的可能性，公式如下：

$$\text{Confidence}(X \rightarrow Y) = P(Y|X) = P(X,Y) / P(X) = P(X \cup Y) / P(X)$$

置信度衡量了特定事务在特定背景条件下存在真实性的可信程度，也就是令人信服的水平。置信度高的事务，一般来说都有较高的应用价值，但如何影响最终的判断决策，需要根据事务本身的业务意义来决定。

支持度和置信度的形式化表示，可以帮助我们更好地理解关联规则，但关联规则本身还没有实用价值，这是因为揭示出的关联关系有可能只是一种随机关系，背后并不蕴含因果逻辑。比如，通过关联规则可以发现，在下午 2~5 点的 100 个订单里，男性用户（X）下了 80 单，购买下午茶套餐（Y）的订单有 75 单，其中既是男性用户又是下午茶套餐的有 60 单，这时 $\text{Support}(X \rightarrow Y) = 0.6$，$\text{Confidence}(X \rightarrow Y) = 0.75$，值都很高。但是经过分析发现下午茶套餐本身的比例也是 75%，因此这是一种随机关联，不具备实用指导意义。

3. 提升度

通过其他一些指标可以辅助监测规则的实用性，可以定义提升度（Lift）。提升度表示含有 X 的条件下，同时还含有 Y 的概率，与不含 X 的条件下却含 Y 的概率之比，公式如下：

$$\text{Lift}(X \rightarrow Y) = P(Y|X) / P(Y)$$

提升度衡量了先决条件 X 出现对于事务 Y 的影响程度，因而具有实用指导意义。当提升度等于 1 时，说明 X 的出现不影响事务 Y，如之前的例子所示。当提升度大于 1 时，说明 X 的出现对事务 Y 有正面促进影响。当提升度小于 1 时，说明 X 的出现对事务 Y 的反面排斥影响。

比如，通过关联规则可以发现，在晚上 8~12 点的 100 个订单里，男性用户（X）下了 60 单，购买夜宵套餐（Y）的订单有 50 单，其中既是男性用户又是夜宵套餐的有 40 单，这时 Support($X{\rightarrow}Y$) = 0.4，Confidence($X{\rightarrow}Y$) = 0.67，P(Y) = 0.5，则 Lift($X{\rightarrow}Y$) = 1.34。

4. 置信差

置信差（Confidence Difference）表示含有 X 的条件下同时含有 Y 的概率，与不含 X 的条件下却含 Y 的概率之差，公式如下：

$$CD(X{\rightarrow}Y) = P(Y|X) - P(Y)$$

置信差衡量了置信度与后项事务支持度的绝对值差，代表了新获得关联规则所蕴含信息的增量，进一步提高关联规则结果的实用指导意义。当置信差等于 0 时，说明 X 的出现不影响事务 Y。当置信差大于 0 时，相差的绝对值不像提升度公式计算那样，分母受到后项事务支持度数值的影响，如上例，CD($X{\rightarrow}Y$) = 0.17。

韩家炜教授在《数据挖掘: 概念与技术》（*Data Mining: concept and techniques*）一书中还介绍了卡方系数、全置信度、最大置信度、Kulc、余弦距离和不平衡因子等评价方法。综合比较，一般认为，Kulc 结合不平衡因子是较好的评价方法。

用上面夜宵套餐的例子来说明：

$$Kulc = 0.5 \times P(Y|X) + 0.5 \times P(X|Y) = 0.5 \times 0.67 + 0.5 \times 0.8 = 0.735$$

可以发现，计算分别将两件事务作为条件的置信度的均值，避开了支持度的计算，不受零事务的影响，很好地规避了现实中的计算问题。

不平衡因子有两种计算方法：

$$IR = P(Y|X)/P(X|Y) = 0.67/0.8 = 0.8375$$

或

$$IR = |P(X) - P(Y)|/|P(X) + P(Y) - P(X{\cup}Y)| = 0.1/1 = 0.1$$

两种方法都可以用来衡量两件事务之间的关联关系。就本例而言，两件事务比较平衡，不存在一方对另一方有较强影响，而另一方不怎么影响对方的情况。

2.3　数据清洗

现实世界的数据一般是不完整的、有噪声的和不一致的。数据清洗过程试图填充缺失的值、光滑噪声并识别离群点、纠正数据中的不一致。本节将研究数据清洗的基本方法，分别处理缺失值、数据平滑、数据造假、噪音监测的问题。

2.3.1　填补缺失值

在利用收集得到的数据构建上层模型来预测商业前景的时候，可能需要首先确认这份数据是否如预期完整有效。通常情况会比较悲观，从未起过实际作用的"大"数据可能只有一副空架子，而且总在之前未曾料想之处残缺不全。这种数据缺失并不是人为的，很多情况下反而是缺少人力所为。比如，用户不愿费力去填写详尽的个人资料，甚至会随便敲入一些符合默认要求但明显不正确的字段；实时定位技术回传到服务器的地理位置数据，也会因为信号弱而空缺出一段时间内的运行轨迹。

怎样才能为这些字段填上缺失的值，像缝补一件衣服一样做到尽量严丝合缝、不留痕迹？通常考虑的原则有以下 4 条。

- **宁缺毋滥**：如果发现数据残缺，而且确实很难通过技术手段补充缺失值，那么宁可将这部分数据丢失，不留给下一阶段的数据建模，避免因为数据错误引起的计算错误，放大上一阶段的问题。
- **效率优先**：经验表明缺失的数据往往价值不高，而且有可能以另外一种形式重新获得。所以，在填补缺失值时优先保证处理方案的效率，不要复杂化原问题，有更简便且没有明显逻辑缺陷的方案解决就好。
- **适度精准**：填补的缺失值当然也要保证精准性，但适度就好。适度的标准是，不出现异常值、符合最简单假设推定和相似情况下结果稳定。

❏ **方便处理**：填充缺失值可能有多种方式。比如，数据类型可以是整型，也可以是字符串，如果后面要做很多数值计算，那么数据就处理成整型会更方便；可以用手机号，也可以分配全局唯一标识补充用户账号，如果后面对数据唯一性的要求较高，那么数据在这里处理成统一分配的标识符号会更方便。

具体来说，遇到问题我们可以采用如下相应的处理方法。

❏ **直接丢弃**：当数据缺失程度较大，或者填补代价较高的时候，可以直接放弃这些数据。一般来说，容易缺失较多的会是注册信息和行为数据，判断的标准是看核心标识数据是否缺失，如手机号、硬件识别编码和用户编号；看关键行为路径的日志数据是否缺失，如下单、支付这样的关键行为，或是评分、评论这样的强意愿行为。

❏ **人工补充**：当数据集很大、缺失很多值时，该方法行不通，所以需要限定某些特定场合。比如商户已经通过其他数据判断一批很重要的目标用户，在数量不大的情况下，就可以主动发起流程，邀请这批用户进一步完善资料填写。

❏ **设置全局常量填充**：当记录项不包含某个属性，但又由于要和包含该属性的其他记录项一同存储或建模时，该记录项缺失的这个属性就需要填充，通常会用同一个常量（Unknown、NULL、0 或 $-\infty$）替换。该方法的优点在于简单易行，通用性强；缺点在于，如果缺失的值都用某个固定的 NULL 替换，那么挖掘算法可能会把这当成某个真实的高频现象，并把它作为知识挖掘出来，干扰正确的挖掘结论，或者将 0 作为一个数值直接加入计算，但 0 本身在原来真实数据中表示某种意义，最终计算出的数值也会掺入干扰因素。

❏ **设置中间度量填充**：全局常量填充可能会出现信息干扰的问题，为了缓解副作用，可以使用已知记录项属性的中心值替换。通常用到的中间值可以是平均值和中位数。

❏ **设置替代规则填充**：当某个属性项为空，但可以通过其他属性值判断出来时，通常会根据预先设定的规则计算出原属性的默认值。比如，系统缺少用户对于物流配送体验的评分值，但它可以看到这笔订单的实际配送时间已经大大超过预期送达时间，甚至这笔订单有相应的客服服务记录，系统就可以判断这次物流配送的体验较差，填充成较低的评分值。

□ **预测模型填充**：当某个属性项为空，但很难根据其他属性简单判断或需要填充较为具体精确的数值时，系统可以用朴素贝叶斯算法、线性回归或决策树类机器学习的方法确定。比如，利用其他用户的数据作为训练样本，可以构造一个回归模型或一棵决策树，来预测用户在是否有车、婚否、性别这些属性上的缺失值。

2.3.2 数据平滑

数据平滑试图填充的数值不是缺失的，而是试图将原始数据按照某种序列排列之后，加工成在视觉上更"平滑"，也就是在局部波动更小的新数值。常见的可以达到平滑效果的现象就是用月平均销量取代日销量的销量曲线图，原来的锯齿状曲线变成了更能体现出走向的趋势图，这也就是常用数据平滑技术分箱方法的基本思路。

分箱（binning）方法通过考察数据近邻（即周围的值）来光滑有序数据值。待平滑的数值经过排序后被分布到一些"箱"中，箱中若干个数值都被替换成箱中的中间值，中间值可以是平均值或中位数。比如对于销量这个变量，有 100, 200, 300, 200, 400, 600, 500, 400, 600 这样一组数值，如果按每个箱包含三个值、取平均值的方法，经过平滑后的数值是 200, 200, 200, 400, 400, 400, 500, 500, 500。

也可以使用箱中位数光滑，箱中的每一个值都被替换为该箱的中位数。中位数相对来说更有代表性，避免了少数异常点对真实状况的干扰。箱边界光滑则将箱中的最大值和最小值视为箱边界，箱中的每一个值都被替换为最近的边界值，这样进一步避免了求平均值丢失太多真实信息。

分箱平滑方法其实是一种数据离散化和数据归约的方法，减少了每个属性不同值的数量，增大了不同值之间的差值。概念分层在数据离散化则更进一步，将每个属性值映射到更加离散的概念标签上。比如，销量属性可以按照数值的大小分成高、中、低三档，从而减少了挖掘算法需要处理的值的数量，而且使得每个值都具有了意义。

2.3.3 数据造假

除了善意的数据缺失和数据粗糙问题之外，更为严重的问题是恶意数据造假。数据造假通常指的是，数据提交方主动掺入虚假误导性质数据的行为，这些行为如果不加以识别和清理，将不只是影响数据挖掘结论的准确率，更将出现迎合造假者期望的有偏结论，对整个平台的生态和利益造成负面影响。从造假行为的手段和获益方式来看，数据造假可以划分为数据欺诈和数据操纵两种类型，具体形态和应对方案如下内容。

❑ **数据欺诈**。主要是指数据提交方为了获取个人利益，而直接制造和提供满足平台审核要求、但不对应实体的虚假数据。

■ 批量注册空头的新用户。这些新用户往往都挂有机器生成的用户名、邮箱账号、以低廉价格采购来的手机号码、经过图像加工处理的头像图片。

■ 注册虚假商户主体。他们采用伪造、盗用或复用的手段提供虚假的商户资质数据，通过平台审查后，就能在线上构造假店，为其他造假行为提供掩护。

■ 数据提交方串通交易双方或者同时扮演交易双方，在平台进行刷单交易，伪造交易量以及衍生的交易数据。

❑ **数据操纵**。主要是指数据提交方为了达到某种目的，通过耗费其他资源的方式达到另一种数据形态。

■ 数据提交方雇用人力在一些看重用户访问行为的网站或平台上点击网页或商品，造成虚高的点击量数据，影响该网页或商品在挖掘算法中的权重。

■ 数据提交方在利益关联的商户里频繁消费小额商品或服务，给出高分点评，发布正面评论，提高总交易单量，影响该商户在平台的排名和评分。

- 数据提交方雇用人力对竞品商户和有竞争关系的商品进行恶意点评，发布负面评论，拉低竞品在平台的排名和评分。

比较而言，数据操纵的手法会耗费更多资源和时间。从某种意义上，数据提交方确实是在使用真实平台，有时甚至还会和真实用户有某种交互，因而更拟合真实数据，也更加隐蔽，在数据收集和数据处理阶段很难完全识别，需要有专门的反作弊策略来控制。本书会在后续的章节中专门论述。

数据欺诈则试图从一开始就在真实系统中伪造一套虚假的子系统，直接动用低成本的外部资源注入到内部系统。在这个过程中，为了控制造假成本，数据提交方通常会采用机器批量制造和伪造真实关系的手法，因而系统可以从这个漏洞入手先识别出这些造假。由于造假的手法五花八门，不可能在这里逐一讲解应对方案，不过本文可以提供以下一些思路，方便读者在实践中灵活运用。

- 机器批量生成的虚假账号，比如用户名、邮箱账号的字符串会是 WyIn9QcVp1 这种形态，往往与真实用户根据自身身份意义设置的字符串，比如 xiaoyu、wang，存在语义上的差距。通常，人能够很轻易地识别出来异常，但人识别的效率太低。系统需要有识别算法来自动判断，新提交的用户账号集合是否是虚假账号。这时可以借鉴语义模型的思路，先统计全量数据中用户账号所用到字符串集合的 Bi-Gram 或 Tri-Gram 模型，也就是计算任意连续 2 或 3 个字符之后出现新字符的概率，这样得到一张映射表。根据映射表可以计算出事先已标注真实账号字符串的概率区间，或者假设全量数据的真实度足够高，也可以直接用全量抽样数据计算做参考。当对机器批量伪造的无语义字符串计算语义出现概率时，用这种方法就可以发现异常。

- 针对人为伪造生成的商户或服务方资质，比如盗用真实商户的营业执照证件照片注册餐饮平台的线上商户，盗用真实车主的车牌号、车型信息注册出租车寻呼平台的司机，由于造假者需要控制人工成本，或自身需要识别出哪些是自己造假的行为数据，都会留下可以甄别的蛛丝马迹。造假者往往会集中在某个时段，尤其是异常时段，如午夜非正常工作时间，或月初月末与计算业绩相关的时间，集中处理一批伪造数据，如上线或下线商户、注册或注销司机账号。造假者往往也需要在伪造交易订单中加入自身的标记，如在附注中加入暗号，在支付金额中统一固定某个数字。如果平台已经具备一些人工校验流程，如在完成注册时需要语音呼叫注册者提供的手机号，造假者在多处注册账号提供的少量真实手机号就很容易暴露出异常。

2.3.4 监测噪声数据

数据缺失、噪声粗糙和数据造假都会导致不正确的数据，我们遵循以上各小节介绍的方法都能有针对性地去发现数据错误。但如果想例行地建立起数据处理机制，及时准确地将这项繁重的工作减轻，尽量用一些可普遍推行的工具解决大多数低级问题，将数据分析人员的精力投入到更智能、更满足业务需求的事务上，我们就有必要利用以下方法来日常化地监测系统每天收集上来的数据，提出有价值的问题线索，提高数据分析人员的工作效率。

- ❑ **找出"数据的数据"，也就是元数据**。每个属性的数据类型和值域是什么？每个属性可接受的值是什么？不可接受的值是什么？周期性数据的变化趋势有哪些特点？

- ❑ **使用元数据标准找出数据异常**。计算平均值、中位数、标准差，找出离群点记录。是否有属性值超出正常预期的区间？是否有属性值命中不可接受的数值？存在已知依赖关系的属性之间是否符合预期对应关系？

- ❑ **使用简单的领域知识检查并纠正数据异常**。邮政编码规则、全国政区分级体系、手机号编码规则可以用来筛查出最容易犯错的地方。一些根据经验制定的规则，比如门牌地址字段中不应出现哪些符号或连续多长位的数字，某个地区来源的手机号可能有较高比例的造假嫌疑，也能在特定场景下帮助数据分析人员定位问题、缩小关注范围。

- ❑ **使用历史数据分布校验发现数据异常**。将今天的数据和昨天对比，这个月的数据和上个月对比，这可以帮助系统发现只观察一份数据看不出的问题。有时发现噪声数据最好的证据就是和历史同期的对比，可视化对比能更加直观地将异常和异常程度暴露在观察者面前。

❑ **使用交叉验证，不放过"好"数据**。通常情况下核心指标变差更容易引起关注、启动相关的检查和纠正流程，而核心指标变好则更容易被认为是符合预期，是各方相信或愿意相信发生的事情。但根据经验，好的数据指标变化同样有可能是噪音数据甚至造假数据导致的。那么，在监测环节有必要采用交叉验证的方法，从多个角度反复确认数据指标变好这个事件。比如，成单率上升的同时，用户登录数、点击率、下单率有没有变化，是都有相应比例的增长，还是只在最后一个环节猛增。如果是后者，那么原因有可能是，成单率数值的上升只是统计脚本的误算，或者是刷单团伙集中在订单流程的最后一步反复刷单。

第 3 章

数据存储

经过采集和加工后的数据通常会存储起来以留给各种业务需求接口调用，不同的存储策略会导致后续的访问效率和维护成本有很大差别。在实践中，有一些需要注意的基本概念和处理方法。基于这些基本理念，我们可以根据不同的具体环境加以变化和利用，就能改变原本可能低效的存储方式，提升数据利用能力，收到事半功倍的效果。

- ❑ 看待数据存储的视角很重要的一点就是要分而治之，灵活适用的分层策略和数据规模粒度控制，可以先将复杂问题简化成局部的可解问题。
- ❑ 通过对业务逻辑的熟悉，还可以了解到数据分布在时间和空间上的不同侧重点，从而可以在不同条件下对时间或空间属性的数据进行配置，达到更优化的方案。
- ❑ 时效性是数据可用性的重要指标。如何既满足更新周期的要求，又不过于牺牲系统可扩展性和性能，这是一个需要综合考量、折中取优的渐进过程。

3.1 分层与粒度

数据分层是指数据仓库中因数据承担不同功能而进行的区分。数据仓库分层的优点在于以下三点。

- 拉开了数据存储及其功能的层次，用空间换时间，在有些数据层上通过大量的预处理提升用户体验和访问效率。
- 利用数据存储实现业务逻辑隔离的目的，避免业务规则的变化会影响整个数据处理过程。
- 将复杂问题简化成局部的可解问题，把原来一步完成的工作分成多个步骤，每一层的处理逻辑都相对简单和容易理解。

粒度则是分层方法中最核心的概念，对粒度的理解和运用决定了分层的具体方案和实施效果。

3.1.1 粒度划分标准

数据粒度通常是指数据仓库中数据的细化和综合程度。一般情况下，数据粒度划分标准的原则是：细化程度越高，粒度越小；细化程度越低，粒度越大。在设计数据具体粒度大小时，需要在存储数据量的大小与访问数据量的详细程度之间做出权衡。

权衡通常可以遵循以下原则。

- 把时间范围的扩大和缩小作为粒度划分标准。

  这是最传统的粒度划分标准，经典的数据挖掘教材里都会提及。一般会按照日、周、月、年这种自然历法划定的时间范围，决定数据仓库存储记录的粒度。粒度细化到日级别的低粒度数据存储时，系统往往能够保存较详细的记录内容，便于实现更精准的挖掘和查询，但耗费的存储空间较多，并会带来较大的 CPU 计算和 I/O 访问压力；粒度泛化到年级别的高粒度数据存储，系统则会通过一些统计计算丢失具体的细节内容，只保留正确但笼统的信息，便于节省存储空间，提供宏观结论，但如果想深入钻探到更有价值的特定结论，就必须进行二次分析才能将数据展开。如果未能同时保存低粒度数据，则有可能得不到预期结论。

- 把空间范围的扩大和缩小作为粒度划分标准。

传统的粒度划分标准也会考虑到地理空间范围的变化，常见的场景是电信运营商依照县、市、省、区和全国这种行政区划定的空间范围，决定数据仓库存储记录的粒度。这种划分标准遇到的问题与上面提到时间范围划分标准的问题类似，而且有时会与时间范围的粒度划分同时生效，形成"时间+空间"的粒度划分标准，能够定位到更具体的时空刻画和存储记录。随着 LBS 相关技术和 O2O 业务的迅速发展，空间范围进一步细致到直接用经纬度坐标来描述，理论上甚至可以完全做到 10 米×10 米范围内的极低粒度的数据存储，只要 GPS 或 WiFi 的定位精度足够精细。更加常见的低粒度空间数据是方圆几公里范围内的人口或车辆分布数据，它可以应用于出行、餐饮和旅游等消费场景。

❑ 把数据智能的精准或粗略程度作为粒度划分标准。

这是随着大数据普及程度和人工智能技术发展而新出现的一种粒度划分标准。以用户画像为例，常见的场景是依照对用户特性刻画的深浅程度，遵循基础信息（具体的消费记录）、概要信息（基于具体消费记录的各个指标统计，比如客单价、消费频次等）、个性信息（基于各个指标项的深度挖掘，知道用户的消费能力、经常活动区域、经常消费的类别），甚至感性信息（进一步预测出用户的口味偏好、消费意愿、重视体验还是重视价格等），这种对用户认识由浅入深、由模糊到具象的过程进行刻画和存储的。

3.1.2 分层实现方法

在解决完粒度划分的问题之后，就要考虑如何按照设计好的不同粒度，将数据仓库里的记录项分布或隔离到不同的层次上。数据分层要做的是把数据分散到各自的物理单元中，这使得后续的应用能独立处理不同层次的数据。一个好的粒度设计方案还必须结合正确的分层实现方法才能得以体现，并充分发挥数据在不同粒度上应有的作用，同时保证整个系统在性能设计上是合适的。

一般来说，传统的数据仓库分层方法会遵循粒度逐渐升高、从原始数据采集到上层应用的路径，可将数据仓库分为 4 层：临时存储层、数据仓库层、数据集市层和分析应用层。

□ **临时存储层**：它也称为数据缓存层，作为读取到接口数据的临时存储区域，用来实现对临时数据的中转和备份，并为后续的数据处理做准备。临时存储层的数据由于最接近源系统的数据，因而在数据结构上会保持相同的结构，这样可以简化后续数据处理的工作；从数据粒度上来说，因为还没有经过处理分析，临时存储层的数据粒度也是最细的，忠实记录了原始数据形态。临时存储层的表通常根据数据存放时间可以分成两类：短期表用于存储短时间内需要访问的时效数据，长期表用于存储经过处理后不常访问的历史数据。

□ **数据仓库层**：它在数据粒度上与临时存储层保持一致，不同之处在于它对源系统数据进行了清洗，保证了数据的一致性、准确性和正确性。数据在这一层开始进行标准化处理，需要遵循一定的标准和格式，为后续层次的数据处理提供基础。

□ **数据集市层**：它也称为核心数据层，通常为了满足特定的业务需求来组织数据，在数据粒度上已经经过了轻度汇总，不再是最初的明细数据。从数据功能上看，数据集市层的数据已经满足用户分析的需求。轻度的数据汇总所进行的数据整合是为下一层数据库做准备的，而且从数据的广度来说，这种整合需要覆盖所有业务类型的数据。

□ **分析应用层**：它完全是为了满足具体的分析需求而构建的数据，从数据粒度来说是高度汇总的数据。但是从数据的广度来说，分析应用层并不要求一定要覆盖所有业务数据，而是集市层数据的一个真子集就可以了。在这一层数据上构建模型时，我们一般可以做到直接对应业务上的一张需求报表，分析应用层的数据可以直接用于可视化的分析展现。值得注意的是，当业务分析复杂时，构造多维模型数据才能支持分析需求；当业务相对简单和独立时，则可以将核心数据层与分析应用层进行合并。

这种分层方法通常对应传统 BI 领域，一般不会考虑快速便捷生成业务报表的实际需求、报表的分析解读及后续销售运营方案设置，它们通常由专门的数据分析师和销售运营人员负责。而随着数据智能技术的进展，粒度划分标准更加智能精准之后,数据分层不仅仅要产出报表,而且还要直接输出适当的运营方案,提供场景化、个性化的策略支持,因此我们有必要形成新的数据分层方法。

具体来说,遵循数据粒度升高、智能化程度升高的路径,数据也会分成4层:基础层、概要层、个性层和预测层。

- ❑ **基础层**:它类似数据缓存层和数据仓库层,从基础数据源获得数据后进行数据清洗加工,得到符合数据建模规范的基本记录,如具体的消费记录、用户注册信息、商户的商品列表等。这一层的数据还没有产生智能,只是尽量保证对真实世界的真实反映。
- ❑ **概要层**:它类似数据集市层,已经开始进行简单的数据挖掘,产出具有实际物理意义的各项统计指标,如客单价、消费频次等。这一层数据粒度增高,摆脱了基础层数据要求大而全的限制,开始在某些方向上准备核心数据,如消费能力、兴趣偏好。
- ❑ **个性层**:与传统分层方法不同,个性层和预测层的数据并不仅是为了生成报表而存在,而且能在很多方面体现出智能化程度。这一层的数据粒度并没有增高,但由于基于各个指标项的深度挖掘,它已经在智能的精准程度上有了很大提升。可以感知到的是,在这一层上出现了很多新的数据指标,如用户的消费能力、经常活动区域、经常消费的类别。这些新指标都指向了数据刻画对象的个性化程度,即是将对象作为面目模糊的整体来描述,还是将对象视为不同类别的群体来逐一刻画。
- ❑ **预测层**:除了根据历史数据刻画出存储对象的个性化属性,我们还需要在预测层进一步运用数据挖掘和机器学习的方法,找到并存储更加丰富和抽象的数据内容,比如用户的口味偏好、消费意愿,用户重视体验还是重视价格等。

3.1.3 智能增长的新视角

这种新的数据分层方法相比以往的方法有一点很重要,就是对数据的视角从分析业务运行指标转变到了分析参与业务环节的各个角色,尤其是用户和商户。交易行为的相关主体变成了数据存储和分析对象。以相关业务主体为主轴,按照认识由浅入深、由模糊到具象的过程，划分数据粒度和数据分层方法。而我们如果采用原先以时空范围为思考方式的数据粒度和数据分层方法，则不能观察到如此丰富和连贯的数据，自然也就无法在随后的建模和场景层面上做出更多的应用。

之所以在这里强调数据粒度和数据分层方法的重要性，也是希望实践者能意识到，怎样去采集、存储、组织数据，也就决定了能否以及怎样利用数据驱动业务增长。底层数据建设好了，高层的智能增长方案就自然而然生长出来。

虽然在这里强调基于智能程度精准或粗略的粒度划分标准和分层方法，但在实际中仍然会广泛运用基于时空范围的粒度划分标准和分层方法。更常见的是，人们将时间、空间和智能三者结合起来，形成三维向量描述的粒度概念。而且实践者根据所处的业务领域需求不同，可能会有不同的侧重，弱化或撤销其中某个维度以更好刻画业务所需的数据。

3.2 更新与时效

如果说大数据是真实世界在数字世界的二进制存在，那么从它被记录到数据库的那一刻开始就已经落后于新的现状。流水不腐，户枢不蠹，数据处理时时面临更新与时效的问题。

3.2.1 记录实时数据

在商业平台上，用户的每一笔消费记录都会实时传送到后端服务器；在内容平台上，用户的每一次访问、查询和阅读记录也都需要实时传送到后端服务器。那么服务器是怎么做到实时记录并有效存储这些数据，在这个过程中究竟做了哪些必要的数据处理工作？在数据量较少、数据应用需求较简单的情况下，服务器可能只要按时序往硬盘上写下每条访问日志就可以了。但在设计日活上百万，甚至上千万用户的复杂数据库，支持排序、搜索、推荐、营销、物流、反作弊等多种智能应用时，记录实时数据的方法就显得格外重要了。实时数据是过去和未来交接那一瞬间不断沉淀下来的有形信息，它们以什么形态和效率保存下来，反映了设计者对数据智能程度的理解，决定了后续可以选择的模型和算法空间。

实时数据的记录过程可以从用户使用 App 开始，到网络传输，再到服务器接收，最后到写入数据库为止。在这个路径上可以看到，数据离 App 端更近，则数据更新更准确，但存储代价更高，应用访问更困难；相反，数据离数据库更近，则数据更陈旧，更难避免差错，但存储代价更低，数据更适合应用访问。

需要分析特定情况下，App 端、网络环境、服务器集群和数据库能力这 4 者的成本和容量，才能决定具体的实时数据记录方案。

当决定实时数据流适合在这条路径的哪个结点进行存储时，有一条基本原则是时间戳方案，用于解决实时数据增量更新的问题。增量更新的原理是，给每条数据都必须加上 update_time 这个值，记录数据最后更新的时间。当数据从 App 向数据库传送的过程中，每次新返回的数据都必须按时间排序，update_time 最近的数据在第一条，当再次获取数据时，程序只需要获取上个时间点到访问服务器这刻为止所更新的数据即可。

3.2.2　数据更新与同步

增量更新并不是永远都在叠加新数据，实际事务中会出现很多互相覆盖，甚至冲突的行为，因此我们需要处理一个删除数据的同步问题。比如，用户在 App 上提请了一笔订单，但订单很快又取消了，新操作记录累加到数据流的队列里。这时，如果设定在服务器端处理数据更新，那么，处理程序就要在服务器的数据表里删除上一条数据，或者说同步这条数据前后不一的状态。

通常的解决方案是，服务器的数据表中增加一个逻辑标识 is_delete，当需要在业务逻辑上删除的时候，把这条数据的 is_delete 设为 1，也就是软删除，同时设置新的 update_time。当 App 增量更新检测到这条 is_delete 为 1 的数据，增量更新程序就在 App 本地数据中把这条数据删除。为了避免在服务器保存太多的数据，我们通常在服务器设置一个 crontab，定期删除近段时间那些标识 is_delete 为 1 的数据。

3.2.3　时效性

首先，这里提到的时效性处理与前面讲述的粒度分层依据的时间维度有所不同。后者更多是强调将数据按照时间范围从小到大组织起来，解决数据存储代价和访问效率的问题。本节内容则强调尽可能提供一个技术方案，以满足业务对最新有效数据的需求。

搜索引擎领域对时效性有很大需求，通常的解决方案是，部署多级建库周期的网页索引库。以周为级别例行生成的网页索引库，用以覆盖大部分时效性不那么高的网页；以日为级别及时生成的网页索引库，保证一般情况下对时效性网页的需求；以时为周期专门针对特定新闻类网页所建的索引库，确保满足突发性、时效性需求；在一些时效性要求更高的领域，比如微博，还有必要保持秒级刚刚发布入库的内容，实时建库生成索引，做到时发时搜。

传统的实现时效性的方案通常都是以操作记录为基础，更新时间更加新近的记录反应了实际状态。但与智能应用要求不同的是，这类方案从综合分析最新记录到定位需要影响的对象，要经历很长的过程。应用策略需要在线分析日志才能分辨行为主体的真实状态。

在打车出行领域，同样存在查询此时方圆几公里范围内空闲车辆的需求。物流配送领域需要知道此时商圈里所有骑士的忙闲状态。因此，我们有必要建立实体画像来描述业务所需的时效性需求。

具体来说，解决方案需要能够对时效性相关实体进行画像建模，以打车出行领域为例。

❑ 系统对每个司机在后端建模，每一笔更新状态的记录都会修改相关司机的最新状态。

❑ 系统对每个区域在后端建模，区域范围可以是各级行政区划，也可以是依据实际商业行为自然形成的地理区域，每一个司机的状态更新都会修改该区域的空闲运力状态。

❑ 系统对每个乘客在后端建模，每一个乘客的定位操作都会修改其对应区域运力的状态。

这样将以无差异化的操作记录为基础的时效性方案，经过画像建模技术，转化为以各个主体画像为基础的时效性技术方案。这实际上是一种面向对象的思想，因此实现起来更加灵活和智能。

3.3　搭建存储方案

在设计并搭建具体的数据存储方案时，各种方案从结构化程度上通常有结构化、半结构化、非结构化之分；也有元数据、主数据、业务数据的分法；从数据类型上还可以分为视频、文件、语音、业务交易类等各种数据。如此多样性的数据存储要求已经是传统数据库技术不能满足的了，因此除了关系数据库之外，近年来业界陆续又提出了两种新的数据存储方案：一种是 HDFS 数据库，可以直接应用于非结构化文件存储；一种是 NoSQL 数据库，可以应用于结构化和半结构化数据存储。从实际方案部署来说，关系型数据库、NoSQL 数据库和 HDFS 数据库这三种存储方式都需要，我们可以根据实际情况选择不同的存储模式。

接下来的内容重点介绍后两类数据库的特点和可选方案，以及为了克服其缺点而采用的对应优化方案。

3.3.1　HDFS 数据库

HDFS（Hadoop 分布式文件系统）是一款专门为廉价机器普及而设计的分布式文件系统。它具有高度容错性、高吞吐量等特点，非常适合大规模数据集上的应用。

HDFS 数据库有如下很多优点。

❑ **数据的访问方式相对高效**。流式访问的特点在于一次写入，多次读取，这符合现阶段大数据读取方式的实际应用场景需求。原始数据经过层层的采集加工过程，体现出的是不断经历反复读取，再生成高级数据的流程。这种集约式的读取方式因而表现出其特有的效率优势。

❑ **运行计算的机器相对廉价**。在部署 HDFS 数据库时，我们不需要将服务运行在高规格的高价机器集群上，而是通过大量部署廉价的低端机器集群并保证容错性，它们就能承担复杂的计算任务。遇到数据丢失和宕机中断等异常事件时，容错机制能够做到自动恢复，不会对上层的应用方造成交互上的困扰和读写故障。

❑ **能够处理的数据量足够大**。在实际应用中，HDFS 可以用来存储管理 PB 级的数据。这种超大规模数据处理能力的底层是以超出常规大小的数据块管理方式来支撑的，采用均匀一致的数据块，绕过了文件处理机制在传输、存储和备份方面的弱点。

作为硬币的另一面，HDFS 的设计机制也存在一些明显的缺陷，使得这种数据库也不能做到适用于所有业务需求。

❑ **数据访问延迟较高**。由于程序经常要处理的是大规模数据集分析任务，每次要读取的数据量自然是越大越好，这样平摊到每单位数据量上的访问延迟并不高。但对于一些要求绝对低延迟访问时间的分析任务，性能指标则很难得到满足。

❑ **HDFS 不支持并发多用户写操作**。这也是为了支持大规模流式访问而引入的缺点，为了保证读取效率而牺牲随机写入的便利。新增数据可以不断追加到文件的末尾，如果只是增加一批新的记录还好，但如果是对已有记录新增属性数据就会引入很多问题。

❑ **存储大量小规模数据效率低**。HDFS 的文件格式和存储方式要求系统记录每个数据块的索引信息，即元数据，并且将数据块存储在内存里。当然，数据块规模越大，则系统的性能指标越好，小规模数据块太多，将耗费大量的内存资源，影响存储效率。

3.3.2　NoSQL 数据库

NoSQL 泛指非关系型的数据库。在应对超大规模和高并发数据性业务时，传统的关系型数据库暴露出很多问题，针对这些问题，NoSQL 才被提出并得到广泛应用。

NoSQL 数据库的优点表现在以下方面。

- 数据模型比较简单，字段不需要事先明确规定。而在传统的表格数据库里，增删一个属性字段是非常伤筋动骨的操作，如果要删除的字段关联到其他表的重要字段则更加麻烦。
- NoSQL 数据库具有非常高的读写效率。在表格数据库的查询机制里，提高效率是通过为每条 SQL 语句建立缓存来实现的，这样既耗费内存资源，又由于查询粒度太大而存在容易失效的风险。NoSQL 降低了缓存粒度，可以灵活适应各种情况下的查询需求，大大提高了读写效率。
- 维护成本更低。一方面可以大规模采用低廉价格的通用机器集群，搭建起可用的数据服务系统，降低采购高端服务器集群的硬件成本；一方面稳定成熟的数据库管理方案，减少对高端数据库管理人员的需求，降低日常运维、调优等方面的人力成本。
- 异质的数据库系统之间更容易扩展。解除了关系型数据库在数据范式上的约束之后，原先可能来源于不同业务环境和系统配置的异质数据库系统，能够达成更好的联通，在架构扩展方面延伸出更大的能力。

近年来，大多数 NoSQL 数据存储系统都已部署于实际应用中，也取得了较好的效果，但仍然存在许多挑战性问题，有待进一步解决。

- 实际产品很多但各自为战。采用键-值存储原理构建的 NoSQL 数据库有很多实际应用产品，如 LevelDB、Redis、Cassandra，但在很多情况下它们都是针对特定业务场景构建的，很难做到通用化。真正遇到问题时，由于大多数的 NoSQL 系统还都处在开源项目状态，虽然也会有一个或多个公司对它们提供技术支持，但在支持服务的专业程度和可依赖的资源力度上，NoSQL 系统都还没能形成企业级的通用解决方案。
- NoSQL 数据库对业界数据分析的需求支持不够。关系型数据库虽然有很多缺陷，但已被业界使用了很多年，在实际数据分析问题方面已经积累了很多经验和解决方案，也开发出了很多延伸的功能。相比下来，NoSQL 社区还刚刚起步，而且实际效果也并不如人意。

❑ **NoSQL 数据库自身的理论体系和标准规范还不够健全**。经过多年学术界研究和业界应用，关系型数据库已经构建出一套成熟的理论、规范到技术标准的话语体系，并通过专业教育培养了一大批合格适用的专业人才。至于 NoSQL 数据库，如果它只是作为技术创新者试验的利器还好，但如果中小企业需要大规模运用这套产品去提升生产力时，那他们就需要在学科知识和人才市场上做好更充分的准备。

3.3.3   开发自有方案

大中型的互联网公司通常都会面临海量数据的问题，系统每天产生海量日志，其容量达到百 PB 级，需要数千甚至数万台服务器存储。这些数据的特点是，数量大、增长速度快、结构化和非结构化混布、不同来源数据一致性冲突、数据访问频次不同、突发事件导致数据访问异常等。

另一方面，业务方面会对数据存储和处理提出极高要求。比如，财务预算系统要求数据高可靠性，运营预警系统要求数据高时效性，商业画像系统要求数据高一致性。我们需要成熟的数据库方案，提供强大的数据存储能力和处理能力，并且以简单方式获得扩容，降低维护升级的代价。

对于这种业界领先业务的需求，像 HDFS 和 NoSQL 这样的开源系统方案都不能简单无缝对接。市面上已有的成熟方案，只属于那些已经在特定领域形成业务优势和垄断地位的企业大数据平台部门。中小企业如果想开发自有方案，就有必要借鉴领先者经过大量试错才总结出的实战经验。

1. 改进数据访问方式

❑ 系统以空间换时间，利用离线状态下的空间资源，降低在线访问的延迟，提高系统的吞吐量。

❑ 系统为数据文件建立多级索引，利用外存空间预测读取高访问概率数据，以及在磁盘中进行缓冲 IO 等。

❑ 系统利用缓存空间存储热访问数据，根据访问频率的不同，将数据分级缓存到不同距离的数据中心。

❑ 系统利用存储硬件读取参数的特点，将不同访问需求的数据分别存放于内存、Flash 和磁盘上，最大化利用各种硬件资源的容量和性能优势。

2. 优化数据存储空间

❑ 系统利用各种存储硬件资源的特点，对单机硬件进行合理调配。研究 CPU 缓存、内存、硬盘、SSD 等硬件设备在容量上的配比关系，最大化地发挥综合存储效率。

❑ 系统采用企业版的定制 Flash 硬件，针对特定场景的存储需求，实现对 Flash 的多通道编程，这样既在访问方式上实现了并发读写，又扩大了存储资源的容量。

❑ 系统采用分布式存储方案，避免在单台机器上存储需要频繁访问的数据块，比如由于业务需求产生的热门记录，或者文件规模产生的大记录，所导致的性能瓶颈问题。

3. 提高数据扩展可用性

❑ 系统采取多个副本独立存储方案，备份数据彼此既可以容错，也可以降低某个硬件损坏带来的风险。

❑ 系统保持数据库表在逻辑上的独立性。将数据分而治之，使得数据存储的各个部件可以各自扩展。当业务发展需要大规模扩张的时候，能够通过增加服务器数量就可以实现目的。

❑ 系统在大块数据内部细分更新操作，减少数据修改带来的成本和风险。对于大规模数据文件运用局部更新策略，只更新修改了的子数据块，甚至只在需要读取前才去更新数据块，尽量避免对整个大文件的更新操作。

以上建议的自有方案，可能存在互相冲突的情况，也可能存在需要混合采用多重方案的情况。由于实施者处于不同发展阶段面临不同业务问题，要考虑的因素和优先级也各不相同，因此需要综合判断各条方案的适用性和重要性，分步骤分程度地采用备选方案，才能逐步构建出适合自身需求的自有方案。

第 4 章

数据访问

问渠那得清如许，为有源头活水来。大数据的真正价值在于能够随取随用，如同随手可得的电力和自来水。这就引出了数据访问的问题。大数据时代对海量数据的渴望，要求数据访问必须做到像随手掬来的活水，这样才能让各种基于数据建模和挖掘的应用释放出无限可能。为了从技术方案上提供数据访问的易用性、稳定性和强大能力，本章着重介绍了考虑此类问题时可以倚重的基本思路，以及判断实际实施是否保持正确方向的检验手段。

4.1 访问工具：正排与倒排

正排索引和倒排索引是常见的两种数据访问方式，分别适用于不同的查询目标。业界经过多年应用它们，已经发展出种类繁多、功能各异的开源项目和商业产品。读者了解它们背后的计算机科学原理，将更好理解其在工程实现中遇到的限制和应对之道。

4.1.1 正排索引

正排索引以物品的 ID 为关键字，索引表记录物品的所有属性字段和属性值，程序查找时扫描索引表中每个物品的信息，直到找出所有包含关键字的物品。这种组织数据方法关键在于从关键字到键值的访问数据，组织数据方法的具体形式也随着索引结构的复杂度不同而多种多样。简单来说，我们可以基于物品建立索引表。若要加入新的物品，则直接为该物品建立一个新的索引块，挂接在原来索引表文件的后面。若要删除某个物品，则程序直接找到该物品号对应的物品信息，将其直接删除。但是这样的话，程序需要对所有物品进行扫描才能确保没有遗漏，就使得检索时间大大延长，检索效率低下。

比较好的解决方案是键–值分布式存储数据库，这是一种 NoSQL 模型，数据按照键–值对的形式进行组织、索引和存储。键–值存储非常适合不涉及过多数据、业务关系的业务数据，同时能有效减少读写磁盘的次数，比 SQL 数据库存储拥有更好的读写性能。具体来说，键–值型数据库将所有的数据合并在一起的优点如下。

数据库中没有了表、记录、主键等概念，数据检索时也就没有必要进行表间联结，省去了 JOIN 操作带来的巨大开销。

□ 原本由于数据库和表的文件存储限制而分开存储的数据合并在一起，数据在磁盘上的存放更加集中，能够提高数据的读取/写入速度。

□ 避免了索引表文件数据结构对字段增删改查等操作的限制，当有新的记录需要加进来，或者需要读取键–值对数据时，程序不用再追索到索引表文件的尾部或低效地遍历整个文件。

根据键–值数据库采用的数据结构，可以将常见的 NoSQL 型数据库分成三类数据访问引擎。

1. 一致性 Hash

代表数据库：Redis、memcache 等。

Hash 索引也常见于其他存储引擎的查找速度优化上。Hash 索引结构的特殊性使得其检索效率非常高，Hash 索引可以做到一次性定位，不像 B 树索引，需要从根节点到枝节点，最后到页节点这样多次 IO 访问，所以 Hash 索引的查询效率要远高于 B 树索引。

但是，Hash 索引也存在很多限制和弊端。

- Hash 索引仅能做精准要求的查询，比如：=、IN、<=>这样的查询，而不能完成需要匹配到某个范围内的查询，比如：>=、LIKE 这样的查询。

- Hash 索引为了提高查询速度采用 Hash 算法，改变了原有记录列表中的自然排序，也就丧失了某种规律性。当希望能够利用自然有序的性质，加快某些算法的计算效率、降低复杂度时，Hash 索引就很难有所作为，只能去处理完全没有序列规律的数组。

- Hash 索引在遇到组合索引时，无法利用其中单个或几个索引分别查询，只能严格按照经过组合计算后的 Hash 值查询，这就大大限制了在不同业务场景下的灵活应用。

- Hash 索引无法避免全表链式扫描，也就是存在 Hash 碰撞。因为不同索引键存在相同 Hash 值的情况不可避免，所以即便设置的记录条数足够满足 Hash 键值的需求，也不能保证从 Hash 索引中直接完成查询。这时程序还是要通过访问表中的实际数据进行比较，才能确保得到正确结果。

- 在极端情况下，当 Hash 索引遇到大量 Hash 值都相等的情况，Hash 索引的性能会退化到相当于每次都需要完全遍历所有的节点，这时的性能并不一定比 B 树索引高。

2. 平衡搜索树

代表数据库：MongoDB、MySQL 等。

B 树（平衡搜索树）也是键–值数据库中常用的数据结构。B 树的特点是将数据存储在叶子节点上或非叶子节点上，将非叶子节点作为查找叶子节点的索引，提高查找效率，这样每次查找会是一条自上而下逐层遍历，从根节点到非叶子节点，再到叶子节点的路径。存储数据的叶子节点本身也被构造成有序的链表，当查找操作到达叶子节点时就可以依次找到目标数据。程序如果要插入新数据，则可能需要进一步地分裂叶子节点，引起树形结构的变化，原先存储在叶子节点的数据会提升到上一级非叶子节点，原先的存储在同一个叶子节点里的数据被分隔到两个新的叶子节点里。

非关系型数据库的代表 MongoDB 选择的是 B 树，非叶子节点也被设计为可以存储数据，因此查询时间复杂度不固定，取决于 Key 在树中的实际位置有关，最好情况下也能达到 $O(1)$。这种情况比较适合 NoSQL 型数据库，这类对数据模型要求简单、但性能要求高的场景。关系型数据库的代表 MySQL 选择的则是 B+树。B+树演变的特点在于，只有叶子节点才能存储数据，并且通过指针操作串联在一起，很容易实现区间遍历甚至全部遍历，因而查询时间复杂度固定为 $O(\log n)$。这种情况比较适合关系型数据库，利用数据局部性原理，预先将存储在附近区域的数据一次性读入内存，减少不必要的磁盘访问时间。

3. 日志结构合并树

代表数据库：BigTable、Cassandra、nessDB、LevelDB、HBase 等。

为了便于读操作查找数据，B 树采取了将数据顺序存储的做法，但也引入了在新数据加入后不断分拆节点，不断分拆节点会造成大量随机读 IO 的性能代价。为了再次在读写之间平衡，LSM 树（日志结构合并树）在牺牲部分读性能的情况下大幅提高了写性能。这种解决方案的基本思想就是假定内存足够大，将原先一棵大查找树拆分成许多小的有序树，保存在内存里，并不经常写到磁盘上，这样就避免了很多不必要的磁盘寻道机械操作。

将经常访问的有序小树数据块放在内存里，会带来一旦断电则会丢失所有最新数据的风险。为此，LSM 类型数据库会采用写日志机制，将需要保存的内存数据刷入到硬盘，以备不时之需。当新的日志文件又充满内存时，原有的旧日志文件则会丢弃。随着数据越来越多，系统也会生成越来越多的有序文件。这些文件之间难免存在重叠冗余的情况。LSM 的做法是不会实时更新维护每个文件的准确性，而是允许一段时间内放任这种情况的存在，极力追求写数据性能的提升。当造成读能力下降到一定程度之后，系统才会启动重新合并机制，将大量的小树合并成经过整理的大树，延续读能力满足一定限度的要求。

从硬盘访问角度来看，相对于 B 树和 Hash 索引，LSM 树将多次单页随机写操作变成了一次多页随机写操作，也就是将开销较大的随机 IO 替换成快速的顺序

IO，显著减少硬盘磁盘臂的开销，复用了磁盘寻道时间，极大提高了访问效率。另一方面，LSM 树付出的代价是创建了大量的小文件。在最坏情况下，LSM 树为了获取最终结果，所有文件都可能被遍历搜索到，并为此增加了压缩操作的 IO 成本。比较有效且常用的方法是布隆过滤器。它是由 Howard Bloom 在 1970 年提出的二进制向量数据结构，其实是一种 Hash 结构，能用来检测一个元素是不是集合中的成员，可以更快查询到已知数据。

4.1.2　倒排索引

倒排索引表以物品的属性字段及属性值作为关键字进行索引，索引表返回关键字对应的物品集合，这些物品具有相应的属性字段，并且这些字段的属性值符合查询要求。现实数据都是以物品为最小单元加入数据库，每个物品所具有的属性字段和属性值也各不相同，这样从倒排关系看到的属性字段和属性值对应的物品数量是在动态变化的，所以倒排索引表的建立和维护都较为复杂。倒排索引的优势则在于，能够一次得到查询关键字所对应的所有物品，它的效率高于正排索引表。

倒排索引组织数据方法的关键在于从属性描述值到被描述物品的访问方式。也就是系统基于物品属性字段的数值建立索引表，为每一个数值对应的物品集合建立一条拉链，依次填入每个物品。若有新的物品加入，系统则找到该物品所有属性数值对应的拉链，一一加入进去。若有物品删除，系统则找到该物品所在的所有拉链，一一将其删除。但这样在获得查询便利的同时，也损失了建立和维护倒排索引表的可扩展性。实际上，如果数据库需要频繁更新，系统根本没有办法维持这样一个建库开销大于查询开销的数据库。

比较好的解决方案是分布式可扩展的实时搜索分析引擎，这在业界已经有比较成熟的应用。早期的 Lucene 和最近流行的 ElasticSearch，都能很好地解决通用的搜索倒排问题，做到非常简单的配置和完全开源的代码共享。系统简单地使用 JSON，通过 HTTP 就能索引到数据，扩展性强，在全文搜索时做到同义词或者相关性搜索，以前所未有的速度去处理海量数据。

Lucene 就是这样一个开放源代码的全文检索引擎工具包，提供了完整的查询引擎和索引引擎。它被设计为软件开发人员使用的简单易用的工具包，使用者可以方便地将其嵌入到目标系统中实现全文检索的功能，或者是以此为基础做二次开发，建立起更加完整的全文检索引擎。

像大多数数据库引擎那样，Lucene 采用 B 树结构作为数据存储和访问的基本数据结构。但为了避免 B 树结构索引更新导致的大量 IO 操作，Lucene 不是只维护单个索引文件，而是可以对大量数据进行批量的增量索引，后续还可以定期把这些新增的小索引文件合并到大索引中。这样，Lucene 就避免了像其他检索系统为了新增少量索引也必须重建一遍索引的过程，大大提高了建索引的效率。

ElasticSearch 是建立在 Lucene 基础上的搜索引擎，使用 Lucene 作为内部引擎。但是当人们使用它做全文搜索时，只需要使用统一开发好的 API 即可，而不需要了解其背后复杂的运行原理。

ElasticSearch 在 Lucene 的基础上还做了以下工作。

- ❑ ElasticSearch 将数据存储在不同的分片上并保存副本数据，在数据复制上采用了推模式，也就是在主分片上索引一个文档时，该分片会复制该文档到剩下的所有副本分片中，因此人们在这些副本分片上也能检索到该文档。
- ❑ ElasticSearch 支持接近实时的分析搜索能力。ElasticSearch 沿用了 Lucene 有关 Building Blocks 理论的实现机制，通过控制获刷新 IndexReader 的频率，来近似实现实时的搜索效果。
- ❑ ElasticSearch 具有高度伸缩性和扩展性，采用的分布式文档存储机制保证了将每个新文档分配到特定的分片上。文档编号字段的字符串经过 Hash 函数对应到某个特定的数值，再经过主分片数的取模运算得到对应的分片编号。这样人们就能在每个分区内独立地实现处理查询，以及添加以文档为单位的索引信息。

4.2　衡量方法：查准与查全

查询往往服务于某个目的，查询结果必然会遇到查询目标完成情况的问题。一般来说，系统受到性能和服务架构复杂度的限制，很难一次查询就满足所有目标，实际往往需要做很多的折中。这些折中反映到衡量标准上，人们通常采用的指标就是查准率和查全率。很多时候人们都可以通过对这两个指标的选择和设计，来衡量和指导对数据访问层的改进方向。

4.2.1　定义

我们首先对查准率和查全率做以下定义。

1. 查准率

查准率（精度），是衡量某一检索系统的信号噪声比的一种指标，即检索得到相关物品数量占检索得到全部物品数量的百分比，可以表示为：

$$查准率 =（检索出的相关物品量/检索出的物品总量）×100\%$$

引入领域知识、加强限定性条件能提高查准率，但会导致查全率下降。

2. 查全率

查全率（召回率），是衡量某一检索系统的物品集合中检索得到相关物品覆盖量的一项指标，即检索出的相关物品数量占检索系统所有相关物品数量的百分比，可以表示为：

$$查全率 =（检索出的相关物品量/系统中的相关物品总量）×100\%$$

泛化检索需求、弱化限定性条件能提高查全率，但会导致查准率下降。

根据查准率和查全率，人们可绘制综合两方面效果的 Precision-Recall 曲线，在二维空间内判断整体效果的优劣。查全率和查准率之间具有互逆的关系，极端情况下将所有物品都返回能够达到100%的查全率，但是查准率却没有任何优化效果。另一方面，系统如果限制严苛条件只返回很少的物品，则有可能达到接近100%的查准率，但会有很低的查全率。为此人们提出一种综合的评估指标——F值。F值是查准率和查全率的加权调和平均值，计算公式为：

$$F = \frac{(\alpha^2 + 1)P \times R}{\alpha^2(P + R)}$$

当参数 $\alpha=1$ 时，就是最常见的 F_1，即：

$$F_1 = \frac{2P \times R}{P + R}$$

接下来，我们将结合正排和倒排索引查询，以及对查全率和查准率的需求，分别探讨在各种情况下要注意的要点。

4.2.2 正排查全

由于正排查询通常都是精确查找，因此在不考虑性能代价的情况下，系统总是能解决查全的问题。所以查全问题被转化为键–值库搜索算法的性能优化问题，依赖于不同方案底层所采用的数据结构。

比较而言，Hash方法适合查询量较少情况的效率需求，而当查询量比较大的时候，平衡搜索树和日志结构合并树虽然会引入多级查找路径，但会有利于返回大量查询结果。

4.2.3 正排查准

同样在正排查询的精准查找要求下，返回的物品项总是完全符合查询预期目标的。为了实现这个约束并且尽可能提高查询的性能，依赖不同数据结构的数据访问引擎分别有对应的解决方案。

对 Hash 方法来说，设计者需要尽量减少冲突次数。因为只要发出冲突，系统就必须遍历拉链上所有的物品，直到找到最终完全满足要求的物品返回结果。减少冲突次数的方法，需要根据冲突频率逐步调整 Hash 表的长度，在查询性能和返回结果准确率之间做平衡。

4.2.4   倒排查全

倒排索引提供了模糊查询的优势，满足实际应用中更常见的智能匹配需求，同时也就在查全率上提出了更高的挑战。由于模糊匹配没有严格限制必须返回的物品数，所以倒排查询时的查全率通常是一个统计量，即不要求实际返回所有满足模糊匹配的物品，而只要能够回答大致满足要求可以返回的物品数量即可。

在这方面最常见的应用就是网页搜索引擎，用户并不期望看到所有匹配关键字的网页集合，搜索引擎只要提供最匹配的若干条网页结果，同时告诉用户已经查询到了多少网页。不过，搜索引擎的解决方案并不是真的都遍历访问到这么多网页，读取它们的具体信息，并一一计数下来。通常可行的方案是，采取分布式存储访问，在存储倒排索引记录的时候，系统就尽量将所有网页倒排拉链散列到多台服务器上，同时再搭建小型的采样索引库存放在特殊服务器上。实际查询时，系统访问全库服务器，获取到全量数据中最能满足模糊匹配算法的网页，提供给用户。系统也同时查询采样索引库，旁路得到经过采样后能获取的网页集合，这时的性能开销是允许的。最后再经过一系列的推算，在不考虑性能开销的情况下，得出实际查询全库服务器可能返回的网页数量。

4.2.5   倒排查准

倒排查准完全是倒排查询的特有问题，也是模糊匹配算法的优化方向。同样由于模糊匹配没有严格限制必须返回的物品数，查准问题就变成要在设定的范围数量内最大化实际匹配查询需求的物品个数。通常，查准问题是一个排序问题，排序算法对候选物品进行打分，根据打分的高低排序返回排名靠前的物品。

4.3 优化：性能与效率

最后我们再看一下决定数据访问层设计质量最重要的因素，访问的性能与效率是后续更上层应用模块的基础。不管高层是什么样的建模、多么易变的业务需求，落地到数据访问层，都会被拆分成一次次的数据读取操作。虽然上层的设计可以尽量减少应用的复杂度，减少读取操作规模，但如果能在访问层提高数据读取的效率，系统就能从数据访问的源头控制性能问题的规模和难度。

4.3.1 数据库设计

从数据库角度提高查询效率的方法，包括了数据表和索引两个方面的优化方案。

1. 优化表/字段设计方案

一个通常的误区是，在设计数据库表和字段时，不去预先构想这种数据结构是否能在未来的存取操作上有较高效率，至少不要存在一些明显的设计缺陷，而是将希望寄托于后期查询语句在技巧上的优化。实践表明，如果能在设计方案早期，在一些最基础的地方运用一些简单逻辑，不但有助于后期数据库使用过程中效率持续优化方法的实施，也能有效地避免最后看起来无意义但困扰开发人员的很多业务陷阱。

- ❏ 优先使用数值型字段，比如 0/1 而不是 FALSE/TRUE。相比字符型字段，计算机在内部处理已经数字化的变量会更加方便，可以进行通用的数学计算，尤其是在进行查询、比较、连接等操作时，系统可以减少很多不必要的、存储开销的计算资源。相反，在处理字符型字段时，计算机需要严格逐个对比每个字符。
- ❏ 尽量保证数据表字段的顺序存取。数据表中记录字段的属性值是否有序，有时会严重影响后续创建索引或读取数据过程的效率。由于 SQL 语言本身是默认不带顺序概念的，因此系统完全以非顺序的假设查询数据库，不可避免地会引入很多不必要的查询代价。如果在构建数据表时就能保证一定程度的顺序，系统则可以大大扩展未来数据访问时的优化空间，减少数据服务器上的非顺序读取操作。

- 对少量的临时数据集可以使用表变量，这样可以利用表变量在内存中计算的快速优势。但对于大量临时数据集则建议使用临时表结构，这样可以利用临时表创建索引的性质，在硬盘空间上优化访问效率。

- 临时表并不完全临时。临时表分为本地表和全局表。本地临时表只对于创建者可见，当用户断开连接后系统会删除本地临时表；全局临时表则对任何用户和任何连接都是可见的，只有当引用该表的所有用户都断开连接后，系统才会将全局临时表删除。如果某个用户频繁地建立并断开全局临时表，则系统很有可能积累起大量遗忘在系统里但又存在连接的临时表，导致系统资源的浪费。

- 临时表支持事务概念，虽然扩展了临时表的适用范围，但也导致了事务有系统表锁的时间变长，存在影响并发的风险。因此系统有必要在结束存储过程时将临时表显式删除，从而可以避免系统表的较长时间锁定。

2. 优化索引设计方案

建立索引是从数据库内部有效提升查询效率的重要方法。但如何建立索引、建立多少索引、对哪些数据列建立索引，这些都需要在实践过程中认真分析和灵活运用。

- 系统在建立索引的时候就针对查询语句进行优化，事先对 where 或 order by 语句所涉及列的记录建立索引，这样当执行查询语句时，就能避免全表扫描。

- 避免对有大量重复属性值的属性字段建立索引，这样做并不能显著提高查询时的效率。极端情况下，90%以上的记录在该属性字段上都是相同的属性值，查找这样的索引几乎相当于再顺序遍历一遍表中所有的记录。

- 控制索引数量的规模。建立索引是为了提高检索效率，但系统在新插入数据时也会增加重建索引的开销。设计者需要考虑清楚数据库面向服务的实际类型，是更侧重读取还是增改。如果想建立索引的记录需要频繁增改，就不建议建立太多的索引。因为每次的数据增改都会导致整个表记录的调整，这会耗费大量的硬件资源和时间。

❑ 使用复合索引作为索引字段时，系统要保证将该索引中的第一个字段作为检索条件。同时为了避免频繁地无顺序读取，系统应尽可能让后续字段的顺序与索引顺序保持一致，加快检索速度。

4.3.2 SQL 语句设计

SQL 语句是直接和数据打交道的命令，对应了实际操作背后的性能开销，也反映了设计者对数据方法 过程的理解和描述，因此 SQL 语句的设计至关重要。

1. 尽量利用索引，避免全表扫描

索引查询和全表扫描在访问数据库上的效率不可同日而语。前者能借助索引数据结构上的精巧设计而获得数量级上的性能优化提升，后者则是在没有选择情况下最为耗时但能保全效果的做法。通过注重 SQL 语句设计的原则，数据库使用者也能充分利用索引查询带来的便利，避免全表扫描。

❑ 索引查询需要有真实的键值，因此如果 where 条件子句遇到表达式要判断的值为 NULL 时，系统并没有为 NULL 值建立的索引，数据库引擎也就无法进行索引查询。

❑ 索引查询需要事先就能确定键值，因此如果在 where 条件子句中还需要进行函数操作、表达式运算和使用参数计算，数据库引擎没法得到明确的键值进行索引查询，而只能进行全表扫描。

❑ 索引查询要求精准的键值条件，因此像表示在某个区间范围内的 in 和 not in 操作、表示避免为某个特定值的!=和<>操作、表示模糊匹配某个字符串的 like 操作，都会导致查询操作无法使用索引，而进行全表扫描。

❑ 索引查询一次只能处理一组键值，因此如果在 where 条件子句中使用 or 操作符连接多组键值作为查询条件时，数据库引擎将无法执行这样的操作，就会放弃使用索引，而进行全表扫描。

2. 优化查询语句的执行效率

系统在执行查询语句的时候也会存在很多性能陷阱，让看似普通或近似同类

的查询语句带来不同的访问效率。注意，既要克制滥用编程语言留下的所谓技巧或漏洞，也要认真研究编程语言在设计时的真实用意，做到知之善用。

- 不要滥用查询语句实现其他意图。比如，想要复制原表的结构生成一张新表，但不愿意逐条去写每列的信息，而是通过使用查询语句的技巧来规避：create table a as select * from b where 1=0;这种 select 语句不会返回任何结果集，但是会消耗大量系统资源。

- 不要滥用通配符实现不必要的需求。比如，select * fromt 经常被插入到其他查询语句中，用来获取相关字段数据。但通配符的过度使用会带来很多资源浪费，尤其是在使用者对源表内容不太熟悉的时候。

- 用 exists 代替 in，节省子查询耗费资源。exists 子查询返回的结果，不像 in 子查询那样会去维护一个数据子集，而是只保留用来做判断的逻辑表，这样就节省了大量的系统资源，尤其是在 in 子查询要返回一张大表数据的时候。比如，

```
select name from a where id in(select id from b);
select name from a where exists(select b.id from b where b.id=a.id)
```

第二部分

模型篇

这一篇的 4 章内容将带领我们进入从基础数据转变到上层应用的承接阶段。在这里，数据被赋予了与实际业务相关的意义，建模摆脱了原始数据孤立无援的被动状态。通过学习生命周期模型、RFM 模型、AARRR 模型和地理信息模型，我们将了解商业营销界近十几年来如何从不同的视角出发，在纷繁复杂的数据表象中找到商业规律的宝贵经验。

其中，生命周期模型背后隐含的思想是，将消费者和经营者看成自有其成长规律的循环体；RFM 模型则用简单明了的指标体系，为业界提供了一套普适可用人群分类方案；AARRR模型则用形象的漏洞概念强调了留存和转化，抓住了商业行为的核心问题，从而衍生出诸多的营销策略；地理信息模型借助于移动通信技术和人工智能技术的最新发展，将实体世界数字化，为各种基于地理数据的应用方案提供了可能性。

第 5 章

生命周期模型

传统行业的消费方式将购买和使用过程割裂开来，生命周期被分成售前和售后，商家一般不考虑用户复购，再次购买的用户也会被当成全新的用户。一次性销售后，商家和用户之间往往是失联状态。开始有一些重视用户运营的企业会重视售后服务，通过电话回访或调查问卷的形式，继续维护与客户关系的生命周期。但这种方法执行起来时很难贯彻到底，企业和客户之间的影响力都较弱。实际情况是，往往只有出现重大产品质量问题时，企业和客户才会建立强烈的联系。

然而，随着移动互联网技术的发展，商户掌握用户的售前选购行为、售后使用状况，用户掌握商户的产品数据、反馈体验信息，这些事情都变得可行起来。一些大型电商和 O2O 服务平台的建立，更是使得从平台的角度构建商户和用户的生命周期模型成为可能。接下来，本章会分别从用户和商户的角度，介绍生命周期有关的概念、标准和运营手段。

5.1　用户生命周期

用户生命周期模型将消费者看成是自有其成长规律的个体，通过观察消费者在消费环境中的表现行为，进而提取出有关用户成长阶段性的概括总结。随着大数据技术的兴起，用户生命周期模型越来越趋于精细化，通常被用于精准刻画用户与商业平台之间动态变化的关系。

5.1.1 划分标准

作为电商和 O2O 服务平台交易行为的主体，用户掌握了很多流程和关系的主动权，也在这些流程和关系变化过程中经历各种阶段和状态的转变。人们对这些规律加以总结，在研究领域已经产出了很多模型和理论。这些模型和理论可用一整套范式对上述阶段和状态的转变进行描述，并为后续应用层的策略方案提供概念上的支持。传统上，大家普遍接受的生命周期理论是指，从商户与用户建立业务关系到完全终止关系的全过程，是用户关系水平随时间变化的发展轨迹，是对用户关系在不同阶段动态变化特征的描述。用户生命周期可分为考察期、形成期、稳定期、衰退期和流失期 5 个阶段。考察期是用户关系的孕育期，形成期是用户关系的快速发展阶段，稳定期是用户关系的成熟期和理想阶段，衰退期是用户关系水平发生逆转的阶段，流失期是用户关系发生停滞消亡的阶段。

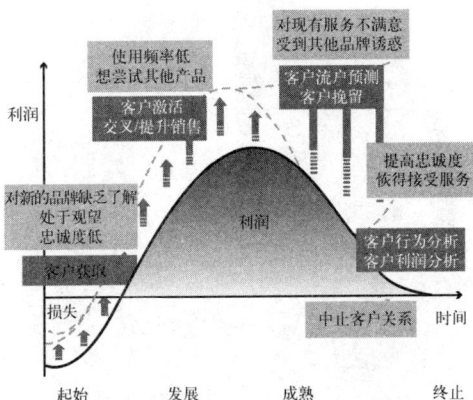

图 5-1　传统的客户生命周期划分方法（来源：百度百科）

图 5-1 可以看作是传统的客户生命周期的典型划分方法。这种划分方法更多还是从商户的视角出发，基于商户对客户提供的某件商品或服务，跨越一段时间范围内的关系变化来考察对象，适用于移动互联网兴盛起来之前，商户与客户之间比较低频、无恒定标识、缺少便利交互手段情况下的服务关系。

移动互联网技术改变了这一切。新兴商业模式将传统客户转变成了用户。大型电商和 O2O 服务交易平台的出现，促使了商户和用户之间频繁、可明确唯一身份标识、低成本交互的交易行为，人们在平台上沉淀了大量的交易记录，这就使得新的用户生命周期理论可以从平台的视角出发，基于用户和商户之间的多次长期交易行为，来考察他们之间的关系变化。人们虽然还是会复用相似的考察期、形成期、稳定期、衰退期和流失期等生命周期理论的概念，但内涵已经发生了很大变化。打个比方，传统的生命周期划分方法更像是，横坐标是时间轴、纵坐标是关系强度轴的一幅单波峰曲线；新的生命周期划分方法则像是，基于极坐标体系，随时间线发展，根据活跃程度的变化可能进入不同的跑道，但生命周期状态整体呈螺旋状向前发展变化。用户在时间跑道上勾画轨迹时，可以从考察期跑道跑入形成期，从稳定期跑道跑入衰退期，也可以再从流失期回到稳定期。这才是新的用户生命周期理论希望发挥营销策略作用、影响用户消费行为、提高复购率等指标的意义所在。图 5-2 展示了这种划分方法的效果。

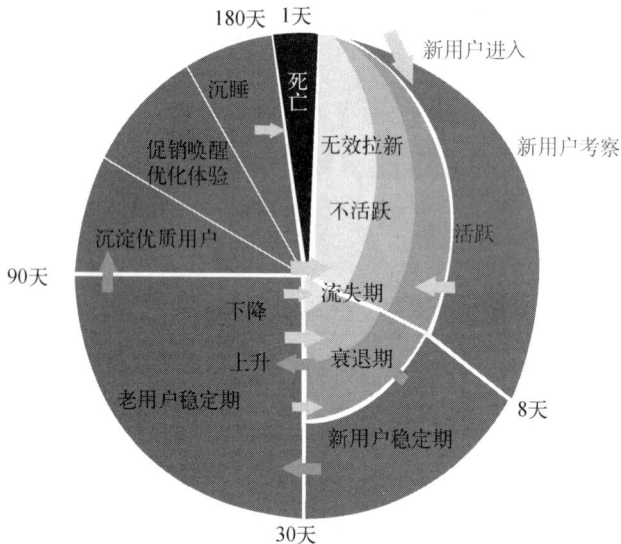

图 5-2　循环变化的用户生命周期

5.1.2　用户生命价值

因为有了商户和用户在交易平台上的长期频繁互动，用户生命周期里开始具有了生命价值，生命价值的衡量甚至比生命周期的状态更加重要。而精细化运营的目标就是，尽一切可能延长用户的生命周期，让用户在生命周期中不断产生商业价值、提高生命价值。这里的商业价值，不仅仅是电商、广告、游戏等商业模式中的盈利，同时也包括访问流量、停留时间和画像数据这些无形且很难量化的商业资产。

依据用户生命价值的变化，人们可以更好划分用户所处的生命周期，而不是再简单地以用户与商户开始建立联系的时间累加计算。这样，各种设定用户生命周期的模型都可以转化成设计一套计算用户生命价值的打分算法、并测量这个打分随时间变化增减幅度和趋势的模型。

不同商业模式下的用户生命价值计算方法各不相同。

❑ 电商领域的用户生命价值由购买相关指标决定，如单量、复购率、客单价。
❑ 新媒体和门户领域的用户生命价值由广告价格和曝光量指标决定，如点击率、千次点击价格。
❑ 游戏领域的用户生命价值由停留时间、玩家等级指标决定。

不同的用户生命价值模型还会分别监控不同频度的时间周期变化量，比如以日/周/月为周期的用户指标变化率、之前已经历过的生命周期状态。设计者这样综合考量各种指标和变化情况，才能搭建反映不同商业模式的用户生命价值模型。如果商业模式本身不成熟，如过于小众低频，或者商业变现周期很长，商业模型还在探索阶段，收集到的用户数据不足以统计普遍规律，设计者则很难搭建准确的用户生命价值模型。

5.1.3 生命周期运营

生命周期模型最终是要为精细化运营服务的，生命周期理论中用到的用户生命价值计算方法也要体现出商业运营的本质，即盈利。盈利公式可以简单表示为：

$$盈利 = 用户生命价值 - 获客成本 - 运营成本$$

在用户的全生命周期里，设计者不断用盈利公式去计算每个用户的盈利状况，并用来指导对应的运营方案，这是精细化运营的基本思路。这里不讨论根据某个特定的用户生命价值计算公式来指导精细化运营，因为不同商业模型判断用户生命价值的方法都不一样。但可以从中提取出大家都会关注的几个影响生命价值计算的重要因素，如用户数量、留存率和客单价，这些因素一起决定了一款产品的整体用户生命价值，也就是平台上所有交易行为最终沉淀下来的商业利益。

- **用户数量**，包括新用户数和老用户数。具体多长时间或多少频次交易后，新用户会转为老用户，这需要根据实际情况而定。通过分析用户数量，人们可以观察到平台交易行为的潜在体量；通过分析新老用户占比，人们可以观察到平台用户群体构成的自然生成趋势。

- **留存率**，指的是平台用户在一段时间内还会回到平台继续消费的比例，相关的指标包括平均两次消费时间间隔和平均驻留平台时间。这些指标都反映了用户的黏性、活跃度等情况，适合判断精细化运营所面临的平台生态质量状况。

  运营的目标就是，提高用户留存率，让用户尽可能多地来平台消费，消费时间间隔尽可能短，尽可能长地延长用户的平台驻留时间，并且在此期间产生商业价值。通过分析留存率，人们可以观察到隐藏在用户数量背后的真实价值，究竟有多少比例的用户群体是真正驻留在平台上的，并且能够产生有价值的消费行为。

- **客单价**，指的是用户每次消费的金额。具体应用时，设计者还需要拆分消费金额的组成成分，比如，哪些是用户实际支付的，哪些是平台补贴的，哪些是商户补贴的。

  运营的目标就是，优化消费类型，尽可能提高客单价，并优化客单价组成成分的比例，使客单价的设定趋于用户、商户和平台三者的利益最大化。分析客单价及其组成成分，人们可以观察到用户的消费能力、消费动机和消费习惯，弄清楚每笔交易的含金量，而不是单纯的数量。

更高级的运营是能够从这些指标以及用户生命价值的当前状态分析出潜在的发展趋势，将用户的流失可能扼杀在萌芽阶段，这其实是延长用户生命周期的最有效的手段。举例来说，同样是用户整体数量变化不大，A 应用的运营人员发现其新老用户的占比虽然不变，但老用户的沉淀并不是来自前一段时间新用户的转化，而是基本稳定在原来的用户群，新用户则不断地快进快出。这说明这段时间的拉新质量存在问题，良好的产品质量白白浪费了，并没有很好地吸附住高质量的新用户。B 应用的运营人员发现老用户的占比不断提高，前一段时间新用户都得到了很好的转化，但新用户的来源却越来越少。这说明这段时间的拉新力度存在问题，可能是由于资源投放的限制，本来可能被产品抓住的用户还没有被产品影响到，运营的重点应该放到扩大渠道来源上。

进一步在精细化运营采用数学建模，人们还可以得出更加准确有用的留存概率预测模型。系统采集可能影响留存率的特征值，根据历史用户在平台留存、转化、流失的实际样本，可以用机器学习模型估算出某一类人群在特定时间范围内的留存概率。这样，运营人员就可以知道当前哪些用户更有可能留存，他们会在多久之后回到平台；哪些用户的生命价值高，但他们有可能会流失，需要尽力挽回；哪些用户基于当前的消费记录，就已经不再可能复购了。运营人员可以分别采取针对性的营销策略，将有限的运营资源投放到性价比最高的用户人群上。

5.2　商户生命周期

商户生命周期模型将商户也看成是自有其成长规律的个体，通过观察商户在商业平台上的表现行为，进而提取出阶段性概括总结。随着大型电商和 O2O 服务平台的兴起，商户生命周期模型逐渐成为生命周期模型新的分析方向，通常被用于精准刻画商户与商业平台之间动态变化的关系。

5.2.1　划分标准

与用户生命周期的划分标准类似，对商户生命周期的划分使得平台可以从更宏观的角度，观察平台积累的商户行为，分析商户在平台上从新到老、从小到大的发展轨迹，并能够从大量商户的相似数据中找到同类商户的生命周期成长规律。传统的商户生命周期的发展阶段还是会以单个商户自身运营的角度，大致分为孕育期、成长期、成熟期、维持期、瓶颈期。

- 孕育期对应从建立到初步成长的阶段，商户可能是默默无闻的，需要不断让人知道它的存在。
- 成长期对应从有一定基础到拥有一定数量的稳定用户群、稳定流量和可观销量的阶段，这个阶段的工作重点在于快速积累人气、培养稳定用户群。
- 成熟期对应从良好运行状态，到即便不做任何特别推广也能拥有稳定大量的流量、充盈的销售额、超高的转化率的阶段，这个阶段的工作重点在于增强老用户粘度、快速扩展新用户。
- 维持期对应成熟之后平稳发展的阶段，这个阶段的工作重点在于维持商户热度、树立品牌价值。
- 瓶颈期对应发展到一定程度，会遭遇瓶颈、面临停滞甚至是下滑情况的阶段，这个阶段的工作重点在于突破重围，坚定品牌地位。

这种分析角度有利于运营人员从商户自运营角度衡量发展阶段，采取相应的运营策略。但解决问题的过程与平台无关，平台不需要考虑针对商户的运营策略，平台只是聚合很多商户，但并没有形成新的合力。

新的商户生命周期理论是从整个平台的视角出发的。对平台来说，每个商户是盈利的另一套观察窗口，是为了平台整体盈利服务的。此外，平台能看到所有的用户信息，他们可能是 A 商户的用户，也可能是 B 商户的用户，平台能观察到他们在不同时期不同商户之间的选择，这个情况也会用于运营人员判断每个商户的生命状态，而这是单个商户自运营无法发现和利用的。

新的生命周期理论虽然还是会复用孕育期、成长期、成熟期、维持期、瓶颈期这样的分阶段概念，但是其内涵已经发生了很大变化。一方面，原先定义的商户价值和成熟度不再只针对单个商户，也需要考虑到整个平台在特定时间范围内的阶段目标，平台需要什么样价值和成熟度的商户；另一方面，原先商户只能看到自己流入流出的新旧用户，而这些新旧用户在另一个商户看来或许是相反的角色。

有了这种全新的周期理论定义之后，人们就可以从平台的视角看待商户运营问题。单个商户的起伏盛衰可能不是问题，用户在商户间的导入导出可能是阶段性的手法，有的商户可能是用来带入新用户的，有的商户则可能是用来提高用户体验的。如此一来，精细化运营才有可能，整个局面才能打开。

5.2.2 商户生命价值

还是先从孕育期、成长期、成熟期、维持期、瓶颈期这些概念出发，但抛开商户自运营角度，而是从整个平台运营策略的角度来看看不同阶段商户的价值。

- ❑ **孕育期**：这时商户还是新店，流量不多，人气不旺。它们对平台的意义在于，提高用户可感受服务的覆盖率。
- ❑ **成长期**：这时商户能快速起量，获取新老用户。它们对平台的意义在于，填补原有服务空白，稳定已覆盖人群的服务体验。
- ❑ **成熟期**：这时商户能带来稳定大量流量，提供满意的用户服务体验。它们对平台的意义在于，在其充足的交易额上获得商业盈利。
- ❑ **维持期**：这时商户不再具有较快的增长动力。它们对平台的意义在于，在其稳定的用户群上扩宽消费类型。
- ❑ **瓶颈期**：这时商户发展遇到问题，新老用户都出现了流失现象。它们对平台的意义在于，借鉴经验，发现问题，找到解决方案，避免损失扩大。

可以发现，商户生命周期的无论哪个阶段都会对整体平台产生不可或缺的作用，都需要积极利用。平台在任意时刻都是由处于不同生命周期阶段的商户所组成的，只是处于各个阶段的商户数量比例有所不同，因此都需要运营人员对不同生命周期的商户各取所长，因势利导。

5.2.3 生命周期运营

从平台的角度对商户做生命周期运营，运营人员也可以采用类似用户生命周期运营的思路，运用商户生命价值计算方法，追求平台的整体盈利，这其实是一个硬币的两面。同样是为了在平台上达成能最大化平台、商户和用户三者利益的高质量交易，人们只需要将盈利公式按照商户维度重新计算，用运营策略去影响公式中的重要因素。

$$盈利 = 商户生命价值 - 增户成本 - 运营成本$$

同样，从中取出大家通常都会关注的几个影响生命价值计算的重要因素，分别是商户数量、动销率和客单价，它们一起决定了一款产品的整体商户生命价值，也是从商户角度所理解的商业利益。

- 商户数量包括新商户数和老商户数。具体多长时间或多少频次交易后，新商户可以转为老商户，这需要根据实际情况而定。通过分析商户数量，人们可以观察到平台交易行为的潜在体量；通过分析新老商户占比，可以观察到平台商户群体构成的自然生成趋势。注意，这里说的商户不限于电商平台的商户和餐饮平台的餐厅，凡是在平台上提供服务的，比如出租车司机、送餐骑士，都可以看成某种程度上的商户。甚至是单车共享平台上的单车，虽然它需要用户来提供动力服务，也可以看作商户一并讨论。

- 动销率指的是平台上一段时间处于活跃状态、能提供服务的商户比例，相关的指标包括商户在线时长和商户日单量等。这些指标反映了商户的健康度、活跃度等情况，适合判断精细化运营所面临的平台生态质量状况。运营的目标就是，提高商户动销率，让商户尽可能多地提供服务，服务时长尽可能长，尽可能多地满足用户的各种需求，创造更多商业价值。通过分析动销率，人们可以了解平台消费活动的健康程度，是只有少数几家商户在满足用户需求，还是平台上驻留的商户都能获得相应的流量。

- 客单价指的是商户每次成交的金额，具体应用时，设计者还需要拆分成交金额的组成成分，比如，哪些是商户成本，哪些是商户补贴，哪些是商户利润，哪些是平台利润。运营的目标就是，分析成交类型，尽可能找出高价值商户、而不是只带来数量但没有利润的低价值商户，尽可能帮助商户开发新的成交类型，引导老用户消费升级。分析客单价及其组成成分，人们就能弄清楚作为盈利方的平台和商户之间的内在博弈关系、究竟是谁在主导业务的发展趋势、整个生态环境是否健康。

商户生命周期运营的价值在于能够从平台盈利，从整个生态发展的角度分析这些指标，采用必要的运营手段在不同阶段主动干预指标的表现。总体来说，三个指标的乘积对应了整个平台的商业利益。运营策略的技巧就在于，适时找到最该放大的那个因子，主动干预，同时为下一个阶段放大另外的因子创造条件。

举例来说，运营人员需要决定每周向一个商圈新投放多少辆共享单车。这种情况对应到上面的盈利公式里，增户成本就是新增每辆单车运力的一次性投入，运营成本就是每辆单车的周折旧率和丢失概率，商户价值就是每辆单车每周能带来的收入。单车数量过少，单辆单车的收入高，但很多潜在需求没有得到满足；单车数量过多，用户的需求满足了，但单辆单车的使用效率低，增户成本和运营成本也都会提高。运营人员需要列出这样的计算公式，逐周计算这个商圈里单车运力的盈亏平衡点，动态调整商户（单车）的数量。

动销率和客单价及其组成成分的关系就更加复杂了，需要人们进一步采用数学模型精细化运营。从平台的角度，运营人员可以利用补贴投放的工具影响平台上商户动销率和客单价组成比例的关系，经过不同阶段逐步达到平台整体盈利的目标。首先，假定当前商圈内所有商户的活跃情况和客单价组成比例已知，在确定投放补贴总金额的情况下，将补贴发放给商户的决策转化为资源动态规划问题。也就是要预测每家商户的补贴金额在提升或减少一定数量的情况下，会增加或减少多少笔订单。假设预测是可信的，就可以继续将该问题转化为常见的背包问题，即求解出总分配金额限定的情况下，哪种分配方案的总效率最优。这样，运营人员就可以知道哪些商户应该提高补贴，损失平台单笔交易收益率的情况下，更多的补贴带来更多的总成交单量和流水；哪些商户可以降低补贴，更少的补贴能够尽量保证不影响成交单量的情况下，提高平台利润。

5.3 小结

本章介绍了传统的生命周期模型概念及其一些局限性。

☐ 传统模型适用于传统的电信和家电行业，它的特点是绑定明确的服务或产品、用户迁移成本高、不易收集用户行为，因此大部分用户的消费生命周期发展阶段都比较类似。

❑ 用户在不同生命周期发展的趋势同向，模型里不存在用户在不同生命周期
　 阶段反复流转的情况，不能反映高频消费领域用户行为的变化趋势。

随着移动互联网技术发展，人们已经可以从大型电商和 O2O 服务平台的视角
重新定义生命周期模型理论。生命周期的划分和生命价值的计算，是智能增长理
论将底层数据建设向上层场景应用转化，被赋予数据意义，可以驱动业务的第一
步，为随后的种种智能增长方法构建了最基础的概念，因此十分重要。

在生命周期模型里，各种指标不再仅仅是划分状态的条件和阈值，而且也成
为了指导业务改变、设定运营策略的可行方案。当然，指标不能直接变成方案，
还需要结合应用场景和业务需求数学建模。本章分别对用户生命周期模型和商户
生命周期模型简要列举了 4 个实例，旨在说明这种方法论的可行性。后续的应用
场景篇里将反复论述，在各种常见业务需求下，人们如何利用生命周期模型进行
数学建模，设计智能增长的解决方案。

第 6 章

RFM 模型

RFM 模型在传统营销行业得到过广泛应用，它提出的经典三要素至今仍然对用户分层模型的设计产生重大影响。RFM 模型也在发展，其突出特点是，在掌握了大量用户的精准画像标签之后，运营人员可以进一步分析 RFM 模型划分的每个用户子集群体的未来演化趋势，也可以预测所关心特定类型群体的增减变化情况。RFM 模型得到了重新修正，沿着更加多样性和智能化的演变方向，延伸了刻画用户行为、发掘用户价值、合理利用运营资源的能力。

6.1 定义

如果说用户生命周期模型提供了一个通用的框架来分析用户的消费行为，RFM 模型则是此框架内最经典、最常用的一套具体的分析工具。RFM 模型来源于美国数据库营销研究所 Arthur Hughes 的研究，他认为在客户数据库中有三个神奇的要素构成了数据分析最好的指标，它们分别是最近一次消费（Recency）、消费频率（Frequency）和消费金额（Monetary）。

- ❑ R（Recency）：它表示用户最近一次消费的时间距现在有多远。
- ❑ F（Frequency）：它表示用户在最近一段时间内的消费次数。
- ❑ M（Monetary）：它表示用户在最近一段时间内的消费金额。

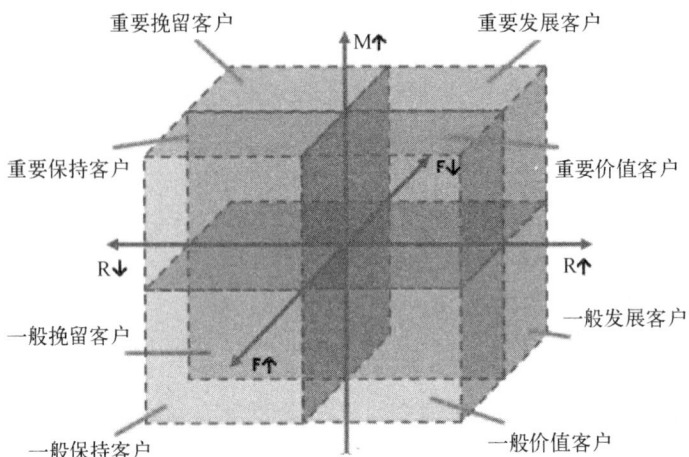

图 6-1 RFM 模型分析图（来源：百度百科）

在传统的客户关系管理（CRM）的分析模式中，RFM 模型是最常被应用的，是衡量客户价值和客户创利能力的重要工具和手段。该机械模型通过客户的近期消费粘性、消费活跃度以及消费能力三项指标来描述该客户的价值状况。RFM 模型可以随着时间变化，动态地显示客户的精准画像，为管理者判断客户人群的价值分布提供了可视化、可度量的精准指标；这些指标也可以反过来作为支持营销决策的方案，为管理者进行个性化的沟通和服务提供了依据。RFM 一经提出，就适用于生产多种商品且商品单价相对不高的企业，如消费品、化妆品、小家电、超市等；RFM 也适合只有少数耐久商品的企业，但是有一部分商品属于消耗品，如复印机、打印机、汽车维修等；RFM 对于加油站、旅行保险、运输、快递、快餐店、KTV、证券公司等也很适合。

RFM 模型构建了三维指标来刻画用户，具体应用时，每一维指标通常又会区分出相对的分级。比如，R、F、M 都各分为三级，它们被用来比较消费者在级别区间的变动，更可以显现出相对行为。维度和级别将用户细分成不同粒度的群体，每个群体分别对应不同商业意义的用户，这样运营人员就可以区分出例如最近有过消费、频次不高、但金额很大的高价值用户。人们同时可以设定时间范围，观察一定时间内用户在不同细分群体之间的转化路径，进而得到用户的转移概率矩阵，这样运营人员就能够找出近期出现不符合预期转化的用户群体，制定相应的应对方案，以期望改变用户行为。进一步，人们还可以分析历史用户在不同细分群体之间的转化记录，建立机器学习模型，预测出现在的高价值用户可能在将来发生不符合预期转化的概率，提前采取措施加以修正，防范于未然。

6.2 适用场景

RFM 模型由于其简单易行的优点，在关系到国民经济的很多领域都得到了广泛应用。从最初传统电信、证券、零售行业的客户管理，到互联网经济下的电商运营，再到现在 O2O 领域内覆盖更多的升级服务类型，RFM 模型在扩展自己的适用场景范围的同时，也在不断延伸出新的变化，提出更多更新的变革需求。

6.2.1 客户管理

RFM 模型在客户管理方面是比较常用的模型，通常被用作客户群细分工具，其细分的基础是客户的交易行为。尤其是在电信、证券、零售等行业，当需要提高客户的重复交易，或者促使客户交易一些互补性强的配套产品时，人们就有必要通过 RFM 来管理大量的客户数据，有针对性地提高营销效果。

运营人员要在客户管理中利用好 RFM 模型，首先关注的是 R、F、M 的**层级划分**，一般来说需要注意以下两点。

- 层级划分一般不要超过三级，设计者在实际中需要根据不同的经营特征来做区分。设想一下，层级如果分为 5 级，就会得到 125 个区间的客户人群。即使客户总量很多，足以保证每个子区间都能涵盖很多客户，但对于运营人员来说，每个子区间是很难被识别区分、赋予实际意义的。
- 如果营销方案没有与指标的具体数值挂钩，人们在设定层级划分标准的时候，可以不以具体的数值划分，而是以客户人群在这个指标下的分布反过来决定层级划分的数值。比如，所有客户按照 Recency 的值、由小到大排列，以三分之一为一群，依次被给予 3、2、1 分。这样的优点在于，分层比较能具有区分度，保证客户人群被大致平均分配到子区间里。

通过上面的划分，人们可以将客户群细分为（R1F1M1）、（R1F1M2）、（R1F1M3）这样的 27 个子区间。运营人员就可以找出其中的高价值客户（R3F3M3）、活跃客户（R3F2M2）、维护客户（R1F2M2）、一般客户（R2F1M1）、放弃客户（R1F1M1）……然后结合客户的自身特点设置每一个子区间客户的营销活动方案。

6.2.2 电商运营

与传统行业管理固有客户不同，电商行业面临更为激烈的竞争环境，需要不断刺激用户产生线上消费行为。因此，在应用 RFM 模型时在基本的层级划分上，运营人员会更看重每个指标的具体数值，通常会用 Recency、Frequency、Monetary 这三个指标的数值来进行**筛选分组**。

- Recency：最近一次会员来店铺消费的时间可以分为：A、一周以前；B、两周以前；C、三周以前；D、一月前。
- Frequency：一年内用户在店铺消费的次数可以分为：A、1 次；B、1~3 次；C、3~5 次；D、5 次以上。
- Monetary：用户单次消费金额可以分为：A、50 元以下；B、50~150 元；C、150~300 元；D、300 元以上。

这时人们需要将指标的分段区间拆解得非常细，否则如果还是用简单的人群细分，势必得出乘数倍膨胀的细分子空间，实际中无法有效地针对每个子空间设定对应的营销活动方案。通常的解决方案如下。

- 设计者对用户在每个指标上的数值做分段标准化，类似之前的分层打分，具体方法可以参见之前第 2 章内容的介绍。
- 设计者设定 R、F、M 三个指标的权重，如根据实际的侧重考虑，设置 WR = 2，WF = 3，WM = 5。
- 设计者计算每个用户经过加权后的三个指标的叠加得分、排序，得到用户重要程度的列表，用一维指标衡量用户应该得到的运营资源，降低问题复杂度。

❑ 设计者也可以采用决策树模型或 K-means 算法，对用户在 RFM 三维空间的分布进行聚类，得出聚集度更高、区分度更大的若干细分子类，分别采取对应的营销方案，降低问题复杂度。

6.2.3 服务升级

虽然 O2O 领域正在经历着对传统产业的颠覆式改造，新兴移动互联网企业需要从传统产业中圈入、维护并扩大出用户群体，但在此期间，这些用户可能并不是彻底地迁移到新的商业生态中，他们还会保持在原有生态里的身份。因此对平台来说，用户不是非 0 即 1 的状态，而是以某种概率同时存在于两种状态之间。举例来说，对于打车行业来说，用户可能既会从饭店出来，在路边招手停车，也会在公司预定好出租车，等车快到了才下楼等车；对于餐饮外卖行业来说，用户可能既会在天气好的时候去餐厅吃饭，也会在天气恶劣的时候点外卖送到公司。

在这种场景下，RFM 能发挥的作用并不是静态地区分用户细分群体，而是动态地监控用户细分群体的变化趋势，找到背后的影响因素。以外卖场景为例，基于已有的 RFM 模型划分的细分人群，运营人员可以把每个像（R1F1M1）的约束条件看成观察窗格，分析所关注窗格内的目标用户群体变化规律，这种分析方法可以被称为**定格测算分析**。

❑ 系统提供用户所有的基础、消费、偏好和体验特征筛选用户群，在组合特征及设定阈值的限定条件下检索出目标用户群。

❑ 系统根据观察者设定的目标用户群及定义条件，挖掘出最相关的潜在转化目标用户群的定义条件，可以有多个值得观察的转化方向。

❑ 系统对比观察者设定用户群体和系统推荐相关用户群体的转出和转出用户，在各项属性及标签上的差异，挖掘出影响因素和重要程度，综合多个细分用户群体的转化影响因素和重要性权值，找出影响整个平台用户消费行为变化的关键因素。

运营人员也可以某一批固定的用户群为观察对象，这个用户群可能是某一时刻满足 RFM 模型定义的特定细分人群，运营人员观察他们在接下来一段时间里转

化为其他细分群体的变化情况，这种分析方法可以被称为固定用户群体的**时序演
化分析**。

- ❑ 系统选定一批固定用户，如 8 月 1 日北京市所有的新用户，设定好要观察
  的指标及分档阈值，如周下单数、客单价、消费间隔日数。
- ❑ 系统按照选定的时间间隔，逐段统计原始用户群分化到不同指标分档区间
  上的分群情况，得到在 $t_1, t_2, \cdots$, 时刻上的分化用户群 1、分化用户群 2、$\cdots$，
  不同时刻每个分化用户群包含的用户可能是不同的，即单个用户会随着多
  个维度指标值的变化沿时间序列流转所属用户群。
- ❑ 系统在每个分化点找出随时间变动的多个分化用户群，以及这些用户行为
  变化背后呈现的差异特征/标签，对比细分用户群体的转出和转出用户在各
  项属性及标签上的差异，挖掘出影响因素和重要程度，综合多个细分用户
  群体的转化影响因素和重要性权值，找出影响整个平台用户消费行为变化
  的关键因素。

6.3 演变方向

RFM 模型一经提出，就在数据营销领域得到广泛应用，在很多行业取得了大
量的实际经验。然而，随着移动互联网技术的发展和传统行业受到互联网经济的
不断颠覆改造，RFM 模型也越来越暴露出其不适应海量数据复杂分析的缺陷。近
年来，人们不断对 RFM 模型进行修正，基本沿着更加多样性和智能化的演变方向，
延伸了 RFM 刻画用户行为、发掘用户价值、合理利用运营资源的能力。

6.3.1 多级指标细分

传统 RFM 模型找到了能最大限度衡量用户价值的三个指标：Recency、
Frequency 和 Monetary。随着用户数据库越来越多地积累了用户的行为数据，细分
出更多维度的用户指标能够更精确更全面地衡量用户价值。

6.2.2 节提到的增加每个指标的数值分段个数的方法，其实也是一种更加细化

指标的方法。多级指标细分方法则在传统的 R、F、M 三个指标之外，还围绕着这三个指标进一步延伸设置了更多的相关指标。

- ❑ Recency 的改进指标：消费最近时间、消费中间位时间。
- ❑ Frequency 的改进指标：消费月频率、消费周频率。
- ❑ Monetary 的改进指标：消费总金额、平均消费金额。

用多指标代替传统的 R、F、M 三维指标，主要基于以下考虑。

- ❑ 用多个消费时间代替单一的最近消费，这种方法可真实反映用户在时间上的消费规律和整体的消费时间跨度，更易于区分新老客户。
- ❑ 用多个频率数据代替整体的消费频度，这种方法能更好体现消费的集中性，知道用户最频繁消费月份、最弱消费月份和相关金额，从而为市场营销提供依据。
- ❑ 通过平均金额可分析出用户的平均消费额度，结合总体消费金额，人们可以容易判断出大份额顾客。

多维指标细分方法解决了传统 RFM 模型描述能力不足的问题，但也引入了数据维度膨胀、样本空间局部稀疏的新问题。这就产生了智能化的演变方向。

6.3.2 算法降维

运营人员在借助 RFM 模型分析目标用户的时候，越来越需要引入有关加权排序算法、聚类算法以及决策树算法等工具，来提高运营决策的效率和准确率，改进运营活动方案的效果。

首先，当描述用户属性的维度增多，而且每个维度内的分层或等级也很多时，人们就不能再沿用简单的矩阵划分对应营销策略的方案。这里衡量用户价值的问题转化成对有着多项指标值的物品进行综合打分的排序问题，用户的每个指标值都是一个特征，排序就是要将这么多的特征经过加权拟合算法得出最终分。简单情况下，人们可以对指标值归一化后，赋以每个指标不同的权重，直接叠加得出分数；复杂情况下，则需要根据业务实际情况设置规则，调整分数；如果有人工标注好的样本分数，还可以利用机器学习模型训练出每个权重的参数，自动拟合出最精准的得分。

其次，复杂的多维细分方法实际上是将用户群体投射到了更高维的分布空间，提高了刻画能力，但也提高了理解代价。有效的解决方法是用聚类算法降维，以各个指标值为判断依据，将相似性较强的用户细分在一个类别中、相似性较弱的客户分在不同类别中，确保同一类别中的距离最小。最常用的基于划分的启发式聚类算法是 K-means 算法和 K-mediods 算法。

- ❑ K-means 算法是一种间接聚类方法，属于非监督学习方法，简单快速，但容易受噪声点和孤立点影响，且不适用于发现非凸面形状的聚类。
- ❑ K-mediods 算法在 K-means 算法基础上做了改进，不采用簇中对象的平均值作为簇中心，而选用簇中离平均值最近的对象作为簇中心，消除了 K-means 算法的敏感性问题，具有较强的健壮性，但执行代价更高。

第 7 章

AARRR 模型

AARRR 模型与生命周期模型和 RFM 模型的不同之处在于，AARRR 模型强调了商业模式中的转化和留存概念，并据此定义了相关的观察手段和衡量指标。对 AARRR 模型的深入理解，将有助于我们在随后的场景应用中很好地理解很多运营手段的目标，找到组成底层所依赖模型的关键因素。

7.1　定义

AARRR 是 Acquisition、Activation、Retention、Revenue、Refer 这 5 个单词的首字母缩写，分别对应了商业应用生命周期中的 5 个重要环节。图 7-1 展示了这 5 个环节之间的关系。

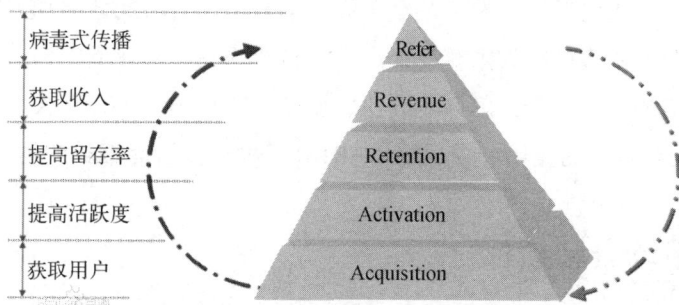

图 7-1　AARRR 模型示意图（来源：百度百科）

我们先对这 5 个环节分别简单定义。

- ❏ **获取用户（Acquisition）**。毫无疑问，商业应用第一步要做的事情是要获取用户，也就是通常所说的推广，获得目标用户或潜在用户的关注，引导他们第一次使用商业应用。
- ❏ **提高活跃（Activation）**。用户开始使用商业应用的途径各不相同，他们的动机也各有分别。但不管怎样，将他们转化为活跃用户是运营者面临的首要问题，运营者需要让新用户有动力频繁地产生登录、点击、关注，甚至消费行为。
- ❏ **增加留存（Retention）**。有经验的运营者都知道，大量的短期高活跃用户不如稳定的长期忠实用户，因为保留一个老客户的成本要远远低于获取一个新客户的成本。留存率是衡量用户忠实程度或者说用户粘性的最好指标。
- ❏ **获取收入（Revenue）**。任何商业应用都最终会回归到商业的本质，即盈利上来。运营必须在以上三个阶段的基础上考虑如何获取收入，包括直接向用户提供服务而收费，通过促成交易收取平台抽佣，或者将流量变现获得广告收入。
- ❏ **自我传播（Refer）**。健康的平台需要能够持续地自增长，将前面 4 个阶段的循环过程推动起来，进入良性的螺旋式上升轨道。但这不是简单重复之前的事情，而是要从前面 4 个环节中找出能提高效率、维持当前环节的同时还能触发下一环节的动力。

这里定义的 AARRR 模型还只是一个理想的概念模型，关键在于它能帮助大家先建立一个通用的框架，看清楚整个商业运营每个阶段的任务和关联。随后本章会通过一些实用指标向大家解释，运营人员要想在真实业务中构造这样的理想模型需要考虑的细节部分，怎样才能建立更完整的实用 AARRR 模型。下一篇内容将讲解，结合具体的应用场景运用 AARRR 模型提高智能增长的运营实战能力。

7.2　适用场景和指标

依照 AARRR 模型的经典 5 阶段划分方法，人们可以分别考察每个阶段内的场景特定和最为看重的衡量指标，便于形成更直观具体的印象。

7.2.1 下载量和激活量

在获取用户阶段，第一个数据指标是下载量，是用来衡量应用获取用户能力最直接最方便的指标。人们可以从苹果的 App Store 上看到各个应用的累计下载量及排名。但是，下载了应用不等于会完成安装过程，安装了应用也不等于会登录使用该应用。所以，运营人员最关注的指标是更加贴近实际效果的激活量指标。

激活量的定义是，实际启动了该应用的新增独立设备的个数。注意，由于运营人员的不同需求，对激活量的计算会出现各种松紧程度的统计口径。比如，"实际启动"的定义，可以是用户在手机上打开应用程序进入浏览画面，也可以是用户按照应用要求注册真实的手机号和邮箱地址，甚至可以是用户点击收到的链接跳转后的登录页面。"新增独立设备"的定义，可以是以手机号的唯一性判定，也可以是以手机硬件设备号的唯一性判定（Android 系统根据 IMEI 号码，iOS 系统根据 Open UDID），或者是严格要求两者同时的唯一性判定。

不同的统计口径会带来不同的理解，这样就会造成公司内部一线人员和主管人员、公司外部第三方统计机构和竞品之间产出不一致的印象和判断。所以，在提到激活量的时候，必须说清楚激活量的统计方法，才能达成正确和统一的理解。

统计激活量的时候还需要重视的一点是要区分来源渠道，实际上导流的渠道可能来源于线下地推、楼宇广告、App 市场推广、其他 App 置换位置推广、社交平台推广等。不管是要与不同渠道结算费用，还是要便于统计不同渠道推广质量，运营人员都需要区分不同渠道的来源账号，给其加上一个标识 ID，存储在这次激活行为的记录中。

差的推广渠道带来的用户大都是一次性用户，也就是那种启动一次、但再也不会使用应用的用户。好的推广渠道往往能针对性地圈定某个目标人群，它带来的用户与应用设计时设定的目标人群有很大吻合度，这些用户通常比较容易成为活跃用户。

7.2.2   用户获取成本

运营人员除了要考虑激活量对应的预期目标用户，也要关注为了获取这些用户所花费的代价，也就是用户获取成本。以最近 O2O 行业经历过的几轮拉新补贴大战为参照系观察，用户获取成本包含了，为了触达用户的广告、地推、消息推送等成本和为了吸引用户下第一单的价格优惠成本，每个新用户的获取成本至少在 20 元以上。而一个想在市场占有一席之地的商业应用，怎么说也得曾经有过 1000 万激活用户的体量，就是必须砸出去 2 亿元投入，当然需要人们深入研究分析。

通常，相同推广渠道的用户的获取成本是平摊一致的。因此，如果有了推广渠道 ID，运营者就能将一次推广活动花费金额分摊到这次活动获得的所有用户身上，计算出单个用户获取成本，并将其计入这些用户的画像记录里。

7.2.3   用户活跃度

日常使用的用户活跃度指标是 DAU（日活跃用户数）和 MAU（月活跃用户数），它们基本上能够说明商业应用当前的有效用户群规模，是运营人员必看的两个指标。以 DAU 为例，其定义为计算一天之内有过启动应用的用户。但是启动并不等于活跃，如果用户只是启动了一次，而且时间很短，这样的用户活跃度其实并不高。所以用户活跃度还取决于另外两个指标：每次启动平均使用时长和每个用户每日平均启动次数，也就是相当于应用每天占用用户的有效时间。

$$用户日活跃度 = 日活跃用户数 \times 用户每日平均启动次数 \times$$
$$每次启动平均使用时长$$

- ❑ 当这三个指标都处于上涨趋势时，可以肯定用户活跃度在增加。
- ❑ 当前两个指标上涨，后一个指标下降时，这说明用户活跃度增加的同时，用户体验可能在提升，用户无需耗费过多时间就能达成目的，但用户对应用的依赖度没有降低。

- 当后两个指标上涨，前一个指标下降时，这说明应用满足了部分用户的需求，他们的活跃度在增加，但应用也在丢失另一部分用户，需要引起运营人员的重视。
- 当前后两个指标上涨，中间的指标下降时，这说明越来越多的用户开始在平台上获得满意体验并愿意停留下来，但平台最近也新引入了很多低启动次数的用户，他们可能对平台还不太熟悉，应用存在提升预期外体验、扩大平台多品类服务能力的空间。
- 当出现任意两个指标下降的情况，这说明运营状况出现了较大问题，需要运营人员针对性分析不同渠道导流的质量和指标下降用户群体的体验数据，给出对应的解决方案。

7.2.4　用户留存率

成功应用的标志是，应用能够尽量延长用户的生命周期，让用户长久地留在应用提供的价值链条里。因此，用户留存率是更关系到商业应用是否能生存下来并具有商业价值的指标。

在解释用户留存率之前，我们需要先分辨它和用户活跃度之间的联系和区别，这是两个经常会被混用和混淆的概念。相似点在于，它们都反映了商业应用平台上用户是否反复频繁发生交互行为的程度，好应用的用户活跃度和留存率的数据都很好看，幸福的家庭总是相似的。

坏应用在用户活跃度和留存率上表现出不同的问题，不幸的家庭各有各的不幸。一般而言，用户活跃度强调从平台角度看问题，运营人员每日、每周、每月地度量应用的健康程度，了解平台的发展状况，就像体检会测量人体的各项生化指标，最终得到整体的体检报告。用户留存率则强调从用户角度看问题，运营人员每个、每群地度量目标用户的健康程度，预测他们什么时候会再来消费，多长时间以后会彻底消亡，就像人体是由器官构成，器官是由细胞构成，而每个细胞终究会死亡，人体 7 年全身会更新细胞。人体不再是一个整体的概念，而是一个容器。掌握这个概念是了解并运用用户留存率的钥匙。

常用的用户群体留存率指标是首日留存率和 7 日留存率。其中，首日留存率指的是，D+1 日（D 为激活日期）还有多少百分比的人会继续使用应用，如果理解的概念是从前一天开始计算，该指标也可以称为"次日留存率"。类似地，7日留存率指的是，在 D+7 日使用应用的用户数占 D 日的用户总数的百分比。

针对单个用户留存率的指标是平均复购天数和 n 日内复购率。其中，平均复购天数是统计该用户所有这一次和下一次使用应用的间隔天数的平均值，n 日内复购率计算为 n 除以这个平均复购天数。比如，用户 A 最近 4 次的活跃天数分别是第 1 天、第 4 天、第 9 天和第 16 天，则该用户的平均复购天数是 5 天，4 日内复购率是 4/5=80%。这是一种从历史数据中统计得出 n 日内复购率的简单方法，更复杂的方法是，对用户 A 的 4 次活跃行为的相关特征进行建模，以历史上发生过的订单为学习样本，通过机器学习的方法预测出用户 A 在将来 n 日内可能会复购的概率。

7.2.5   用户平均收入

在收入方面最常用的指标是用户平均收入（Average Revenue Per User，ARPU），它常用于电信和游戏领域，来衡量一段时间内运营商或游戏商从用户身上获取的收入。人们在将用户平收入指标推广到所有的移动商业应用时，会面临两个新问题。

❑ 平台在初期可能从用户身上无法获得收入，甚至要持续补贴一段时间的资金，用户平均收入可能是负的。

❑ 用户收入的来源趋向多元化，不仅是向用户提供付费服务的收入，还包括通过促成交易收取的平台抽佣，以及将流量变现获得的广告收入。这些收入都有必要经过折算后计入用户平均收入。

针对第一个问题，人们有必要分化出与时间函数相关两个指标：当前收入和累计收入。如果将用户的每笔消费按时间先后、在横轴为时间进度、纵轴为正负的收入金额坐标图绘制出来，当前收入代表了每个标准时间段（可以每日、每周或每月）上的平台对用户的投入或收益，它是一个瞬时值。当某一时刻平台的某笔用户收入为正了,用户平均收入指标就达到了该用户对于平台的获利点,这种情况说明平台能赚到钱了;累计收入则代表了一段时间范围内(从激活当日到最近一笔消费日)的平台累计投入或收益,它是一个求积值。当求积面积的正负相抵时,用户平均收入指标就达到了该用户对于平台的盈亏平衡点,从那以后平台将从此用户身上获取正收益。

针对第二个问题,人们有必要将平台从其他商业模式上获得的收入经过折算后计入用户平均收入。比如,运营人员将平台从商户身上按交易金额抽佣获得的收入计入参与该次交易的用户收入,通过竞价排名方式将流量变现获得的收入计入点击或下单的用户收入。此外,平台通过会员机制或预付费方式获得的收入也需要按照某种计算方法,如按时间平均或按次数平均,折算入用户平均收入里。

7.2.6 用户回报率

除了收入还有成本,收入减去成本就是最终的利润。为了量化这个指标,除了之前提到的用户平均收入和用户平均获客成本,还需要考虑线下的开发、硬件和人力成本。不过这样的讨论会更像财务核算,运营人员通常都会通过一些会计手段,将这些线下成本折算到公司的利润报表里。我们在这里想讨论的,不是传统意义上在较长的时间范围内统计用户整体的平均利润,而是由运营人员将用户生命周期切分到每一次的活跃行为,逐次计算每一次用户为应用创造的价值、应用为用户投入的资本,并观察随着时间变化,用户的长期价值变化趋势。

为此,这里需要引入 O2O 领域常用的投资回报率(Return On Investment,ROI)概念,或者更加通俗的说法是资金撬动率。

具体来说,以打车领域为例,一单 100 元的消费包含了应用、乘客和司机三者之间的利益关系。打车应用提供给用户 20 元的补贴,乘客向司机支付 100 元的车费,因此对于打车应用来说,这笔交易的 ROI 就等于 100/20 = 5,打车应用用 20 元撬动了 100 元的流水。打车应用在这个时候不按照传统的思路考虑盈利问题,而是先投入了一笔投资。

乘客作为被投资者,在享受了这笔订单优惠和满意体验之后,还会持续使用应用。但在下一次交易时,司机开始需要向打车应用支付车费原价 15%,也就是 15 元的抽成费用了。这时对于打车应用来说,这笔交易的 ROI 就等于 100/(20–15)= 20,打车应用用 5 元撬动了 100 元的流水,ROI 提高很多,投资回报率变大了。

接下来,乘客持续产生交易,但司机开始需要向打车应用支付每单 5 元的招车服务费了。这时打车应用摸到了盈亏平衡线,单笔交易开始打平投资。这时 ROI 的计算就不再成立,因为除数已经为零,系统也就进入了用收入减去成本、计算利润的阶段。

7.2.7　用户影响因子

想让应用进入自我传播,或者说病毒式营销的阶段,一件重要的事情是要能够量化评估其效果,为此我们需要引入 K 因子这个衡量指标。K 因子来源于传染病学,它原本是用来量化病毒感染的概率,即一个已经感染了病毒的宿主所能接触的所有宿主中会有多少宿主被传染上病毒。K 因子在人际传播领域的计算公式可以形式化为:

$$K =(每个用户向他的朋友们发出邀请的数量)×$$
$$(收到邀请的人转化为新用户的转化率)$$

假设平均每个用户会向 20 个朋友发出邀请,平均的转化率为 10%,$K = 20 × 10\% = 2$。这算是不错的效果。当 $K > 1$ 时,用户群就会像滚雪球一样增大。如果 $K < 1$,那么用户群到某个规模时就会停止自传播增长。

7.3　小结

AARRR 模型本质上是一套面向产品运营、符合产品生命周期发展规律的运营工具。本章主要给出了模型定义的 5 个环节各自的特点,以及模型中较为核心的几项数据指标的计算方式和基本意义。这些知识点有助于读者了解 AARRR 模型是什么，以及运用 AARRR 模型解决实际问题会遇到哪些关键点。但也要注意，用户的实际表现未必是跟随着运营对产品设计的节奏发展的，对于真实在使用应用、有着各种诉求的用户群体，运营人员还是需要将 AARRR 模型结合用户生命周期模型一起考虑。

第 8 章

地理信息模型

　　用户生命周期模型、RFM 模型和 AARRR 模型是对商业世界中活动的人进行
建模。地理信息模型与这三者不同，它更多地是在将真实物理世界数据化，变成
算法可以操作的标准化数据。驱动地理信息模型发展的更多还是硬件处理能力和
精度，以及智能算法效果的提升。地理信息业务范围的扩展，促进模型不断提供
更强大全面的解释能力。未来地理信息模型已不仅是最基础的地图数据转化设施，
而是和其他基于消费者活动的模型融合在一起，提供线上线下数据融会贯通，是
在真实世界发挥促成状态改变作用的关键转化器和粘合剂。

8.1　意义

　　地理信息系统的概念提出已经很久了，指的是在计算机硬件和软件系统支持
下，对整个或部分地球表层（包括大气层）中的有关地理分布数据，进行采集、
储存、管理、运算、分析、显示和描述的技术系统。地理信息系统的核心是位置
与地理信息，特定的经纬度坐标只有置于具体的地理环境中标识为某个地点、标
志、方位后，才会被用户认识和理解。用户通过相关技术获取到位置信息之后，
系统还需要了解用户所处的地理环境，查询和分析环境信息，从而为用户活动提
供信息支持与服务。

本书提到的地理信息模型，可以看作是地理信息系统技术在商业智能领域的应用，来源于以下三个方面的进展。

- □ 城市和城际交通运输业的发展，使得人员和货物可以较低成本和较高效率进行大范围流动。城市轨道交通、城际高铁以及现代物流配送公司具备了强大的运输投放能力，让人们从原来有限的活动范围中释放出来，可以在短时间内可以频繁、远距离地改变自己的地理位置；货物与用户之间的距离，不再以公里数来衡量，而是以配送时长的小时数，甚至是分钟数来衡量。交通运输能力的提升，为商业应用处理业务附带的重要地理位置属性提供了必要性。

- □ 随着移动互联网技术的发展，尤其是 GPS 定位导航能力的精度提升和普及应用，越来越多的地理位置数据可以方便地采集和上传，服务器端积累了大量可处理的地理位置信息。我们常说的大数据，其实有很大一部分来源于每天不断增长的地理数据。地理大数据的出现，为商业应用能够在精确到方圆几十米的范围内处理业务提供了可行性。

- □ LBS 类移动 App 应运而生，像地图、导航、招车、外卖、共享单车这类应用的大量出现，使得移动互联网用户可广泛享受到地理大数据普及应用带来的便利，也带动了算法和架构方面的投入和技术升级。技术型公司原先在文本信息领域积累的技术优势被快速迁移到地理数据领域，搜索引擎、推荐系统、自然语言处理、计算广告等技术手段经过改造后迅速在物流调度、路径规划、运力预测、供求计价等新问题上得到应用。先进的算法能力为商业应用能够智能化利用地理信息模型提供了可行性。

本章将沿着这个思路，分别介绍地理信息模型涉及的基础技术、适用场景和演变方向。

8.2　基础技术

地理信息模型的关键基础技术包括地理坐标转换、地址定位和地图导航。

8.2.1 地理坐标

我们都知道地球是圆球，地球表层坐标是一个球面坐标，由三维坐标(x、y、z)表示，而地图是二维坐标(x、y)，因此需要将球面的三维坐标转换为平面的二维坐标。

坐标转换需要用到投影的概念，常用的投影有圆柱投影、圆锥投影、方位投影，如图 8-1 所示。

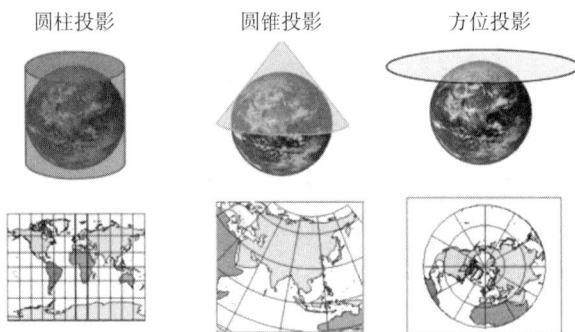

图 8-1 大地坐标系统（来源：百度百科）

在现实中常用的坐标转换投影是圆柱投影中的一种，即墨卡托投影（Mercator Projection），如图 8-2 所示。

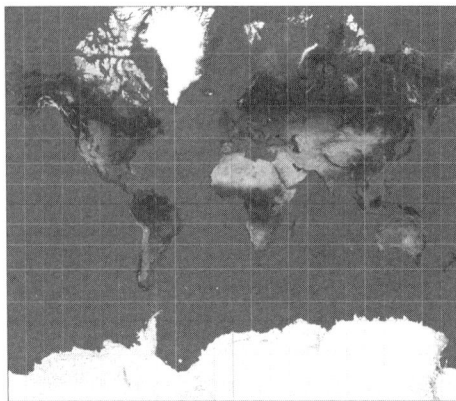

图 8-2 墨卡托投影坐标（来源：百度百科）

　　墨卡托投影是一种正轴等角圆柱投影，由荷兰地图学家墨卡托（Mercator）在 1569 年拟定。它假设地球被围在一个中空的圆柱里，地球赤道与圆柱相接触，然后再假想地球中心有一盏灯，这盏灯把球面上的图形投影到圆柱体上，圆柱体展开就是一幅标准纬线为零度（即赤道）的"墨卡托投影"绘制出的世界地图。

　　由于墨卡托投影的"等角"特性，这种投影能够保证被投影球体不变形，正方形的物体投影后不会变为长方形。"等角"也保证了方向和相互位置的正确性，因此墨卡托投影在航海和航空中常常得到应用，从一开始就被谷歌和百度在计算地理坐标时采用。实际使用的地图投影，常被称作 Web 墨卡托或 Spherical 墨卡托，它与常规墨卡托投影的主要区别就是，它把地球模拟为球体而非椭球体，不过为了易懂，投影坐标在地图上还是转换成了经纬度的方式显示。

　　墨卡托投影的"圆柱"特性，保证了南北（纬线）和东西（经线）都是平行直线并且相互垂直。经线间隔是相同的，纬线间隔从标准纬线（此处是赤道，也可以是其他纬线）向两级逐渐增大。但是，"等角"不可避免地带来高纬度地区面积的巨大变形，比如，俄罗斯的版图会让人觉得非常大，格陵兰岛像是一块小型的大陆。不过，这种视觉上的误差一般不会影响实际应用的效果。从图 8-3 的方位投影对比中，我们可以更清晰地发现两种不同投影方法对视觉感观的影响差异。

图 8-3　方位投影坐标下的北极（来源：百度百科）

8.2.2   地图定位

地图定位是地理信息模型的基本能力，指的是获取移动手机或终端用户的位置信息（比如，经纬度坐标），在电子地图上标出被定位对象位置的技术或服务。实际应用比较多的地图定位是以下 4 种定位技术。

- ❑ **GPS 卫星定位**。它只要用户手机安装 GPS 模块即可，通过 GPS 系统的通信信号定位地理位置，这种方式精度最高，误差基本在米级。
- ❑ **移动基站定位**。即使用户手机没有装 GPS，只要手机可以接收信号，移动通信公司可以根据手机附近基站的位置来估算用户位置，其原理就是通过测算周围基站与手机的距离来估算手机的空间位置，人们一般采用三角公式估计算法。根据该测量结果并结合基站的坐标的定位精度很大程度依赖于基站的分布及覆盖范围的大小，有时误差会超过一公里。
- ❑ **WiFi 定位**。它的前提是用户通过 WiFi 上网，并且 WiFi 的位置之前被位置服务提供商收集过信息。当用户再次通过该 WiFi 连接上网时，定位模块就可以根据以前收集过的位置数据和用户的信号强弱程度判断用户的实际地理位置。这种方法的定位精度很高，但受限于位置服务提供商能覆盖的 WiFi 信号源数量。
- ❑ **浏览器定位**。如果用户使用台式计算机上网，并对浏览器授权后，浏览器会获取到当前电脑所使用的 IP 地址，并对其进行解析，判断用户当前属于哪个城市、楼宇，再解析出用户对应的经纬度坐标。这种方法的定位精度比较粗糙，如果用户有意或无意修改 IP 地址，将导致定位解析出现偏差。

8.2.3   地图导航

地图导航要解决的问题通常可以理解成在地理坐标系中从 A 点到 B 的路径规划问题，其中的约束条件可能是 A、B 两点所在地理区域内的道路、地形、交通限制。不考虑这些具体细节，路径规划首先需要选定对应的导航算法，经常用到的是 A*和 Dijkstra 算法。要想了解和使用这两种算法，人们需要知道它们算法思想的源头来自于广度优先算法。

广度优先算法（Breadth-First-Search，BFS），也叫宽度优先搜索，或横向优先搜索，是最简便的图搜索算法之一，也是很多重要图算法的原型。它属于一种盲目搜寻法，其目的是系统展开并检查图中的所有节点，直到找到结果。在最差情况下，BFS 必须寻找所有到可能节点的路径，而且，如果目标不存在且图为无限大时，BFS 也不收敛。

Dijkstra 算法在此基础上做了改进，其基本思想是在 BFS 的广度遍历策略上加上了贪心策略：它从源节点向外辐射扩展新节点，构造生成路径节点表时，每一次都选择路径代价最优的节点进行扩展。如果有 n 个节点，则程序循环 n 次就可以将所有节点的最短路径求出来。这个算法的缺点是，它无法处理权重为负数的图，而且搜索节点多时的效率相对较低。

A*算法是导航路径计算中的标准算法，比 Dijkstra 算法又多了一个估算函数，它并不是把所有可扩展的节点都依次展开，而是利用估价函数对所有未展开的结点进行评估打分，找出最应该被展开的节点将其展开，直到最终找到目标节点。A*算法避免了盲目的暴力搜索，引入了启发式的估算函数，实际上是在利用所了解的知识，寻求有利于问题求解的启发信息，从而不用遍历整个图，而是每一步搜索都根据启发函数朝着某个方向搜索。

A*算法发挥的效果依赖于算法设计者对业务问题的理解，有很大的主观性，直接取决于算法设计者的经验。导航需适应不同的道路、地形、交通限制，这都会影响采用不同的启发信息和启发函数。这时的问题可能不仅仅是算法本身该如何调优，而是需要人们不断地去主动适应业务需求，从工程上设计一些低成本试错校验的方案，从而在更高维度上看待和解决地图导航的基础技术问题。

8.3 适用场景

地理信息模型的适用场景取决于真实世界里非常具体的待解决问题。地址解析面对的是充满差错和模糊含义的地址文本信息；基础位置描述要将数据层面的位置信息聚合成业务上可以理解的有价值概念；POI（Point of Information，信息点）检索是在出现了地理位置因素后对检索能力的进一步需求；高精度定位考验了综合运用定位技术后所能达到的最新高度，并因此可以推演出很多商业可能；个性化感知是能在地理场景下迅速拉开竞品差距的技术优势。

对这些适用场景的分析，可以反过来验证我们在地理信息模型上的优势和差距，并指导地理信息模型未来的发展趋势。

8.3.1　地址信息解析

地理信息模型为地址信息解析提供可靠手段，其应用场景主要表现在能够将用户或商户提供的文本地址信息对应到精确的地理位置坐标，提供门牌号解析、地址定位坐标、判重校验、地址类型判断等功能服务。

门牌号解析是比较直观的说法，其本质上是对地址文本的结构化处理，底层需要依赖三类技术能力。

- ❑ 切词技术，负责保证将地址字符串切分成从高到低的多级地址结构，并将这些地址结构和系统设定的地址级别对应起来，如"北京市–海淀区–上地"。
- ❑ 同义词技术，负责对地址字符串中的同类描述词语做归一化处理，比如规定全部数字都统一使用阿拉伯数字表示，"西三环路"要保存为"西 3 环路"。
- ❑ 领域知识规则，负责校验纠正可能错误的地址文本，通过事先设定好的规则集合和权重，灵活处理各种不规范的地址文本，比如行政区划级别不能颠倒，要根据上下文判断某个名称是市县区名、道路还是小区名等。

地址定位坐标比较容易理解，就是将一串文本描述的地址信息转换成计算机可以处理的坐标数字，它已经成了 LBS 类应用的标准底层能力，一般由谷歌、百度这样的平台级公司提供基础服务。应用方只要调用接口，提供待解析的地址文本，就能得到返回的经纬度坐标，如"北京市海淀区中关村南大街 27 号"，地址解析的结果是 lng:116.31985,lat:39.959836。如果地址文本是名胜古迹、标志性建筑名称，也能直接解析返回经纬度，如"百度大厦"，地址解析的结果是 lng:116.30815,lat:40.056885。同样，人们也可以提供符合标准定义的经纬度坐标，就能得到对应的 POI 结构化地址信息，如 lat:31.325152,lng:120.558957，逆地址解析的结果是"江苏省苏州市虎丘区塔园路 318 号"。

如此方便高效的解析服务能力的背后对应的是复杂的自然语言处理技术和大量的查找计算能力。地址文本分析模块需要精准切分可能并不那么结构化的地址字符串，以避免歧义切分引入的错误；后台需要维护海量的地址码库以备解析时查找所用，地址码库的覆盖率决定了解析能力的上限，其来源依靠用户行为的上传和线下的作业采集；对于非精确匹配的地址，平台需要根据文本语义估算其相对于精确地址的距离，拟合出在一定精度范围内的最优经纬度坐标。

判重校验在此基础上进一步判断两个或多个地名是否同时指代同一个地理位置，即是否能判重。在技术上人们通常通过文本相似度和定位位置坐标相似度两种方法相互验证，共同判断判重的概率。

地址类型判断需要在基础的文本处理之上，进一步提供对该地址属性的分析能力，比如：通过经验规则判断该地址是学校、住宅还是写字楼；根据门牌号的解析判断该地址所在的楼层，甚至根据多个相似地址判断该楼层的高低；根据医院地址判断用户是病人还是医生。

基于地理信息模型的地址信息解析能力，提供了第一手的地理大数据，对更上层的用户画像和商户画像影响重大。

8.3.2　基础位置描述

如果说地址信息解析是从文本信息到位置信息的转化能力，那么基础位置描述要解决的是，要从地理位置坐标集合中找出有价值的内容，其应用场景主要体现在判断运行轨迹、判断停驻点、划分历史活动区域、绘制群体分布热力图等方面。

- ❑ 位置坐标再多，如果它们没有被正确地串联起来也只是一堆死数据，而**运行轨迹**则是最能体现基础位置坐标连通起来以后价值的场景。只要使用者在线，通常来说移动应用都能够通过定时上传定位坐标的方式在后台积累连续数据。问题在于，使用者地理位置偏僻或室内信号干扰等原因导致的临时掉线会给后台带来一段时间的数据缺失，以及由于定位技术本身的错误导致的部分位置数据的偏离。用户的服务稳定性体验，要求后台的运行轨迹判断模块能够更加健壮地收集和处理连续定位数据，需要人们结合使用者运行速度和道路状况近似估算，对异常轨迹进行平滑处理，消除噪点位置信息。

☐ 除了运行之外，**停驻**也是用户的另外一大类基础行为。停驻点坐标、停驻时长的判断，都会影响上层应用的效果。常见的场景包括，系统判断出租车司机是否在趴活，配送员是否到达配送地点并停留了多长时间，用户是进入商场消费还是途经路过。

☐ 当平台能够精准知道用户大量的运行和停驻信息，就可以很自然地判断出用户的历史**活动区域**，以及这些活动区域对应的活动时段。以外卖为例，基础位置大数据可以刻画出用户在中午经常活动的写字楼、在晚上经常活动的住宅小区、在周末经常活动的商场；以打车为例，基础位置大数据可以刻画出用户早上出门的住宅小区、晚上出门的写字楼。用户下一次再调用应用时，系统就能智能匹配出最合适的起止地址。

☐ 更进一步，当平台能够掌握大量用户的基础位置数据，运营人员就可以打开上帝视角绘制某个商圈、城市，甚至全国的地理**分布热力图**，并根据热力图合理调配资源、提高整体效率。以外卖为例，在工作日中午出单量大的写字楼周围，运营人员就应该多调配骑士运力；以共享单车为例，在有明显上下班潮汐效应的区域之间，运营人员就可以提前调拨单车运力；以打车为例，发现在体育场馆周围出现散场的大量用户，运营人员就可以采用价格机制吸引更多的出租车辆前去消化需求。

8.3.3   周边 POI 检索

LBS 类应用通常都会提供基于用户登录点位置 POI 的周边检索功能，包括用户刚登录时的主动检索，以及用户主动发起的被动检索。周边 POI 检索一般可以理解成是一种从单个地理位置坐标到另一组地理位置坐标的转化过程。根据背后的计算模式，周边 POI 检索主要可以分成同心圆扩散和九宫格阵列两种方式，前者的计算资源消耗多在前端实时计算，后者则依靠后端离线计算，实时响应时只要从已经准备好的固定格子里取数据即可。

- **同心圆扩散**适用于对周边 POI 距离要求严格，但对满足距离要求 POI 的其他属性不太关心的场景。以外卖为例，周边检索要求出现附近 POI 必须是在原点 POI 的固定配送范围内。这样程序就必须实时以原点 POI 为中心画同心圆，一波波地发散范围，寻找满足需求的 POI 点，直到出现更大一轮同心圆覆盖进来的 POI 点不再满足距离要求，才停止搜寻。
- **九宫格阵列**适用于对距离要求不那么严格，但需要提供这些区域内更多其他属性的场景。比如，当用户打开定位搜索餐馆的时候，系统还想告诉他以前这个区域的用户都喜欢去哪些餐馆，就不用再实时严格地计算固定多少公里范围内的历史用户行为，而只要在后端离线地将这片区域划成如 1 平方公里范围的很多格子，事先统计好每个格子里曾经发生的消费行为记录，计算好每个格子里的热门餐馆。等到用户定位格子里以后，程序直接获取该格子周围的若干个相邻格子，读取对应的数据即可。

8.3.4 高精度定位服务

地图的高精度定位能力本身就蕴含了无限的服务能力，基于三角定位、地磁技术、增强 WiFi 指纹模型等室内高精度定位技术，室内定位精度达到 1~3 米。它能够如千里眼般搜寻到目标的具体经纬度坐标，甚至高度，这就为实现一些商业需求提供了可能性。具体来说，高精度定位服务可以实现到店识别服务、室内消息推送、停车场搜寻车辆等。

1. 对帮助用户来说

- 在用户进入商场的时，它定位并引导用户找到特定的商户，而不用再根据商场内的平面地图标识摸索行走路径。
- 在用户进入附近区域时，它定位并引导用户找到可能不那么显眼的共享单车。
- 在用户返回原停车场时，它定位并引导用户找到之前留下过定位记录的车辆。

2. 对帮助商户来说

- 它可以筛选商场内的潜在用户，当他们靠近自己商铺所在位置的时候，发送室内消息推送，提供优惠活动方案促销。

❑ 它对已经进入商铺的用户识别身份，他们是否回头客、是否没有产生消费就离开、浏览过哪些区域，以及最终成交的商品有什么关系等。

8.3.5 个性化感知

LBS 类应用还会通过地理信息模型为用户提供更加个性化的感知，综合运用多点地理位置数据，为不同的用户定制产出特有的服务体验。这种更加智能化的体验其实是基于以上场景的成熟应用基础上，需要人们对用户画像深入理解，才能在众多可能的候选方案中找出符合特定用户的最优方案。个性化感知能够迅速拉开竞品差距，提供独特服务体验的杀手锏，因此也格外受到关注。常见的应用场景可以包括，推荐不同侧重体验的导航路线，根据路况更改导航路线，判断用户出行地点的属性，判断用户消费行为的属性，等等。

1. 以导航领域为例

根据用户以往的导航记录，它可以知道用户对行驶距离、行驶时间、是否在意红绿灯路口、是否在意高速收费等偏好，并推荐不同体验的导航路线。

当在行驶过程中交通拥堵路况有变化，它根据用户不同的驾驶习惯，判断用户是对路况比较熟悉、愿意灵活改变的老司机，还是刚上路、偏向稳妥安全的新手，来决定是否推荐更改导航路线。

2. 以出行领域为例

根据用户以往的出行记录，它可以知道用户的通勤、娱乐和公务习惯，进一步判断出这些出行地点的属性，是公司、住宅还是商场，分别给出不同的建议解决方案，选择能提供发票的出租车、省钱的拼车、舒适的专车，或者安全的代驾。

3. 以餐饮领域为例

根据用户以往的消费记录，它可以知道用户对客单价、品牌、优惠力度、服务体验等偏好，判断用户消费行为的属性，让不同用户即便在同一地点但看到的是不同的商户。如果用户是 20 多岁的新晋白领，可能客单价 25 元的中式套餐餐厅是合适的；如果用户是 35 岁以上的公司高管，可能西式品牌的连锁店是合适的；如果用户是高档住宅小区的住户，可能有中式家庭宴会的老字号餐厅是合适的。

8.4 演变方向

地理信息模型有一套成熟的从硬件到算法、从基础数据到上层应用的解决方案，已经在业界积累了大量的实际经验，对现在很多 LBS 类应用起着基础的支撑作用。与此同时，LBS 类应用的广泛普及也催生了大量基于地理信息模型的需求和业务，对地理信息模型的演变方向提出了更高要求。演变方向主要集中在两方面，一方面是依托硬件基础设施条件提高和算法精度提升带来的定位精度提高，另一方面是依托自然语言处理技术深化和场景大数据丰富带来的 POI 语义化能力提高。

8.4.1 室内定位精准度

室内高精度定位由传统的室外定位延伸而来，适用于很多大型的室内环境，如商场、停车场、火车站、机场、物流中心、写字楼等，具有无限想象的商业机会。然而，室内定位也会遇到 GPS 信号弱、硬件误差、网络条件不理想等问题，而难以实现精确，难以满足商用需求。这就需要依托硬件基础设施条件提高和算法精度提升得到本质的改变。

具体来说，室外精准定位主要依靠 GPS，但 GPS 在室内却无法得以应用，这是室内定位和室外定位的本质区别，这使得室内定位在精度上始终难以取得质的飞跃。但随着智能手机硬件条件的快速发展，小小的手机里集成了 WiFi、加速度计、陀螺仪、气压计、电子罗盘等丰富的硬件。定位技术可以将这些硬件的功能集中在一起，利用它们的特点分别解决不同的障碍，共同提升室内定位精度。比如，使用加速度计，得知用户运动和静止状态；使用陀螺仪和电子罗盘，推测用户正在转弯；通过气压计，得知用户正在上下楼；使用磁力计测得磁场强度，而建筑物导致了各个位置的磁场有区别，这样可以判断目标的移动方向与移动距离，从而进行位置跟踪。最后，人们再结合强大的算法和机器学习技术，就能够将这些结果转换成最精准的用户轨迹，从而实现了室内定位的准确。

此外，人们将一些新型定位硬件，如摄像头、麦克风、红外线、超声波、蓝牙、RFID、室内电力线等运用在定位场景中，还可以进一步实现无罗盘判别方向、自动步长与设备误差纠正、基于视觉的绝对与相对位置确定、众包数据相互校验等技术。有了这些技术的辅助，室内定位的精度就越来越高，连续性与稳定性也越来越好。

8.4.2   POI 位置语义化

POI（Point of Information，信息点）包含了名称、类别、经度纬度坐标、墨卡托坐标等信息，它将物理世界的实物地址在数字世界中重新建模，组成了可以由计算机处理的基本操作单位。POI 一经生成就面临赋予语义信息的问题，因为单是一对 (x,y) 坐标很难提供更多有价值的信息，服务应用必须知道附在这个 POI 上的具体实物地址的意义。具有可用意义的 POI 数据，通常会提供一些基本的语义信息，如结构化地址文本、物业类别、方位数据等。更加智能的语义化处理需要依托更加深入的自然语言处理技术和更加丰富的场景大数据。

首先，将 POI 语义化描述的视角从实物地址本身切换到用户侧，以用户的亲身体验来表述 POI 的属性。从用户对旅店服务的点评文本中，人们可以提取表示服务满意程度的标签，从中可以分析用户的感情色彩，是正向还是负向；从用户对外卖配送单的附言文本中，可以提取用户最关心的服务项目，从中可以分析用户消费意愿的真实性和强烈程度，哪类特殊需求是刚需。

其次，可以结合 POI 实物地址在各种不同场景下发生的行为数据，能够相互验证、综合判断该 POI 上富含语义的信息。根据外卖餐厅一天内所有订单的从接单到送单的时间统计，人们可以大致判断这家餐厅的出餐时间快慢，进而判断其服务质量，估算业务容量；根据写字楼每天早晚停驻上下客的时间和数量，可以大致判断写字楼内的人群总量、工作行业，进而判断其人员流动规律，估算潜在商业价值。

第三部分

场景篇

数据篇和模型篇的 8 章内容解释了大数据从哪儿来，介绍了智能增长是什么，由哪些基本要素组成。接下来在场景篇里，我们会再用 9 章内容继续解释大数据到哪儿去的问题，介绍智能增长怎么做，该如何实践。

这一篇从业务角度考虑，覆盖了新用户获取、老用户促活、商户运营、商户赋能等各个促进业绩数量增长的领域；从财务角度考虑，帮助运营和产品人员设计更加智能的定价、补贴力度、反作弊、调度策略，在控制成本的同时赢取更多利润；从技术角度考虑，解开了背后依赖的搜索引擎、推荐系统、自然语言处理、计算广告、调度规划等技术方案的秘密。

第 9 章

如何持续获得新用户

获得新用户是任何一家互联网公司每天都要考虑的事情，但持续获得新用户从来不是一件轻松的事情。如何拆解这件事，如何评估拉新的力度和效果，有哪些成熟的模型和技术方案可以借鉴，本章将试图回答这些问题。

AARRR 模型中的获取成本、激活量、活跃度和影响力这 4 个关键指标，结合竞争群体、延伸品类、相近地址和社交关系这 4 种拉新方式，它们将有助于我们更加系统深入地理解拉新背后蕴含的规律，从而在看起来充满个人经验且不易量化管理的工作中找出可以依循的逻辑。

9.1　意义

一款商业应用从无到有，从无人问津到生活必备，或者说"冷启动"找到第一批用户，让他们加入这款新应用，这中间一定经历了非常辛苦的拓荒阶段。应用的用户规模不管发展到何种程度，应用始终面临持续获取新用户的任务。因为老用户会以某个比例在一段时间后离去，竞争对手也无时无刻不在觊觎着自己的摇摆用户，所以新用户的水龙头必须一直保持开动，源源不断地为商业应用带来新鲜的力量。

"拉新"已经是一个老生常谈的话题。之前野蛮生长阶段的大量案例向我们展示了，通过简单粗暴的方法获得新用户的景象：疯狂地地推、发传单、扫街扫楼，对新用户打折、返现、免单。与此相伴的现象是，随意丢弃的传单、令人厌烦的骚扰电话、只下一单就再也不来的假新用户和组织化的刷单作弊行为。这绝不是持续获得新用户的正确姿态。

首先，需要了解什么是新用户。通常对新用户的定义是，已经接触了应用、没有发生或发生了一次交易行为的用户。"拉新"要做的事情就是，促使这些刚接触应用的用户发生第一次交易。这种视角把新用户作为一个节点，只有非 0 即 1 的用户状态，只解决用户成长过程中的一个点。其实新用户转化是一个持续的过程，在这个过程中需要引导用户从交易收益和交易风险两个方面去认知应用价值，对平台产生粘性，逐渐走出新手期，向成熟用户过渡。因此，消除新用户顾虑的转化策略，就围绕如何向用户描绘可能带来的满意体验，以及如何屏蔽可能出现的风险代价来展开。罗伯特·西奥迪尼在《影响力》一书中也提到，促成用户下单的过程是：激发购买欲望——产生信任——下单购买。

那么，新用户从哪里来，怎么才能持续不断地找到他们，并且如何识别出可能长期驻留在应用里的种子用户，这些是智能增长要解决的主要问题。

9.2　从 0 到 10 000，圈定种子用户

应用最初的 10 000 名用户，一年以后未必还能被运营人员关注到，但在应用发展早期，他们确实是能够反映产品调性，给出真实反馈，影响运营、产品和技术人员对应用发展方向理解和判断的那批人。他们不直接参与应用的设计与开发，但他们的人数和对应用在各种场景下实际效果的理解的总和，足够与公司内的那批人相提并论。因此，换个角度来理解，从 0 到 10 000 圈定种子用户的过程，更像是找到产品和研发之外更广泛的一个群体一起设计并实现应用的过程。

这个阶段要找到的种子用户重在质，而不是量，因此这批用户对应用的认同感和参与能力（如愿意主动为产品传播、主动反馈意见和建议）更被看重。在这个过程中，通过大数据建模做出判断的成分会相对少些，依赖产品和运营人员的经验判断与执行力的成分会相对多些。常见的推广方法包括 QQ、微博、微信等

新媒体推广，线下主题活动、扫楼等地推方式，从公司已有的其他产品或合作伙伴的流量导入等。在这里，我们选择两种便于利用大数据建模分析能力的方法，尝试从智能增长的角度解释可以遵循的逻辑。

9.2.1　采用邀请机制

很多新产品在刚发布的时候会选择点对点的邀请机制，有选择地引入种子用户。一来服务刚搭好，应用在性能上不允许短时间内涌入大量新用户，否则会给后端服务器带来巨大压力；二来产品功能还在磨合中，未必能满足大量用户的众多需求、提供满意的服务体验。这时候，有针对性地挑选典型用户，主动邀请他们优先使用产品，从而收集反馈、调试架构性能、优化产品功能，这是一种非常高效的发现种子用户的方法。问题在于该邀请谁，怎么邀请。

对于一款高端知识分享类应用来说，它需要邀请的是在某个专业领域有自身积累又愿意分享传播的人士；对于一款推介精品生活方式的资讯类应用来说，它需要邀请的是渴望了解超越自己阅历的生活方式的人士；对于一款投资理财类应用来说，它需要邀请的是手上有闲钱但又缺少金融知识且没时间跟踪理财时讯的人士。

根据联系方式的私密程度不同，邀请方式可以分为邮件、微博、微信和手机。私密程度越低，邀请信息对用户个人空间的侵扰就越低，无效邀请就越不容易引起用户的反感，但是邀请力度会降低。因此，需要谨慎选择邀请方式。

9.2.2　引起社区关注

邀请机制是一种较为主动的导流方式，保证了新用户的质量，但也存在着目标范围狭窄的弊端。而侧面制造事件或话题，引起社区关注，被动却以逸待劳招揽到感兴趣的用户，这是另一种开放的导流方式，这种方式同样需要考虑引起关注的内容和方法。

这种方式不会聚焦到个人，但需要选择特定的话题。举之前的例子，对于一款高端知识分享类应用来说，它需要能够找到在科技、心理、旅游和历史领域最

热门、最容易引起关注的话题和标签；对于一款推介精品生活方式的资讯类应用
来说，它需要能创作出对时尚衣饰、电子设备、生态食品和化妆品的一手体验文
章；对于一款投资理财类应用来说，它需要能提供对金融常识的图表解释和容易
引起共鸣的实际案例。

基于影响面的范围和关注度，引起关注的方式可以分为网站稿件、社区论坛、
微博账号和微信账号。这里，影响面和潜在用户的关注程度之间存在反比效应，
理论上影响面越大，则实际受众能投注的关心程度就越低，收效可能就越不明显。

9.3　从 10 000 到 1000 万，构建增长机制

从最初的 10 000 名种子用户，到颇具规模的累计 1000 万名新用户群体，这
个增长所依赖的不仅仅是产品和运营人员的经验判断与执行力了。首先，应用早
期熟悉种子用户的高水平产品和运营人员无法复制；其次，继续增长的新用户来
源各异，需求各异，我们无法分门别类地定制出差异化方法。有效的增长机制，
对于应用得到第一批 1000 万新用户来说至关重要，它需要把之前的经验沉淀到一
些可复用的工具上。在这里，我们分别从适合自动化扩展的几个领域，总结一些
快速获取 1000 万量级新用户可以遵循的规律。

9.3.1　竞争群体增长

新用户从哪儿来？一个最简单直接的方法是从竞品已有的用户群体寻找，因
为这些用户已经经过了同类产品的拉新过程，对此类产品能提供的服务有一定的
理解和认可，是最理想的候选新用户群体。

如何获得用户使用过竞品服务的信息？通常，我们可以用以下三种方法。

❑ 经用户授权后，获取 Android 手机上第三方应用软件列表信息。过滤处理
用户隐私信息，然后得到与用户个人信息无关的应用软件和手机之间的对
应关系。能够了解到竞品应用对应的用户群体，就可将他们作为潜在的拉
新目标。

❑ 竞品网站上的 UGC 内容，如发表的评论、发布的帖子等，有时会公开一些与用户相关的信息，比如邮箱、微博账号等。这些数据被爬虫脚本获取后，进行模式识别，再从这些数据中提取出关键信息，这也可以作为了解竞品用户的途径。

❑ 竞品用户在社交网站上分享的带有竞品标志的内容，也是识别竞品用户的依据。比如，用户使用了一次竞品服务后，会按照竞品应用推荐的流程在微博上发布一条共享链接，这条链接或指向竞品的网站，或其文字中包含竞品的品牌名。这些数据被爬虫脚本获取后，系统可以进行模式识别，提取出关键信息，判断相关用户为竞品用户，并获取用户的联系方式。

以上方法都是通过一些公开发布的内容或者获得用户授权，来合法地获取竞品用户信息。我们反对以违背个人隐私意愿的方式获取竞品用户状态的做法，因为这种做法不合法，会伤害用户体验，也打破了竞争对手之间保持的默契，会带来不必要的恶性竞争。

9.3.2　延伸品类增长

对于那些拥有多款类型应用的公司来说，发挥协同效应、在多款应用之间相互导流、延伸原有的品牌价值和用户资源，这是再有效不过的事情了。

❑ 在原有的导流应用里增加新应用的入口，引导用户在特定场景下自动选择进入期望新增用户的应用。比如，在地图应用的服务功能界面里，增加团购应用的入口；在社交应用的支付功能界面里，增加电商应用的入口；在打车应用的路径规划功能界面里，增加代购应用的入口。

❑ 利用原有导流应用积累的用户信息，在一些预设的场景下向用户主动推送期望新增用户应用的促销信息。比如，餐饮团购应用会积累一批爱好美食的用户群体，在工作日中午，这批用户可能不太会到店堂食，但会点一份外卖送到公司。这时可以主动向这批用户推送其经常出现位置附近的外卖餐厅的优惠券，这时新用户转化率通常会比较高。

❑ 由于不同应用间有着替换或互补关系，这些应用主动连接成更完整的生态链，生态链上的应用彼此输送上下游用户群体，这样就达到更大范围的利益最大化。比如，一款主打校园社交生活的应用，会面临学生毕业离开校园后，原有预设的场景不再成立，老用户变成沉睡用户的问题。但这批用户同时也是一款主打学生求职和职场培训应用的潜在目标用户。原有导流应用很容易就可以根据用户注册信息和活跃程度判断用户的流失状态，完全可以在此基础上延伸出新的品类应用，或者直接和已有的应用联合，进一步发挥用户数据的价值。也就是，用户本身无所谓新老，关键是他出现在哪儿。

9.3.3 相近地址增长

物以类聚，人以群分，相似人群的划分很大程度上是以相似的地理位置来区分的。对于经常出现在相近地址范围内的用户来说，无论是其获取成本还是转化效果，都会因为地理信息模型所提供的定位和语义化能力而显示出独有的优越性，这主要表现在以下两方面。

❑ 可以将期望增长用户的应用所能提供服务 POI 的坐标为圆心，设置覆盖半径，找出曾经出现在这个范围内的用户。这里所依赖的假设是，既然用户曾经在应用的服务范围内出现过，如果用户对这种服务产生需求，应用就更可能提供满意的服务，因而值得将其列为增长目标。这种增长避免了触达用户但无法提供合适服务的误召回，其效率要远高于漫无目标的普遍搜寻。

❑ 可以将期望增长用户的应用所能提供服务 POI 的语义化标签，与候选用户的画像标签做匹配，找出可能符合 POI 服务能力需求的用户。这里所依赖的假设是，既然用户在画像标签里表现出对某类主题的倾向性，而且与 POI 的语义化标签关联度较高，那么当用户以某种概率出现在应用包含的任一一个 POI 附近时，应用都有可能提供满意的服务，因而值得将其列为增长目标。这种增长在用户兴趣和应用服务类别之间建立了更可靠的连接，其效率要远高于纯粹的地理位置决定论。

举例来说，常见的应用场景有两类。

- 可以根据潜在新用户在社交平台的公开信息，或其他应用内行为构建的用户画像模型，得知用户的画像标签以及常驻点位置坐标。比如，对于一家新开的健身馆来说，它与其在场馆周围大批量无差异地推宣传广告单，不如挖掘利用健身 App 经常在场馆周围跑步健身的用户数据，在他们登录时推送健身馆的优惠消息。
- 可以根据期望增长用户的应用基于地理信息模型提供的 POI 定位坐标和语义化标签，然后通过不同距离范围和相似程度的匹配算法，找到基于相近地址的潜在增长用户群体。比如，对于餐饮类 App 来说，它利用 POI 定位坐标和餐厅的品牌、口味、价位等标签，与潜在用户的活动轨迹和用户画像相匹配，可以找到可能对餐厅感兴趣的新用户。

这类基于地理信息模型的应用场景，为新用户增长提供了另一个视角。

9.3.4　社交关系增长

增长的力量不但来源于应用内部，也可以来自用户自发行为的补充，用户间的社交关系则是这种增长效应的放大器。社交关系增长的优势还在于，用户的口碑是最有说服力的广告，其带来的新用户往往忠诚度更高。因而想利用好用户的社交关系，必须先说服用户愿意以自己的人品背书，主动承担应用的拉新责任。要解决这个难题，首先要认识到社交关系是一个网状结构，然后从社交关系网的连接数量和连接强度上入手。

熟悉社交网络理论的人都知道，对一个关系网起到重大传播作用的节点，不是那些连通量很大的中枢式节点，也不是那些连接强度很大的亲密关系节点，而是那些出现在多个不同圈子、但和每个圈子的关系却不怎么紧密的弱连接。弱连接虽然不如强连接那样坚固，却可能有极快、低成本和高效能的传播效率。

要想应用这个理论，可以从能够找到的社交关系网络数据出发，如爬取微博的关注关系网络，或者从应用内已有用户的共现关系出发，如出现在相近的 POI、都买过同一款产品、搜索过同样的查询词等，来构造关联网络，找出产生社交网络弱连接的关键路径和节点。向这样的节点代表的用户提供满意的服务体验，消除其负面评价，引导他向社交关系中的其他用户扩散应用品牌口碑，这样可达到事半功倍的效果。

9.4 评估与反馈

在上面提到的各种获取新用户的过程中，一般要尝试解决将原先不了解应用的用户拉过来的问题。用户只有真实地发生了交易行为，获得服务体验，产生价值判断，才会决定是否继续在应用内交易，否则就有可能离去。与此同时，还会持续有其他新用户加入进来，留下或离去，从应用的角度来看这是一个动态过程。因此，人们有必要建立一套评估新用户获取效果的指标体系，注重收集各个阶段的反馈信息，让信息流形成闭环，这样才能加速整个迭代过程，逐渐积累稳定的用户群。

在设计新用户获取效果的评估与反馈统计工具时，大家通常都会观察新增用户数、活跃用户数、留存用户数以及用户使用时长等指标。这些指标的价值在于，能够帮助运营人员了解拉新之后转化工作的效果，指导他们采取必要的转化手段，来促成这些新用户在第一时间内完成有效交易，提高每个阶段目标用户的留存概率，这样可以避免无效拉新。否则，这些好不容易加进来的用户会在第一时间内丢失，而且很难被说服再做一次这样的尝试。

但是零散隔离地去看这些指标，容易陷入无穷无尽且实时变动的数据海洋中，很难理出清晰的头绪。为了解决这个问题，有必要引入 AARRR 模型，来指导运营人员从纷繁复杂的现象和指标中，找到影响新用户获取和转化的关键逻辑。

接下来的论述中，背后隐含的假设是，AARRR 模型是对商业应用发展阶段的高度抽象，5 个典型环节分别对应了一批关键指标，那么可以分别考察不同的拉新方法如何影响这些指标，以及从这些指标反馈得出后续动作的不同表现，来评估正在实施的拉新方法的实际效果。为了更形象地阐述这个方法论，可以从

AARRR 模型中挑选出与获取新用户更相关的获取成本、激活量、活跃度和影响力这 4 个指标，以上一节提到的竞争群体、延伸品类、相近地址和社交关系这 4 种拉新方式为例，具体说明基于 AARRR 模型的新用户获取方法的评估和反馈方案。

9.4.1　降低竞品用户的获取成本

竞品用户的质量很高，他们是亟须获得的目标用户，但也是竞争对手最宝贵的资源。同时，获客成本也很高，应用需要投入更多的资源，才能将用户从竞对产品那里争取过来。但也不能一味地花大价钱打价格战，以致陷入恶性竞争。

❑ 首先，了解竞争对手维护用户的成本，而不是获取新用户成本。这时不是和竞争对手一起面对相同的全新潜在用户群体比拼拉新成本，而是面对已经被竞争对手获取的处于维护状态的老用户，只要日常补贴成本比对方的略高一些，应用就有可能将那些不那么忠实的竞品老用户转化为自己的新用户。通常，拉新成本都会高于维护成本，因此选对比拼的及格线，就能节省很大一笔获取用户成本。

❑ 其次，了解自己服务用户能力的优势，挑选最容易动摇的用户。只靠价格优势是最简单的方法，但也是最不可持续的方法，而且容易让竞争双方陷入无穷的补贴黑洞。更明智的方法是，从获取的候选竞品用户群体里找到与自己服务能力优势最匹配的中间群体，以己之长，攻彼之短，用优势兵力取得最大效果。比如，竞争对手用户在 UGC 内容里对服务表示过不满，经常分享各种形式的优惠信息，表明他对补贴力度很关心。这些都是可以利用的信息。

9.4.2　提高附近用户的激活比例

应用地理信息模型找到的地理位置便利的潜在新用户，未必愿意使用产品，附近用户的真实需求与地理相关场景的契合程度，会大大影响实际启动应用的激活量。既然决定附近用户挖掘效果的是 POI 定位精度和 POI 语义化能力，那么附近潜在新用户的激活比例该如何提高呢？

首先，POI 附近范围大小的选取，需要同时考虑圈定人数多少和距离远近代价。范围越大，能被考虑进来的潜在用户就越多，但他们距离 POI 点就越远，获取相应服务的代价就越高。因此，需要结合应用提供服务能力的范围，合理选择具体的附近用户范围。

其次，POI 定位可以细化到明确的道路、桥梁、水道、障碍物，甚至车道类型、限行条件等语义级别，这些信息非常有助于判断应用所能提供的服务对附近用户的可用性。

9.4.3 提高延伸用户的活跃程度

延伸用户通常都是已有用户，可以批量获取，其获取成本很低，不存在不激活的问题。但由于是从原先习惯的应用场景迁移到新的应用场景，用户活跃程度是需要关注的指标。我们之前提到过：

$$用户日活跃度 = 日活跃用户数 \times 用户每日平均启动次数 \times$$
$$每次启动平均使用时长$$

其中，这三个指标可以分别用来分析以下三种获取到的延伸用户的活跃程度。

- 来自导流应用新增入口的新用户，通常已经熟悉了新应用预先设定的场景，是带着特定需求过来的。如果这种需求在新应用里没有得到满足，这种获取方式就会只提高日活跃用户数，而拉低日均启动次数，拉新的效果并不好。

- 通过挖掘导流应用积累的数据，系统主动推送消息获取的新用户，虽然可以提高拉新的触达范围，但未必能正好命中运营活动的预期需求，因此这个情况可能反映在偏低的日活跃用户数的增长量上。但只要这部分新增用户的日平均启动次数和使用时长单独来看是稳定增长的，就能证明拉新效果。

- 通过不同应用间的替换或互补关系获取的新用户，由于已经验证过高度契合的场景匹配程度，其日活跃用户数和日均启动次数都会相对较高。但需要观察，这些新用户的日均使用时长与其他渠道拉新用户的日均使用时长相比是否过低，从而可以判断这批拉新用户的质量和真实满意程度。

9.4.4   提高社交用户的影响能力

社交关系拉新最关键的一点是，找到最适合做人际传播的关键用户。一方面，要量化用户影响力指标，找出产生社交网络中弱连接的关键路径和关键节点；另一方面，也要采取一些主动措施，强化用户间的社交关系，提高关键用户的影响能力。具体来说，这一点可以通过社交关系网的连接数量和连接强度做到。

❑ **增加连接数量**。可以从用户的行为中找出更多的共现关系，将其作为用户节点之间的连边。此外，也可以主动引导用户，比如推荐用户关注、投票、设置兴趣爱好等方式，来创建更多的共现关系作为连边。

❑ **不同类型的共现关系对边强度的权重是不一样的**。交易行为通常是最强的关系。以此类推，如加入购物车、浏览、搜索、分享优惠券等行为，它们距离交易行为越远，则其共现关系就越弱。

9.4.5   拉新效果评估矩阵

限于篇幅，以上内容只是从 AARRR 模型中选取了获取成本、激活量、活跃度和影响力这 4 个指标，和竞争群体、延伸品类、相近地址和社交关系这 4 种拉新方式，逐一举例说明基于 AARRR 模型的新用户获取方法评估和反馈方案。每一种获取用户的方法在各项指标上的表现，都有必要得到深入全面的研究。这里先给出对获取用户方法的指标进行评估分析的矩阵，使大家可以从宏观上有个整体印象，见表 9-1。

表 9-1   评估分析矩阵

拉新手段	获取成本	激活量	活跃度	影响力
竞争群体增长	最高	次多	最高	次小
延伸品类增长	最低	最多	最低	次大
相近地址增长	次低	最少	次低	最小
社交关系增长	次高	次少	次高	最大

这种矩阵划分不能反映所有应用类型的情况。在某些指标和某些方法的大小排序上，个别应用可能有所出入。但这种矩阵至少可以提供一种观察视角。

- ❑ 了解各种拉新方法的固有优势和缺陷，以及其在各项指标上可能表现的状况。
- ❑ 根据运营者的已有资源和侧重点，设置符合自身需求的一组综合增长方法。

9.5　小结

在本章中，我们根据初创公司发展的两个重要阶段：从 0 到 10 000 和从 10 000 到 1000 万，分别讨论了持续获取新用户可以采用的拉新手段，包括采取邀请机制、引起社区关注、竞争群体、延伸品类、相近地址和社交关系。同时为了能够很好地评估拉新效果，我们从 AARRR 模型中选取获取成本、激活量、活跃度和影响力这 4 个关键指标，并结合后 4 种拉新手段给出了进一步的说明。根据效果评估矩阵，能更加直观地找出适合不同运营者特点的方案，设计出综合的增长方法。

第 10 章

谁是你的明星商户

与商户生命周期相对应，本章从系统的角度观察了商户在拓荒、发展、相持和稳定这 4 个阶段表现出的能力：在平衡动销率和展现率上的吸引用户能力、平衡数量和质量关系的导流能力、平衡单价和单量关系的扩张业务能力，以及跨越盈亏平衡线的盈利能力。

量化后的商户运营方案将有助于借助逻辑推演的数学建模技巧。本章结合实际案例，分别选取了动态规划领域的背包问题、综合评价指标 F 值、二维象限时序路径图和统一公式等数学工具，试图从新的角度带给大家一些启发。

10.1　意义

尽管智能增长领域一直强调所谓的"用户至上"观念，但满足用户需求的资源却全都来自线下一个个具体的商户。与用户不同，商户需要面对更加严苛的商业环境，时刻面临生存和发展的压力，有着自身强烈和独特的需求。平台的发展离不开与之定位相契合的一大批商户的共同借势发展。因此，如何发现明星商户、帮助商户发展，这就成为所有商业平台最迫切要解决的问题。

不过，随着近年来移动互联网经济的迅猛发展，很多中小商户都经历了，从对互联网一无所知的离线状态，到活跃于各大电商和 O2O 平台、利用线上平台资源扩展自身业务的在线状态的过程。另一方面，商户也在选择平台。对商户来说，能方便、快速、高覆盖率地扩大品牌知名度，推送优惠活动消息，以及制定营销策略方案是很重要的事情。但商户如何在完整的生命周期中更加融合到平台发展过程，以实现双赢，可以真正从线下转移到线上，这更是一门需要持续精进的功课。总而言之，平台要为商户创造价值，这样才能长久吸引同是优质资源的商户驻留在自己的平台上，从而为用户和平台创造价值。

那么，对于商户来说，平台到底意味着什么？

平台首要的价值是引流，这是各大 O2O 平台在一开始最能说服打动商户的理由。对力量弱小分散的中小商户来说，它们如何在竞争激烈的商业环境中找到属于自己的客流，迅速将自身产品和品牌曝光在潜在用户群面前，这是最为棘手和紧要的事情。这对商户在成本、人力和资源等方面的要求都非常高。商户通常能做的事情无非是，雇用外包人员或发动员工在店铺附近的街角和写字楼发放传单，在楼宇户外租用广告牌位张贴宣传物料。平台的线上精准推广能力，则为这些苦恼于引流的中小商户提供了新的起跑线，一下子拉平了它们与大型品牌企业的力量对比，赋予了其在线上流量面前平等竞争的权利和可能性。

其次是商户能借助平台的规模优势和技术实力，提供更优质的服务和交易，更好地满足用户体验，在整个商业链条中创造新的价值。以发展较为成熟的餐饮行业为例，在如今的餐饮 O2O 领域里，预订、排队、点餐、支付、配送等消费体验综合在一起的闭环 O2O 服务，已经能够实现"线上消费，线下享受"的目的，创造出了以往无法实现的商业消费场景。

因此，商户在不同发展阶段的需求也是不同的。对平台来说，在业务的不同阶段，它分别需要不同含义的明星商户，需要采用不同衡量指标来寻找明星商户。

10.2 拓荒阶段

在拓荒阶段，商户面临着从无到有、一点点经营线上用户群的任务，亟须平台的扶持；平台则需要投入资金和流量，帮助商户尽快度过拓荒阶段，从理论上具备为用户提供服务能力，并能将理论转化为实实在在提供这种服务的能力。

问题在于资源总是有限的，平台需要尽快筛选出真正值得投入的潜在明星商户。商户则需要一方面尽力争取资源和时间，一方面尽快改进服务效果，成功跻身明星商户，进入下一个阶段。动销率和展现率则是双方博弈都要争夺的指标。

10.2.1   动销率与展现率

动销率，指的是在一段时间内，商品累计销售数量与商品库存数量的比值，它是评价该商户各种类商品销售情况的指标，此处的累计销售对应的时间一般是月或季度。如果从平台的角度来看，我们把每个商户看作库存的商品，把商户有出单看作产生了销售，则可以重新定义动销率为，在一段时间内出单商户数量与商户总数量的比值，它是评价平台交易活跃度的指标。以下讨论的都是这种定义的动销率。

展现率，指的是在一段时间内，商户累计被展现次数与用户访问次数的比值，它是平台给商户提供的向用户曝光展现的机会，此处的累计展现所对应的时间一般是日或周。当商户的展现机会与地理区域范围有关时，平台还需要划分出不同区域单独统计展现率。比如，平台统计北京一家餐厅的展现率，就没有必要计入其他城市的用户访问量。

10.2.2   吸引能力：平衡动销和展现

新商家通常都希望能提高自己的展现率，扩大曝光量，争取客源。但对于平台来说，固定时间范围内能提供的展示位总是有限的，A 商家的展示位多了，B 商家的展现率就会减少。如果 A 商家的动销率高，是应该给它更多的展现率，还是应该减少其展现率来补贴动销率更低的 B 商家？

其实，平台在拓荒阶段提高吸引能力，不仅要吸引更多的用户，也要对平台之外和刚加入平台的商户具有吸引力，那些商户能带来线上大量的流量，提高线上销售量。从商户的角度来看，展现率就是平台能够提供的资源，动销率则是实实在在的收益。利用固定的总展现位置和展现对动销的直接影响关系，我们就能够将如何平衡动销和展现的问题转化为经典的背包问题。

背包问题是一种组合优化的 NP 完全问题，来源于如何选择最合适的物品放置于给定背包中。该问题可以描述为，给定一组物品，每种物品都有自己的重量和价格，在限定的总重量内，如何选择物品才能使物品的总价格最高。在这里，平台能提供的总展现位置就是限定的总重量，每个商户的展现率对应每个物品的重量，动销率则是累加的总价格。

具体处理这个问题的时候需要注意，商户展现在不同位置对引流的影响大不相同，因而需要设计者区别对待。运营方案设计者可以根据产品展现样式将位置区域划分成不同的区域分别求解，也可以将位置区域作为一种权重加到最终的动销率效果计算中去。此外，在计算平台整体销售状况的总动销率时，每个商户的销售情况不仅仅是 0 或 1 的区别，单个商户销售好坏程度的因素也需要考虑区分。

10.3 发展阶段

平台要发展，商户也要发展，这都需要持续大量地导入新用户。商户的新客导流能力，一方面反映了其对平台的贡献价值，另一方面也是自己获得生存、获取盈利的基础条件。运营人员在这个阶段需要仔细辨析具有明星潜质商户的真实导流能力，调用有限的资源，在导流数量和质量这两个指标上观察并影响商户的行为。

10.3.1 新客导流数量与质量

新客导流数量指的是，在一段时间内商户吸引到的首次消费用户的数量，它是评价商户吸引新用户愿意使用商业应用进行交易的能力的指标，这里的时间范围一般是日。

新客导流质量指的是，产生首单交易的用户在随后一段时间内根据交易频次、消费金额、消费品类档次等表现出来的价值，它是评价该商户吸引的新用户符合商业应用预期目标程度的指标，这里的时间范围一般是周或月。

10.3.2　导流能力：平衡数量与质量

数量与质量永远是一对此消彼涨相互影响的指标。商户在发展阶段，既要快速导入大量新用户，也希望导入的新用户是能持续产生高质量交易的目标人群。但两者之间的矛盾在于，新用户的质量很难在拉新初期就识别出，甚至受限于拉新手段，刚开始能接触到的新用户质量都不高，而数量上的要求又迫使运营人员必须尽快在增长指标上有所进展。因此，人们要想评估和提升商户的导流能力，还需要有更精细的方法才能平衡数量与质量之间的关系。

可以借用推荐系统领域有关平衡准确率和召回率指标的综合评价指标 F 值（F-Measure，也称为 F-Score）。F 值是准确率和召回率加权调和平均，计算公式为：

$$F = \frac{(\alpha^2 + 1)P \times R}{\alpha^2 (P + R)}$$

当参数 $\alpha=1$ 时，就是最常见的 F_1，即，

$$F_1 = \frac{2P \times R}{P + R}$$

为了更好地拟合这个公式，在实际计算时，需要对衡量拉新数量和拉新质量的指标进行归一化处理。针对拉新数量指标，可以将新用户数量的绝对值，先经过函数处理缩小到一段更短的区间，然后除以这段区间的最大值，得到[0,1]间的数值。针对拉新质量指标，可以将运营人员关心的用来衡量用户质量的若干个关键指标，比如交易金额、交易次数等，经过规则判断或加权求和的方法，得到离散的用户质量分档或连续的用户质量打分，然后可以同样经过标准化处理，得到[0,1]间的数值。

10.4　相持阶段

进入相持阶段以后，市场上已经出现一块大蛋糕，先后进入的各个竞争对手凭借各自的优势分割着属于自己的那块份额。此攻彼守，你争我夺，每个商户在

共同把蛋糕做大的同时，也非常在意能够继续扩大自己优势、早日进入稳定收益阶段的节奏。这时，对客单价和客单量这两个指标的不同取舍态度，将直接反映并影响竞争各方的战略步调和实际打法。

10.4.1 客单价与客单量

客单价有两种含义：一种是指每个用户平均购买商品的金额，也就是每个用户的平均交易金额；一种是指每笔交易平均所包含商品总价的金额，也就是每笔交易的平均价格。前者适用于衡量用户价值，后者适用于衡量平台和商户的消费层次。本节下文以后者为准。

客单量同样有两种含义：一种是指每个用户平均购买商品的数量，它用于衡量用户的消费能力；一种是指平台或商户在一段时间内发生交易的数量，它用于衡量平台和商户的发展规模。本节下文以后者为准。

10.4.2 扩张能力：平衡单价与单量

扩张市场通常有两种方式：一种是从高端切入低端，企业先做客单价高的高端服务，积累品牌概念以后再往低端冲数量，比如到家美食、优步；一种是从低端切入高端，企业先做客单价低的大众服务，积累交易体量以后再往高端冲价格，比如饿了么、滴滴。这两种扩张方式本身没有优劣之分，只是不同的商业模式发展路径，需要结合各自的优势和行业特点进行取舍。不管采用哪条路径，运营人员都需要在最终单价和单量逐渐达到理想终点的过程中，不断测量和平衡两者之间的关系。

这里可以借用二维坐标图来表示单价和单量的关系。横轴表示按日或按月计算的客单量规模，纵轴表示达到该单量规模时的客单价水平。二维坐标界定的是，在特定时刻平台或商户达到的扩张能力节点。平台或商户在消费规模和消费水平方面的进展趋势，可以时间为序清晰勾画出来。同时，如果其他竞品或商户的扩张路径能够画出，就能从中进一步清晰对比各自的发展态势，孰优孰劣一目了然。

10.5　稳定阶段

当市场进入稳定阶段，竞争者要么一家独大垄断份额，要么几分天下各守一方，真正的明星商户浮出水面。稳定阶段是胜利者可以倚靠盈利、坚守市场地位的压仓石。这时，平台和商户经过前面一系列阶段的打拼之后，都会关注是否真正找到了自己的盈利点、跨越了决定生死的盈亏平衡线。投资回报率和营业利润率就是两盏明灯，能扫清前方的黑暗，帮助决策者和运营人员判断身处的环境。

10.5.1　投资回报率与营业利润率

投资回报率（ROI）原有的概念是指通过投资而返回的价值，即企业从一项投资活动中得到的经济回报，它可以作为选择投资机会的依据，帮助优化资源配置。我们延伸这个概念，把平台对商户的引入、扶持、扩张看作一种投资，把商户贡献的流量、用户和交易看作一种回报，由此得出商户加入平台一个较长周期里的整体投资回报率。计算公式为：

$$投资回报率 = (销售收入/销售成本) \times 100\%$$

要想理解营业利润率，需要先介绍销售毛利率的概念，就是毛利占销售收入的百分比。计算公式为：

$$销售毛利率 = [(销售收入–销售成本)/销售收入] \times 100\%$$

它反映的是销售产品的初始获利能力，是净利润的起点。没有足够高的毛利率便不能形成较大的盈利。

在此基础上再理解销售净利率，就是净利润占销售收入的百分比。计算公式为：

$$销售净利率 = (净利润/销售收入) \times 100\%$$

它与净利润成正比，与销售收入成反比。在增加销售收入额的同时，必须相应地获得更多净利润，这样才能使销售净利率保持不变或有所提高。

不过，净利率里营业利润还包含了投资收益、补贴收入及营业外支出净额。要想看出不同商户营业能力的高低，还需要了解营业利润率，就是营业利润占销售收入的百分比。计算公式为：

$$营业利润率 = (营业利润/销售收入)\times100\%$$

10.5.2 盈利能力：跨越盈亏平衡线

投资回报率和营业利润率，是两个指标、两种视角，可用来评估整个生态的盈利能力，判断是否已经跨越盈亏平衡线。抛去一些细节，投资回报率里的销售成本加上营业利润率里的营业利润之和就是销售收入。这样，将这两个公式统一起来，可以得到公式：

$$营业利润率 + 1 / 投资回报率 = 1$$

统一公式的优势如下。

❑ 我们可以看到，当商户的营业利润率越来越趋近 1 时，平台的投资回报率越来越趋向无限大。这样就能很好地将商户和平台的利益统一起来，清楚看到两者之间相促共生的紧密关系。

❑ 公式虽然并不精确，但仍能够提供计算工具，量化商户营业利润变化和平台投资回报变化之间的关系。从而在其中一个指标发生某个幅度的变化时，人们能够大致预估另一个指标可能发生变化幅度的范围。如果运营人员希望主动调整某个商户的营业利润率，或者提高平台整体的投资回报率，他们就能够预先掌握可能引起影响的力度，合理配置资源，避免浪费或无效投放。

❑ 平台上所有商户的盈利能力的合力，会影响整个平台的资金回报效果。这种局部和整体之间的关系也能通过求取平均值或加权的方法，借用公式表现出来。运营人员可以通过公式清晰看到每一家商户的营业利润率对整个生态投资回报率的影响，进而找出浮出水面的明星商户和拖累后腿的垃圾商户，定量分析它们的作用因素，做出有依据的取舍判断。

10.6   小结

在本章里，我们分别在拓荒、发展、相持和稳定 4 个阶段，考察明星商户应该表现出的吸引、导流、扩张和盈利能力。解决这些运营问题时，与常用的举例说明和经验讲解方法不同，我们挑选了 4 组核心指标，结合动态规划领域的背包问题、综合评价指标 F 值、二维象限时序路径图和统一公式等数学建模技巧，第一次尝试从大数据分析角度，运用一些简单的数学工具，将其抽象概括和灵活运用起来。

在介绍了数据驱动增长所需的数据和模型基础知识后，这种思考问题的方法还会在接下来讲述的多个应用场景中反复运用，这也是向读者提倡的智能增长的精髓。

第 11 章

何日君再来

提高用户活跃度或留存率，虽然从步骤上来说是在拉新之后，但它所包含的内容更加丰富，它对平台增长的作用也更加重要。本章在经典的 RFM 模型基础上介绍了常用的留存分析工具，并概括出其分析思想背后的框架。

有了充分的留存分析结论，运营人员还要做到能够主动干预流失过程。本章以构建流失率预估模型为例，介绍了在实现智能增长的过程中机器学习算法结合业务特点时需要注意的事项，以及通过向平台注入资源，主动干预用户行为，进而影响留存率的方法。

11.1 背景

获得用户流量和商户供给资源之后，要让这些资源要素在平台上频繁发生交易，促成高质量的成单，带来真实可见的流水，这是数据驱动增长的下一个重要阶段。传统商业模式里，公司的收入来源于销量 × 单价；新经济的商业模式里，收入来源于用户全生命周期下的复购行为，也就是要做好留存和复购。

从 AARRR 模型中可以看出，用户活跃度是衡量老用户留存和复购的核心指标。至于如何提高用户活跃度、分析用户活跃度变化的原因、找出对应的运营方案，业界对此也已经有了很多成熟的案例和工具。

友盟通过大量的数据积累和试验，发现时间粒度为周的周用户构成模型（WAU Model）最为准确有效。WAU 模型以周为粒度统计用户的活跃度指标，并将用户分成了新用户、连续活跃 2 周、连续活跃 3 周、连续活跃 4 周、忠诚用户、流失用户和回流用户共 7 层。在此基础之上，WAU 模型引入了离散时间的状态转换关系。各个状态之间的转化需要满足特定的约束条件，比如，"流失用户"和"忠诚用户"这两个状态都可以返回到自身，即"流失用户"下一周的状态仍可以是"流失用户"，"忠诚用户"下一周可以继续做"忠诚用户"。但处于"连续活跃 3 周"状态的用户，下一周的状态只可能是"流失用户"或"连续活跃 4 周用户"，绝不可能继续处在"连续活跃 3 周"的状态。

由转移关系就能得到相应各状态的转移概率，进而得到转移矩阵，并估算相当长时间范围内的用户构成变化趋势情况。友盟对 WAU 模型有一套完善的检验体系，即每周对模型的质量予以检测，WAU 模型的误差通常控制在 10%甚至 5%以内。

Google Analytics 报告中常用的组群分析（Cohort Analysis）也被证明是分析用户行为的有力工具。细分组群是人群行为分析的一种，常被用于对互联网电商、交易平台进行现状的评估，和对未来情况的合理预测。细分组群提供了一种更加精细的分析方法，即将原来作为一个整体的用户群按照不同的属性划分成很多组群。这样就可以根据每个组群内用户的表现，来精确评估业务的实际效果或预测未来的效益，比如，可以按照渠道、性别、收入、购买力等来划分组群。

常见的组群分析工具先设定要观察的用户行为或属性，如新注册、购买了高级服务。然后它利用表格划分满足这些行为和属性要求的用户，观察用户在不同时间段内还符合原来定义的数量分布情况。比如，观察新注册的用户分别在 1 周内、2 周内和 3 周内有复购行为的用户数量，观察高级用户分别在 1 月内、2 月内和 3 月内续费的用户数量。

不过，抛开这些常用方法适用场景的细节，我们可以看到，对用户行为的分析思路还是沿用了 RFM 模型的思想本质。也就是，用几组最能衡量用户行为的关键指标，对大量用户进行细分，然后观察一组特定用户在这些关键指标上随时间发展的变化情况，或者观察符合某些关键指标定义标签的用户群体随时间发展的增减情况。

本章会在经典的 RFM 模型基础上，介绍定格测算分析和时序演化分析这两类分析方法，及用这两种方法帮助运营人员删减庞杂数据的细枝末节，找出真正值得关注的目标人群和变化趋势。最后，在这些实际问题和经典方法的基础上，本章进一步提出探索式分析的概念，尝试找出隐藏在复杂现象之下的本质原因，并针对性地制定解决方案。

11.2 留存分析工具

11.2.1 目标用户定格测算分析

从 WAU 模型可以看出，事先定义好几类用户标签，并在整体上覆盖所有的用户，就可以观察到，随着时间变化，不同用户在这几类标签定义的子集合里不断流转的动态变化。每个标签都相当于一种约束条件，标签集合的总体必须能够覆盖用户全集。这种类型的分析方法可以类比成将约束条件看成观察窗格，运营人员所关注的是窗格内的目标用户群体变化规律，这种方法也可以称为**定格测算分析**，如图 11-1 所示。

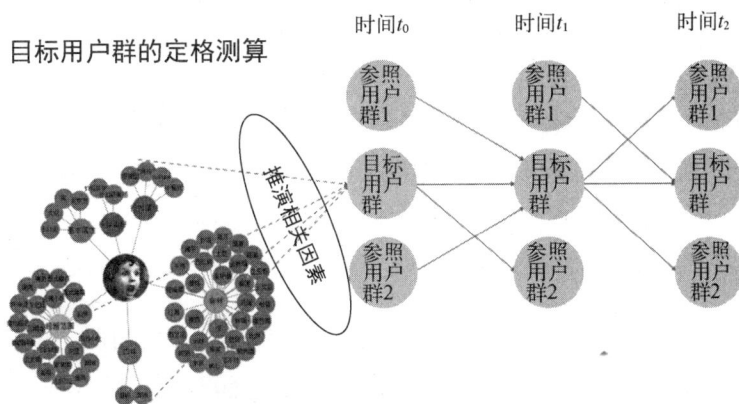

图 11-1　目标用户群的定格测算分析

由于对用户划分方式的不同，人们可以定义很多种版本的标签，WAU 模型以周为粒度统计用户的活跃度指标，将用户划分为 7 层。沿用这种思路，RFM 模型也可以采用最近一次消费时间、消费次数和消费金额 3 个指标来设置不同的分段标准，将用户分成 8 个格子或 27 个格子，并分析不同用户在这些格子所代表的状态和标签之间流转变化的趋势。进一步地，RFM 模型还可以采用用户的基础属性、消费价格、兴趣偏好和体验评价等多维特征来筛选用户群，在组合特征及设定阈值的限定条件下检索出目标用户群，来得到更灵活的格子，这样同样可以展现更为细致精准的测算分析。

运营人员通过定格划分目标用户人群，并在此基础上做到如下测算分析。

❑ 统计 A 格子里的用户在下一个时间段转化到 B 格子的转移概率，并构建出一组多维的转移概率矩阵。矩阵可以通过可视化的色差图形或表格表现出来，以便于运营人员发现异常和特别关注的变化趋势。

❑ 可以从转移概率大小的角度分析，找出用户状态转移的主流趋势，观察这种趋势是否符合应用当前发展阶段的预期，以及存在哪些问题。

❑ 可以从事先设定好的特定 A→B 转移状态入手分析，找出影响应用留存率发展的核心期，观察这个阶段的用户体验存在哪些制约瓶颈，制定针对方案。

❑ 可以从历史数据中统计出转移比例，将其作为预测未来转移概率的标准。当预测值和实际值发生偏差时，这个标准则可以为运营人员提供及时必要的报警。

以 RFM 模型为定格标准的测算分析为例，当发现从状态 R1F1M1，即最高价值的用户群体，向状态 R0F1M1，即近期不再交易的高价值用户，出现了较大概率的转移，则这很有可能意味着，这批高价值用户转向了竞争产品，或者维持这批高价值用户的某项条件失效（如会员资格到期）。

以更灵活复杂的多维标签划分作为定格标准的测算分析为例，我们将"高客单价+大家电品牌"这个组合标签作为观测的格子。运营者通过测算分析发现，"高客单价+小家电品牌""低客单价+大家电品牌"和"低客单价+小家电品牌"这些相关标签格子涉及的用户在格子之间转移概率的大小存在差异，然后进一步分析出这些用户发生流转的潜在原因。

11.2.2 选定用户时序演化分析

组群分析是，运营人员以某一批固定的用户群为观察对象，观察他们在接下来一段时间里转化为其他细分群体的变化情况。运营人员为值得特殊关注的那部分用户打上标记，这样就可以持续跟踪这批用户可能出现的各种情况。这种分析方法不限于采用"新注册"或"享用高级服务"等来圈定用户群体，其本质是在一组选定的用户群体里进行**时序演化分析**，如图 11-2 所示。

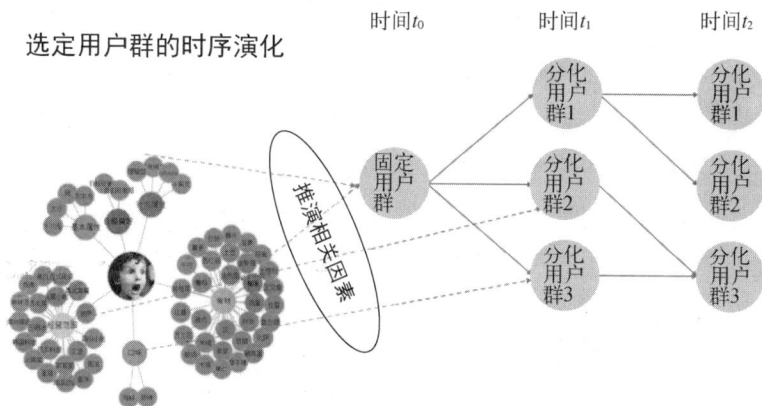

图 11-2 选定用户群的时序演化分析

选定用户群的来源可能是在某一时刻满足 RFM 模型定义的特定细分人群，比如，状态 R1F1M1 代表了近期有过消费、且消费频次和消费金额都很高的高价值用户。分析这类 VIP 人群在较长一段时间内在核心指标上的变化，有助于运营人员了解一组特定用户的留存状况。

运营人员通过时间序列演化观察选定的用户人群，并在此基础上做到如下分析。

❑ 按照选定的时间间隔，逐段统计一开始选定的那些用户分化到不同指标分档区间上的分群情况，得到在 $t_1, t_2, \cdots,$ 时刻上的分化用户群 1、分化用户群 2, …。再通过可视化的色差图形或表格将这些用户群表现出来,观察选定用户在经历了某个时间段后会出现在哪个不同分档区间。注意,这里的分化用户群体仍包含在最初选定的那批用户里,用户不会新增或减少。

- □ 可以从分化用户群体的大小入手,找出选定用户群体的主要分化趋势,观察这种趋势背后代表的指标含义,以及指标变化幅度大小的意义。
- □ 可以从分化用户群体随时间的累进入手,找出选定用户群体分化的累加效应,观察这种趋势是否持久,变化速度是否符合预期。
- □ 可以从选定的用户人群历史数据中统计出分化趋势,将其应用在未来相似的选定人群上,作为预测新选定人群分化情况的参照。当预测值和实际值发生偏差时,此分化趋势则可以为运营者提供及时必要的报警。

以 RFM 模型为筛选用户标准的分析为例。首先,根据 R1F1M1 状态选定一组高价值用户。然后设定观察的时间段长度,如以周为粒度。设定对这组用户需要观察的指标,它们可以是最简单的单维指标,如复购次数为 0、1、2、3 及以上等。就可以观察这批用户在接下来的每周里满足不同条件的用户数量分布,从而判断出这批重要用户的活跃程度是否健康。也可以设定复杂的多维指标,比如 RFM 模型的其他状态 R0F1M1、R1F0M1、R1F1M0 等,就可以观察 R1F1M1 状态用户向周围最近的三个状态发生分化的比例和速度,从而判断出高价值用户在最近一次消费、消费次数和消费金额三个维度所刻画空间的变化是否健康。在理想状态下,运营人员可能会发现,R1F1M1 状态的用户在一段时间后能逐渐保持稳定的比例,但分化者转移到 R0F1M1 状态的比例较多,这时运营人员可以采取一定的优惠刺激策略,来促使这批用户回流到期望的 R1F1M1 状态。

以更灵活复杂的多维标签划分作为筛选用户标准的分析为例,首先根据低客单价和小家电品牌选定一组低端用户,然后设定观察的时间段长度,如以月为粒度。设定对这组用户需要观察的指标,如客单价、家电品牌。当发现这批选定用户群体,向高客单价、大家电品牌的子用户群体出现了较大概率的转移,进一步观察到这些用户都采用的是同城配送服务,则转移的原因很可能是,最近同城配送服务体验的提升提高了用户的信任度,用户愿意进一步采购更依赖配送体验的大型家电产品。

11.3 挽回流失用户

了解了业界常用的数据模型和分析工具之后，有必要从业务场景中最常遇到的问题入手，有针对性地解决流失用户召回的问题。这些已经流失或者还在潜在流失状态中的用户群体，一直以来都是一块巨大的灰色地带。这些用户游离在产品之外很长一段时间不再产生消费，似乎已经不再属于增长的范围了。但他们也是一块有待精耕细作的富矿，毕竟不是对产品完全陌生的新客，让他们返回产品再次产生消费就格外显得有意义。

此外，与拉新相比，挽回流失用户也更加容易操作。无论是用户感知层面，还是平台对用户数据掌握层面的依据都更加充分。最后的理由还在于，如果都无法说服老用户持续使用产品，又有什么信心能够说服还对产品一无所知的新用户前来尝试呢。不过流失用户的召回运营是一件长期持续的工作，运营人员也需要仔细甄别其中细节，平衡投入与产出之间的关系。

11.3.1 流失的定义和分类

基于留存率指标来界定流失用户概念的方法有很多，前面也都分别介绍过衡量用户群体留存率指标：首日留存率和 7 日留存率，以及针对单个用户留存率的指标：平均复购天数和 n 日内复购率。此外相关的指标还包括，平均两次消费时机间隔和平均驻留平台时间。

不同应用对流失的定义不同。

❑ 对一款流行游戏来说，可能 7 日内没有登录行为的用户基本就可以认为流失用户。

❑ 对于微博和邮箱这类需要几乎每天查看的服务来说，可能未登录超过 1 月的用户就可以认为流失用户。

❑ 对于电商和 O2O 类消费型应用来说，可能 3 月未登录或者半年内没有任何购买行为的用户才被认定是流失用户。

如果还需要进一步细分流失用户的离开程度，就有必要再引入其他更多相关指标，如最后一次消费的评价、补贴金额比例、登录时长等，再用这些指标对这些流失用户人群进行划分。

11.3.2　流失率预测模型

挽留流失用户的关键在于，判断处于流失状态的用户是否永远不再回来，或者在多少时间范围内还有多大可能性被召回，这其实是一个概率预测问题。机器学习特别适合解决这类问题，它的优势在于拥有大量的用户数据，包括每天高达千万级别的用户消费记录、数以亿计的活跃用户画像属性特征，以及不断史新验证的用户回访记录，这些数据可以作为进一步调优算法的反馈样本数据。

在训练样本方面，首先在构造模型的时候就拿到历史上所有用户的消费记录数据。在某个时间范围内截取某个时间截面，在此之前这些用户的消费行为都可以用来训练学习进行预测，在此之后这些用户的实际行为都可以作为测试集验证学习结果的效果。基于当前时刻之前所有训练数据的预测结果，可以用来实际干预线上的运营手段。当这些手段对受测用户产生作用后，受测用户本身也可以作为新的样本再加入到整个训练样本集合中，被用于纠正原先的误差。这样就构成了一个可以不断得到反馈的机器学习模型，这个模型能够持续迭代调整自己的学习能力。

在学习特征方面，丰富的用户画像属性可以帮助运营人员选择适合机器学习模型的高级特征。除了常见的一些硬性指标，如登录次数、登录天数、登录时长、登录间隔、最后登录时间等之外，还有必要考虑和用户消费体验有关的软性特征，如评价打分、是否投诉、是否评论、物流体验等。在采用深度学习模型的情况下，还有必要在这些高级特征之外，再增加可能从逻辑上无法直接建立对应关系的底层特征，如登录时间、工作/节假日、点击次数、所在城市、访问路径深度等。这时人们不需要精确理解每个特征对最终结果的影响方式，而是让神经网络模型自动组合这些特征的关系，找到合适的学习模型。

11.3.3 干预流失过程

流失率预测模型解决的是，在已知条件下某个用户在预设时间段内会回访可能性的问题。在现实环境中只要还没有到那个预设时间段，所有的预测都还只是以一种可能性的状态存在。如果什么都不做，虽然可以通过检验大量用户是否真的回访来统计整体上的预测效果，但预测模型本身并没有产生任何作用。因此实际中，总是会有运营方主动采取行动，来干预正常的流失过程、影响未来的发展趋势，以达到促进增长的目标。

最常用的干预方法就是采取优惠补贴的措施，用红包、优惠券、返现等形式降价促销，以此影响消费者决策愿意重新回到平台再次下单。这样，优惠补贴金额的大小就成为影响用户流失概率预测的一个重要变量，需要被加入到机器学习模型参与训练，从而修正每个用户在将来某个时间段上是否愿意下单的概率。

假设用户在没有任何干预行为的情况下的下单概率是 P1，在补贴 x 元的情况下的下单概率是 P2，P2>P1。那么，只要 P2–P1 足够大，我们就有理由相信，只要运营方愿意付出 x 元的成本，补贴就有可能触发用户改变原先的行为、跨过流失概率的门槛、成为被唤醒的回访用户。同样，还可以得出在补贴 y 元的情况下的下单概率是 P3，y>x，P3>P2>P1。那么，运营方则可以选择不同的补贴力度，来得到不同的预期唤醒效果。当处于不同的市场形势时，能够灵活选择运营方案、在成本和效果之间进行权衡也是决策的重要内容。

11.3.4 流失用户激活效应

流失用户唤醒总是能收到效果，这时激活效应带来了期盼已久的回访用户。在这里，回访用户是指流失之后再次使用应用的用户，即曾经流失过，满足流失用户的定义条件，但经过唤醒手段触达后重新登录应用或产生消费的用户。

回访率与预估下单概率和补贴成本之间存在关联效应。具体来说，下单概率越大的用户越有可能回访，补贴力度越大就越容易提高用户的下单概率，但又不是简单提高补贴力度就一定能召回唤醒很多流失用户。

这种现象非常类似物理学里的光电效应，当一光子照射到对光灵敏的金属（如硒）上时，它的能量被该金属中的某个电子全部吸收。电子吸收光子的能量后，动能增加。如果动能增大到足以克服原子核对它的引力，电子就能飞逸出金属表面，成为光电子形成光电流。单位时间内，入射光子的数量愈大，飞逸出的光电子就愈多，光电流也就愈强，这种由光能变成电能自动放电的现象，就叫光电效应。但是光的频率必须超过某一极限频率才能激发出电子，否则强度再大的光束也无法激活电子。增加光束的强度只会增加光束里光子的"密度"，在同一段时间内激发更多的电子，但不会使每一个受激发的电子因吸收更多的光子而获得更多的能量。换言之，光束必须首先达到一定频率，然后才能因为强度而激发出更多电子。

对应到流失用户激活现象中，每个流失用户的预估下单概率，相当于原始状态下处于不同能量位的电子，对每一个用户的补贴力度，必须激发其下单概率达到一定的阈值，才能让用户摆脱原有的束缚像自由电子被激发出来，成为回访用户。只是单纯地增加补贴力度而不能使具体用户提高下单概率，也是没法让用户获得有效能量而被唤醒的。而对深度沉睡用户来说，他无论收到多大金额的优惠券也不会使用，转化回访率还是很低。

这种形象的对比关系，可以帮助我们理解为了最大化利用补贴预算成本，优化算法要寻找的是，能最大化利用用户原始下单概率和在某种补贴条件下下单概率差值效应的状态空间。就像光电效应公式描述的那样，在给定补贴金额总量情况下，优化算法需要找到使得多个流失用户的下单概率差值 $p - p_0$，都能取到可以达到召回条件的阈值，从而达到在整体情况下召回总概率最大的情况。这其实也是一个经典的背包问题。

11.4 小结

留存分析和流失用户召回是保证业务持续健康增长的关键。毕竟随着拉新力度作用的减弱，运营方能继续深耕细作产出效益的地方，就是那些曾经在平台有过消费、但因为各种原因处于流失状态的老用户。

本章介绍的留存分析工具，概括了从标签维度和人群维度定量分析留存状态和变化规律的常用方法。在实际运用中可能会有很多变型方案，但这些方案沿用的分析思路都是，利用几组最能衡量用户行为的关键指标对大量用户进行细分，然后遵循定格测算和时序演化分析方法所定义和提供的视角，观察相应指标的变化情况。这种分类将有助于我们了解各种形式分析工具背后的通用逻辑，知晓和比较不同工具的优势。

仅仅做留存分析还是不够，业务发展要求能做到主动干预流失过程。本章从构建流失率预估模型出发，介绍了采用机器学习模型时需要注意的事项，以及通过补贴力度造成预估下单概率差值来主动调控唤醒回访率的方法。最后借用物理学的光电效应原理解释说明了，该如何在给定补贴预算情况下，最大化激发可能唤醒用户的方案及对应的经典算法。

第 12 章

差异化定价

本章介绍了如何在服务内容、用户群体和时间维度上发现和制造差异，进而从大数据中构建合理的定价模型。差异化定价使得运营者能够灵活调整价格，一方面它是一种探知用户反应、了解用户画像的有效手段，另一方面它也能摆脱传统行业统一定价的局限，获得更多商业利润。

12.1 意义

传统工业时代里消费品价格千篇一律背后的原因，一方面是集约化的生产方式保证了每件消费品的成本一致，使得销售者可以统一定价，另一方面则是缺少必要的信息，来判断该如何有针对性地设定价格以达到最佳效果。大数据使得区别定价成为可能，企业积累了大量有关消费品或服务在不同场景下交易的细节数据，实时的移动互联网通信能力能够快速设置新的定价方案。用户从中获得了全新的消费体验，能得到符合心理预期的差异化价格。这件事情本身成为了消费体验中最重要的一环，这种体验的好坏将极大影响产品品牌信誉度、用户忠诚度和持续消费的动力。

移动商业应用差异化定价的主要形式是补贴，也就是在原有的定价基础上给予不同力度的调整，让用户产生自己在交易行为中获利的感觉。补贴的意义在于创造了动态定价模型，设计者以低于服务原始价格且低于用户心理预期的价格，促成订单达成。补贴的难点在于用户的心理预期价格是模糊不定的，而且为了节省预算，补贴价格需要尽可能地趋近心理预期价格。

差异化定价的另一种表现形式是，在一些特定场景的主动涨价，虽然让用户支付了更多的金钱，但仍能够让用户有更加满意的体验，获得物有所值的感觉。提价的意义在于，设计者获取了定义服务价值的能力，掌握了决定服务品质变现能力的议价权，打开了引领商业应用向高端品质延伸品牌价值的大门。提价的难点在于，用户的价格思维定势很难改变，设计者需要有足够稳定的服务能力和说服能力，才能引导用户接受加价。

差异化定价的方法有以下三种。

❏ 依据商户提供的服务进行定价。在原来可能具有一致性的服务或产品中发现或制造差异，然后根据这种差异定价。根据大数据的方法，区分服务的场景和等级可以越来越个性化，设计者不仅可以基于天然的条件差异对已有服务进行划分，还可以利用数据优质主动划分差异，提供给不同人群。

❏ 依据用户具有的价值进行定价。不同用户从产品获得的价值不一样，企业可以因人而异地定价，从中收获更多利益。根据大数据的方法，区别定价可以越来越精细，区别可以细分到老人、年轻人、男女、南北方、具体年龄。如果数据足够大、种类足够多，设计者对每一个用户都可以深入了解，进行因人而异的定价。

❏ 依据需求和服务在时间维度上的冲突进行定价。有冲突才有支撑价格差异的空间，这种冲突可以是规律性的，如遵循生活方式的潮汐效应，也可以突发性的，如受天气、事件影响的高峰效应。

下面会详细介绍这些差异化定价的方法。在市场充分竞争、价格透明的基础上，设计者通过实现更加灵活智能的定价机制，真实衡量出应用服务的价值，让用户受益的同时也能创造更多的社会财富。

12.2　根据服务区分定价

服务有差异，尤其是那些很难标准化服务能力的行业，因而价格有差异是天经地义的事情。然而，对于标准化服务或者服务之间的差异不够明显的行业来说，它们则更应该从大数据中找出同质化服务中隐藏的差异化用户需求，并将需求差异反映到价格的差异中。

12.2.1　一服务一价

很多 O2O 服务行业的特点就是，由于不同商户提供各自的服务，在经营范围、资质能力和品牌定位上存在的差异，使得它们天然具备差异化定价的优势，这有利于运营人员分别给予不同的补贴政策。比如，在家政、餐饮、教育、医疗这些很难标准化服务能力的行业，会出现甚至同做一次清扫、做一个菜、讲一堂辅导课、进行一次诊疗咨询，但由不同的人来提供都会有差别的情况，用户也会有不同的体验。运营人员在推出这些服务的时候，就可以更加主动地运用补贴策略，采用满减、红包、优惠券、返现等多种形式，让用户感受到针对自己的优惠力度，从而提高其消费体验，达到促进交易的目标。接下来，以平时常见的满减和红包补贴策略为例，本小节重点关注满减补贴的分档设定和优惠券补贴的时限设定方法，在实践中通过以下具体手段落实一服务一价的目标。

满减补贴做满额分档的目的是，提升用户的消费金额起算点，在给予用户补贴的同时，加上必须超出一定金额消费数量的限制性要求。分档设高了，超过用户的消费能力，这样反而会拒阻用户的正常消费；分档设低了，低于用户的平时消费档次，这样则不起到预期作用，甚至还会促使用户将本来可以在一单里完成的消费拆解成两单，以获得两次满减补贴优惠。具体在设置分档值时，一般会将第一档设置成比消费过该服务或产品的交易最低值略高的价格，将第二档设置成比消费过该服务或产品的交易平均值略高的价格。这样可以促进用户消费价格更高的服务或产品，提高整体的客单价。

同样，满减补贴设定补贴金额的目的是，在用户得到可以直接抵现的补贴优惠后，让用户愿意将原先可能消费意愿不那么强烈的交易提前成交。金额设定低了，会起不到触发用户的作用，虽然补贴不会被使用，但这种补贴方案也会占用推送资源，降低推广的整体效果；金额设定高了，虽然效果明显，但这种补贴方案又会存在浪费资金的问题。一般会参照满额分档的价格和预计投放补贴的比例，折算出对应的补贴金额。

优惠券补贴除了满额分档和金额设定之外，还需要考虑生效时长的问题，目的是限定用户只能在一段时间窗口内消费才能享受到优惠补贴。时限设定短了，用户可能来不及使用；时限设定长了，等待优惠券失效的过程会拖长这轮营销效果的评估分析周期，用户累计的多张优惠券会干扰后续轮次的营销方案。具体在设定优惠券金额大小时，时限一般不会超过一周，而且会随着优惠力度的增大而缩小，这样会给用户造成紧张感，让用户尽量在运营预期的时间范围内完成消费，以达成营销目标。

12.2.2　创造差异服务

有些行业提供标准化服务，或者提供的服务之间的差异不够明显，之前提到的一服务一价的差异还不足以形成更大的定价空间，这样就有必要对同质化服务主动划分出差异，以提供给不同人群。出租车行业，不论车辆新旧、司机经验是否丰富，都是执行统一的按里程计价标准；外卖行业，虽然不同商家之间的定价可有差别，但仍受到成本的限制，很难有较大的定价自由度；金融行业，受政策刚性和产品单一性的影响，能够向用户提供的差价空间非常狭窄。在这些领域生存的商业应用需要从大数据中发现差异服务，针对性地设定价格。

从大数据中可以找出同质化服务中隐藏的差异化用户需求，并将需求差异反映到价格的高低差异中。同样是出租车行业，可以根据服务体验的好坏，区分为高端的一对一专车服务、中端的一对多拼车服务和低端的互助顺路车服务；同样是外卖行业，可以根据消费品类的不同，区分为面向社交休闲场景的下午茶服务、面向养生健康场景的水果服务和面向家居生活的生鲜服务。这样划分出来的差异，可以从以下两个角度体现到价格上。

- □ 不同层级的服务和相异的消费场景，本身就对应了不同的消费价格档次。因此在设定优惠补贴的分档和金额时，人们都可以做相应的调整。
- □ 同时具备提供多种档次和场景服务的能力，本身就是一种议价能力。设计者能够让用户根据自身需求做出选择的同时，也是强化或夸大这些差异的最好时机。适时地插入一些让用户觉得性价比不高的选项，往往能促使用户做出符合运营者定价目标的选择。

12.3　根据用户区分定价

为每个用户制定不同的价格是更细粒度的差异化定价，要求运营者对数据的掌握更加精确，对自身的服务能力更加自信。从区分定价形态的暴露程度来看，区分定价可以被分为前台差异，即让不同用户看到不同的价格，和后台差异，即在前台表面相同的价格后面不同用户可以行使不同的价格权。

12.3.1　看到不同价格

这是一种激进的定价策略，尤其是如果用户可以查看到其他用户享有的特殊定价，他会质疑自己的定价高于别人。所以在具体实施时，一般都会辅以有差别的时间或空间作为差异理由，让用户了解到不同价格的合理性。常见的例子是，电商网站货品在不同时间存在不同的售价，对不同地域范围的用户存在不同的配送费用。

12.3.2　派发不同红包

在后台派发不同力度的红包的目的是，通过控制优惠力度刺激用户将购买意愿转化为实际订单，以实现补贴资金的最大化利用。这里的假设是，设计者可以从用户历史行为的变化趋势里发现最合适的补贴力度，避免过度放大用户的补贴预期，将补贴力度控制在最经济的区间波动。

可以从两个维度来统计测量用户接受补贴营销方案的行为变化规律。

- □ **购买登录比**：记录用户自首次登录以来的购买次数，将购买次数除以登录次数，得到购买登录比。首次登录用户优惠力度最高，以后随购买次数/登录次数的比值变化，优惠力度实时浮动。如果用户多次登录但不购买，该用户的订单转化率降低，运营人员就需要加大补贴力度，刺激用户消费。
- □ **投资收益比**：将给用户减免的金额看成投资给用户的资本，将用户下次实付的金额看成收回的利润，观察近期每次投资回报率（第 n 单的实付金额除以第 $n-1$ 单的减免金额）的变化曲线，如果回报率太低，则下一笔订单的减免金额需要降低，调整的目标是控制回报率逐步增长，进入良性增长趋势。

系统根据这两个指标进行决策，精准上调或下调用户在下一单的补贴金额。反过来，系统也可以根据这两个指标衡量营销方案的效果。

12.4 根据时间区分定价

利用需求和服务在时间维度上的冲突进行定价，这是最容易理解、最方便操作的差异化定价。冲突的激烈程度和稳定复现程度，决定了价格差异的空间，无论是遵循生活方式的潮汐效应，还是突发性天气、事件引发的高峰效应，都给予了运营者制造价格差异、检验服务能力、创造出动态商业价值的最佳良机。可以说，这种冲突带来的危机是一把双刃剑。对时间区分定价来说，这把剑用不好，就是困扰用户和应用的死结问题；这把剑用好了，就能成为使应用脱颖而出、赢得用户信任的法宝。

12.4.1 潮汐规律

潮汐规律是很多 O2O 类服务应用都会遇到的现象，通常是指用户群体的需求会以某个周期呈现此涨彼落的规律性分布。潮涨和潮落之间存在供给能力和消费需求的巨大落差，就像俗语说的"闲时闲死，忙时忙死"。然而，只要这种规律能够为人所知，并且可以大致精准地预测出来，那么对规律的掌握就赋予了运营人员掌控潮汐的力量，实现调控供需、制定动态价格、创造额外价值的空间。

以餐饮外卖行业为例，用户的用餐时间明显集中于午晚两个高峰时段。有数据表明，绝大多数的订单需要送达的时间，集中在中午 11 点到下午 1 点、晚上 5 点到 7 点这两个狭窄的时间段里，其余时间需要送达的订单量很少。这样一来，即使集中再多的配送人员，配送方也很难满足潮涨时段的旺盛需求；而在很快随之而来的潮落时段，之前还嫌不够用的运力马上就显得浪费了。

而差异化定价可以利用控制优惠力度，调整用户下单的时间点，使得订单尽量均匀分布，降低配送压力。这里的假设是，资金的注入能改变原始自然的订单量分布，起到削峰填谷的作用。具体的做法如下。

- ❑ 分商圈统计历史订单的集中时段，以 1 小时为单位，得到订单量分布图。
- ❑ 计算历史上每个时段订单量 O_i 与全天平均单量 O_{avg} 的差值，负值的时段需要对订单减免金额，负值越大则减免金额越多，用这种方法尽量起到削峰填谷的作用。每个商圈都有一个减免力度，这个减免力度表示为为拉平每个时段单量差值所减免的金额比。如 A 商圈历史上 10 点段的平均单量和全天平均单量差 100 单，用户如果在 10 点段下单则可以减免 2 元，则 A 商圈 10 点段的减免力度是 0.02。
- ❑ 每天统计每个商圈经过削峰填谷后的分时段单量方差，如果方差降低，则认为现有减免力度下有正收益，可以尝试以更少的资金实现同样收益，降低下一天的减免力度，否则增加下一天的减免力度，尝试进一步的刺激效果。
- ❑ 人们也可以尝试在提高现有减免力度下是否能拿到更大收益，增加下一天的减免力度，如果发现收益递减或持平，则回退到上一个减免力度。

这样，每天晚上结算按时间段控制减免营销的整体成本和收益，人们可以清晰地看出投放的金额与带来的效果之间的变化关系。

12.4.2   峰值效应

峰值效应表面上也与时间相关，它是由于用户需求和服务能力在短时间内严重不匹配而导致的现象。但与潮汐效应不同的是，峰值效应的出现具有较强的突发性，它出现的时间和场地很难预先估计。从运营方来看，由于峰值出现的时机无法预测，服务需求的强度也更大，因此即使配送方在短时间内调用了大量资源，也未必能完全满足用户的预期需求。因此，设计者更多是通过定价的杠杆效应去筛选出真正强烈的需求，最大限度地逼近用户心理预期形成的溢价，形成正向反馈激励，这样配送方才能够在短时间内满足真实需求。

以打车行业为例，当出现极端雨雪天气或突发人群聚集事件时，短时间内大量出行需求会在某个特定地点产生，而周边可用的出租车辆无法提前预知这个需求，也没有动力前往该处调整运力分布，甚至为了规避堵车风险还会倾向于远离该处。

这种需求和能力背向发展的趋势，进一步扩大了动态定价的空间。如图 12-1 所示，当需求大于供给，算法会自动提高价格，消减不强烈的需求而增加相对供给量，使得供需达到一个动态平衡。这个过程持续一段时间后，当供给逐渐大于被抑制的需求时，价格又会恢复到初始水平，原来的需求再释放出来。这个过程循环往复，始终维持着平衡。

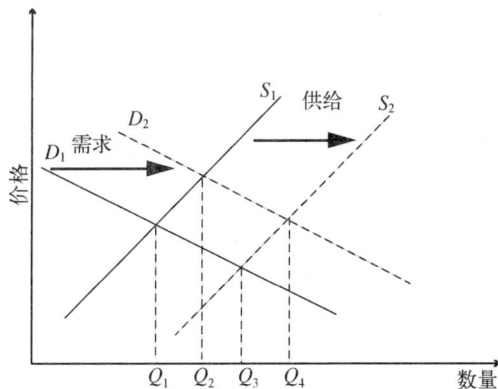

图 12-1　动态定价的需求供给曲线（来源：百度百科）

需要注意的是，这种从理论上看似完美的动态溢价模型，必须建立在公正全面的基础上，也就是要有中立的平台方掌握这种定价权。任何绕过平台、由乘客和司机两方博弈定价的机制，都会容易由于一方的强势而导致不合理的定价。举例来说，虽然表面上乘客可以自由选择是否在高峰场景下加价，但由于司机群体更容易形成利益联盟，他们如果采取更一致的空抬加价费用的行为，就会迫使更分散的乘客群体不得不在供需不变的情况下承受额外的加价。

12.5   小结

本章从服务、用户和时间三个角度分析了差异化定价的可行性和具体做法，由于大数据的出现，运营者能够通过各种灵活的调价手段，探知应用所提供服务或产品的真实价值，相比原先整齐划一的价格可创造出额外的利润。

由于价格直接关系到金钱，因而价格也是需求方、服务方和平台最为关心的风向标。与之前探讨的用户和商户增长话题不同，价格会涉及各方之间的利益博弈和心理预期问题。因而在实际应用过程中，人们需要结合利益相关方在真实场景下的可能反应来判断预期效果。

第 13 章

缩短用户决策路径

在用户登录应用与最终决定下单的中间隔着一条可长可短的决策路径。我们说决策路径长，是因为用户在这个过程中会接触大量的辅助信息，浏览远超过实际需求的商品或服务，不断调整修改需求，最终甚至可能一无所获，放弃下单而离去。我们说决策路径短，是因为这个过程经过运营、产品和研发人员反复讨论、历次升级而优化，设计者通过技术手段排除了大量无效冗余信息，选配了最可能满足用户需求的商品或服务，引导用户发现自己的真实需求；设计者裁剪掉可能干扰用户判断的因素，缩短用户的决策路径，让用户尽可能完成最终交易，让每一次访问都成为有效流量。

在解决如何有效缩短用户的决策路径这个问题上，搜索、排序和推荐是用户获取信息、选择商品或服务的三种主要方法。

- 搜索指的是，用户输入查询词主动搜寻满足需求的商品或服务，应用负责解析查询词文本，从候选物品中找到最匹配的结果。
- 排序指的是，应用根据用户的一些基本属性，比如地理位置、时间、注册信息等，主动提供最符合用户需求且满足应用服务能力限制要求的默认结果。
- 推荐指的是，应用深入理解用户的偏好属性，主动选择在适宜的场景向用户提供最匹配的商品或服务。

当然，随着底层技术的融合和基础数据的共享，搜索、排序和推荐这三种获取信息的方法也在逐渐融合。根据查询词搜索物品和提供默认排序结果时，设计者也可以利用用户的属性信息，推荐结果也可以以排序的形式展现，按地图模式平铺展现的搜索结果也是经过排序算法计算得到的。

搜索、排序和推荐这三种方法的综合运用，将成为运营团队实现流量维护、激发和增值的高效手段，运营人员将之前通过各种渠道辛苦导入的流量，在产品内高效地转化为真实的交易行为，实现智能增长。本章接下来将分别详细介绍这三种方法的异同点，剖析影响提高转化效率、缩短决策路径的关键技术点。

13.1   决策路径上的技术链条

搜索、排序、推荐在本质上都要解决信息过载的问题，但各自有不同的解决手段，系统实现起来也不尽相同。下面可以从几个维度简单对比一下，我们看看不同和相同在哪里，详见表 13-1。

表 13-1   对比表

	搜　　索	排　　序	推　　荐
触达用户方式	被动	主动	主动
用户预期准确性	高	中	低
用户预期惊喜度	低	中	高
依赖用户画像	低	中	高
需要用户查询	是	否	否
计算时机	实时响应	在线计算	离线计算

设计者可以抽象得出三者的需求共性，即三者在本质上都是计算匹配程度，希望能最大匹配用户的兴趣和需求，但匹配的目标、条件和策略不尽相同。如果粗略地划分三者之间的关系是，从搜索到排序再到推荐，系统在逐渐降低对用户的即时响应程度和精准命中程度，而在离线进行充分的计算，挖掘用户的潜在需求，选择合适场景主动推送可能匹配的需求。

三者在业务和技术上也有很多重叠，能够产生很多协同作用。至于那些泛需求搜索，如"适合室内养的植物"，是无法用搜索相关性满足的。这种搜索请求就需要用推荐系统去满足。不过，推荐系统基于协同过滤算法得到的候选物品，也需要通过排序的形式展现给用户。这种展现方式又要用到排序算法中常见的评分模型，由系统综合各种特征的因素，得到每个物品的打分，最后输出一维的物品序列。

13.2 搜索技术

搜索技术源于谷歌、百度这样的大型搜索引擎公司，其适用的场景是用户通过查询词表明强烈的需求强烈，主动发起搜寻目标物品（网页、文档、音乐、视频、图片等）的行为。用户在搜索引擎输入查询条件。在通用搜索引擎中，查询条件一般是指输入的关键词。在各类行业或者垂直搜索引擎中，用户还可以输入类目，如优酷网站中可供选择的"电影""电视剧"。在电子商务网站中，各种产品品牌、型号、款式、价格等也是常见的查询条件。决定搜索效果的首要因素就是，对查询词的理解和分析处理结果，因此需要在自然语言理解技术上进行更多的数据储备和算法研究。

本节不会展开详述搜索引擎技术的方方面面，而是结合现在商业应用中都很常见的搜索功能，选择较为常用的与查询词相关的几个技术点，来说明通过搜索技术的提升，系统如何改进用户体验，缩短用户决策路径，尽可能提高交易成功率。

13.2.1 查询词分析

查询词分析通常可分为组成结构分析和需求意图分析。前者是用来将自然语言格式的文本字符串解析成结构化的语义单元集合；后者是用来进一步挖掘出查询词背后的语义需求，对排序结果进行调优。

在组成结构分析阶段能做的事情很多，实际业务问题对自然语言处理技术深度的要求也各有不同。由于在不同领域不同发展阶段下，搜索功能对所需要的查询词分析程度的要求是不一样的，查询词分析技术并不需要都做到很深很细。因此本小节会依据实际所需要的技术难度，逐一说明在不同层次上大致需要做到哪些事情，便于不同的技术团队在选择自己所需的技术方案时，能有一个对比性的参考。

- ❑ **切词处理**：它能够按照短语、基本词两级粒度来切分查询词。其中，短语是有完整意义的单元，一般不可跨越字段，基本词是最小的分词粒度，也是索引的基本单元，可组成短语。分词算法包括最简单的最大正向、最大反向分词算法，到复杂的隐马尔科夫、CRF 模型。CRF 模型是一种序列标注的机器学习方法。分词算法最关键的是，如何得到足够的标注准确的语料库，足够的训练语料是模型成功的基础条件。

- ❑ **语法分析**：它能够将切词得到的多级粒度单元，组合出语义关联关系，绘制出符合语法规则的层级结构。通常情况下，人们会发现 20% 的热门查询词，占据了 80% 的 PV 流量。如果解决了这 20% 的查询词的分析和排序问题，就解决了绝大多数流量的问题。针对 20% 的查询词，系统可以优化搜索引擎的索引结构，尽量直接返回用户需要的信息。在查询词分析的模块，系统可以存储查询词的分词、词性标注以及查询词分类等结果。总之，这种方法是在高效利用内存，用内存换取性能的极大提升。

- ❑ **重要性分析**：它能够定量分析每个词语单元在整个查询词中的重要性，用于判断匹配不同查询词语单元的检索结果的重要度，以及在进行查询词变换时判断取舍哪些词语单元。

在需求意图分析阶段，需要突破文本表面的含义，深入挖掘查询词背后所代表的用户需求类型。根据查询词的特点来设计自己的算法和相应产品是非常必要的。例如，百度有很多查询"从 A 到 B 怎么走""××怎么样"。百度正是研究了这些查询，才力推百度"贴吧""知道""百科"等产品的。这时，基础的自然语言处理技术可能就不足以覆盖所有的业务问题，人们必须引入特有的领域知识，才能辅助判断在不同应用场景下的用户需求类型。通常的技术方案有两大类。

- ❑ **词典**：它以明文或二进制词典的形式提供特定领域的基础知识。比如，电商领域需要有各种已知手机的品牌和型号词典；餐饮领域需要有各种已知菜品名称的词典。

❑ **规则**：它以配置文件或代码逻辑形式提供特定领域内更为宽泛的通用知识。比如，在电商领域，像"屏幕大的手机"这样的查询词，能够通过规则解析成手机品类和特定规格大小的手机参数；在餐饮领域，像"适合减肥的套餐"这样的查询词，能够通过规则解析成符合特定卡路里指标的菜品。

13.2.2 查询词变换

查询词变换适用于原始查询词无法完全表达用户需求的情况，系统需要对查询词的部分内容进行变换处理，以获得更加准确的结果，或提供更多匹配用户需求的结果。

查询词变换通常可以分成改写和扩充两种处理方式。前者主要包括纠错、同义词、归一化变换、省略等技术点；后者更为激进，在原有查询词基础上基于算法的理解添加更多信息，包括关联、需求扩展、地域扩展等。

查询词改写技术试图在保持原有查询词结构大致不变的情况下，补充、替换或省略原有查询词某个部分，以提高对用户需求的表达能力。

❑ **纠错**：它对用户明显输入错误的词语进行替换处理，比如，用汉字代替误敲入的拼音字母，替换由于同音、近似读音、近似字形而引入的错误，等等；

❑ **同义词**：两个词语虽然意义相同，但由于约定俗成而更适合采用其中一种同义词形式来查询，比如，计算机和电脑、盖饭和盖浇饭，等等；

❑ **归一化**：它与同义词类似，但更多适用于短语粒度，主要是为了解决聚合类似需求的近似表达的问题，比如，屏幕大的手机和宽屏手机；

❑ **省略**：当用户查询词过长，或者某些词语的重要性太低，它可以主动丢弃一部分词语再做查询，这样反而能得到更精准的结果。比如，"从百度科技园到上地四街该怎么走"就可以省略一些介词，"适合在室内观赏的植物"就可以省略"适合"。

查询词扩充技术试图通过调整原有查询词的结构，来细化、补充或限定领域的形式扩展原查询词，以提高对用户需求的表达能力。

- □ **关联**：它基于历史上积累的查询词数据，找到与当前查询词关联度较高的词语，将其作为对原查询词的关联补充，进一步帮助用户描述原有需求。比如，用户输入"大屏幕手机"，系统可以提示关联查询词"8 寸大屏幕手机""大屏幕手机厂商"，等等。

- □ **需求扩展**：它直接将从当前查询词中判断出的需求类型对应的词语，将其作为对原查询词的扩展补充，进一步明确用户原意所指的需求。比如，用户输入"杨幂"，系统可以提示需求扩展查询词"杨幂 图片""杨幂 电视剧"，等等。

- □ **地域扩展**：它直接将从用户使用场景中判断出的地域类型对应的词语，将其作为对原查询词的扩展补充，进一步限定用户需求所在的地域范围。比如，用户输入"川菜馆"，系统可以提示地域扩展查询词"中关村 川菜馆""上地 川菜馆"，等等。

13.2.3　检索结果扩展

检索结果扩展适用于查询词能够搜索到的结果太少、甚至没有的情况下，系统需要基于原查询词所提供的信息，在搜索过程中进行适当的放大、关联等扩展操作，以期得到更丰富的搜索结果可供用户选择，避免因为无法提供服务而导致的用户流失。

检索结果扩展在具体操作时总结成以下场景和对应方法。

- □ 用户所需的商品或服务在应用中存在，但由于配送条件或配送范围的限制无法供应。系统通常有两种处理方式：一种是需要用户显式地支付超出限制所需的费用，比如配送方要将 5 公里外的外卖送过来，但需要提高配送费用。检索服务可以展现这些结果，但需要明确标示相应的提示信息。一种是由用户隐式地投入超出限制所需的成本，比如打车应用需要继续扩大搜索范围，将 5 公里外的出租车辆调度过来，但需要用户等待更长时间。检索服务则可以不通知用户，而通过拉长展现检索时间跨度的方式扩展结果。

- ❑ 用户所需的商品或服务不存在，但系统可以找到同一品类或品牌的替代品。比如，用户搜索"柠檬益菌多"，这是一款奶茶饮料。如果确实因为当前有效商品列表中缺少这款饮料，系统则可以将搜索结果范围向上扩大一级，找到所有的奶茶类饮料，召回当前有效的其他商品，如百香果益菌多、椰果益菌多等。

- ❑ 用户所需的商品缺货，但系统可以根据这个商品的相关信息找到替代品。比如，用户搜索某本图书，图书已经卖完，但系统可以根据这本书的作者、出版社等信息找到相关替代品。

13.3 排序技术

用户登录时系统默认展示一组排序结果，是很多移动应用产品最常见的功能。展示结果背后的排序技术看似简单，但由于排序结果关系到应用最频繁直接呈现给用户的有效流量，因此排序技术越来越重要起来，同时系统也隐藏了很多技术细节。由于具体应用所处的领域条件和所希望达成的用户体验不同，排序技术也各有不同，但可以大致划分成两类：一类是以排序结果之间的相关关系为限定，以时间为主序，这通常对应的是社交类产品的信息流排序技术；一类是以排序结果所处的地理位置范围或其他筛选条件为限定，以相关程度为序，这通常对应的是消费类产品的商品流排序技术。

本节会分别介绍这两大类排序技术所面临的问题和对应的技术方案，观察在其各自的应用场景下，排序技术如何通过精准组合有效物品的位序，来衡量这些物品的曝光率与最终有效点击直接的关系，使得排序关系能够辅助用户决策，提升用户体验或交易数量。

13.3.1 社交类

社交类产品排序技术的关键是，排序结果之间的相关关系判定，而按时间排序则只要保证在第一时间内能够读取数据库，获取到最新的结果即可。对排序结果的相关关系的定义相对宽泛，从字面上理解，似乎具有某种关系的结果都可以作为排序结果展现。但如果真的这样做，用户就很容易陷入信息爆炸，系统必须通过某种筛选机制过滤掉无意义结果，呈现给用户最相关的结果。

筛选机制的第一层功能可以通过微博产品看出。微博的排序结果里利用了用户之间相互关注的社会化数据，即默认用户所关注的其他用户曾经发布的微博，都是有必要呈现给该用户的排序结果。

筛选机制的第二层功能可以通过知乎产品看出。知乎的排序结果也会用到用户之间的关注关系，但在此基础上排序算法又利用了更宽广主题意义上的关注话题和关注问题，展现结果不限于被关注用户发布的回答，还包括赞和关注这样的行为，因此可以排序的结果数量会更多，所需要算法的排序打分能力也会越强。

13.3.2　消费类

消费类产品排序技术的关键是，系统找到以地理位置范围或其他筛选条件为限定的消费品，以及对这些消费品相关程度的打分计算。

在 O2O 领域，筛选条件通常是地理位置范围。系统需要在用户登录的时候，就确定其所在的地理位置，在后台根据设定的地理范围圈定所有有效的商品或服务。

在电商领域，筛选条件通常是品牌、价格、规格参数等可配置的限制条件。系统需要用户在获取排序结果之前主动设定，并可以在浏览过程中不断调整限制条件，以求逐渐明确自己的需求范围，得到更精准的排序结果。

相关度打分算法相对通用，打分是综合了排序结果在多个维度上的指标、累加了经过规则或机器学习模型训练出的一组参数的最终得分。

13.4　推荐技术

个性化推荐是根据用户的兴趣特点和购买行为，向用户推荐感兴趣的信息和商品。随着电子商务、在线服务的规模不断扩大，商品和服务越来越多样化，用户需要花费大量时间才能找到自己需要的结果。但在浏览大量无关的商品和服务的过程中，丰富的候选项无疑会使淹没在信息过载问题中的用户不断流失。个性化推荐系统应运而生，它可以很好地解决这些问题。个性化推荐系统是建立在海量数据挖掘基础上的一种高级商务智能平台，可以帮助电子商务网站为用户提供完全个性化的决策支持和信息服务。一个好的推荐系统，不仅能为用户提供个性化的服务，还能和用户之间建立密切关系，让用户对推荐产生依赖。

推荐技术在很多成熟的应用中都得到了广泛的运用。接下来本节就以很多人都接触体验过的今日头条、美团点评、百度知识图谱和百度外卖 4 款应用为例，解释在做推荐技术选型时需要考虑到的因素，以及在识别用户个性化需求、精准匹配用户感兴趣的商品和服务时，为了完善推荐技术会遇到的挑战。

13.4.1 技术选型

推荐技术面向特定应用领域，解决信息或信息所代表的商品与用户个性化需求匹配的问题。因此，从信息结构化和领域垂直度两方面进行划分，人们可以得到 4 个象限，分别可以找到对应的代表产品，如图 13-1 所示。从结构化程度不高的文本信息流，到富含了知识和语义关系的知识图谱，从包罗万象提供整体知识点的图谱推荐，到植根于服务和餐饮领域的团购和外卖推荐，人们都可以找到分布在不同技术类型上的典型应用。

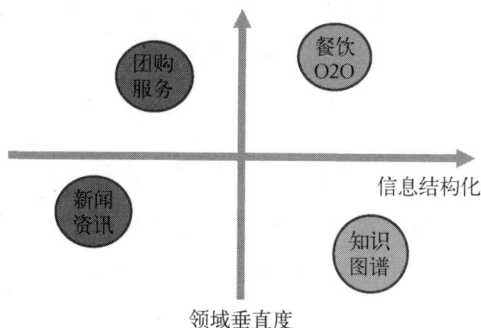

图 13-1　根据领域垂直度和信息结构化对推荐产品进行划分

以今日头条为例，它是一款国内影响力很大的资讯推荐类应用。截至 2017 年 4 月底，激活用户数已经超过 6 亿，月活跃用户数超过 1.7 亿，日活跃用户数超过 7500 万。

今日头条产品在推荐功能上的特点是：设计者将点击、停留、滑动、评论、分享这些用户主动提供的行为数据，作为加强推荐系统效果的数据来源；强调时间、地点、好友关系等条件作为限定因素，增强推荐结果命中用户个性化需求的效果。

在技术方案方面，今日头条重点解决了如下问题。

- **特征爆炸问题**。它主要是由于引入了海量的用户行为数据而导致的数据规模膨胀，系统将用户原先被忽略掉的每一次操作行为，作为判断用户兴趣偏好的直接来源。这种采集数据的方法在引入了有效信息的同时也带来了严重的性能问题。过滤低频和有损 Hash 提供了相应的解决方案。
- **超参数技巧优化**。今日头条在实践中广泛采用了 LR 线性模型，需要处理大量特征的参数优化问题。设计者可以调试训练集和测试集分布比例、划分特征类型将相似特征集中起来训练，这些都是可以迅速逼近最优解的可行方案。
- **社交关系**。判断用户所属人群、地域、兴趣以及好友关系，将能有效帮助信息推荐应用在初期规避冷启动问题，让用户快速找到合适的推荐结果。今日头条在一开始就推荐用户从已有的微博、QQ 等社交账号登录服务，从而能够尽早获取用户的社交关系和偏好数据，而不是从零开始积累用户数据。

以美团点评为例，它是经过了千团大战争夺，最终合并而成的国内最大一家团购类应用。2016 年，新美大首次融资额超 33 亿美元，融资后新公司估值超过 180 亿美元。

美团产品在推荐功能方面的特点是，设计者重视 O2O 领域行业特征的精细化处理，基本上沿用了类似排序架构中的点击率预估和下单率预估模型，来优化推荐策略的效果、提升用户的转化率。

- **样本采样**。它分别采用了用户下单行为和点击行为作为训练样本标记，并根据这些样本对于训练目标的价值和数据疏密程度的不同做不同的处理。
- **位置偏向**。它计算出每个位置的历史平均点击率和历史平均下单率，将其作为这个物品展示位置的特征值，用于纠正展示位置本身对点击和下单概率预估模型的训练。
- **特征工程**。它努力接触了解业务场景，找出可能影响算法效果的特征，特征集合主要包括场景、物品和用户类型。
- **在线评估**。在 AB 测试方法之外，将 interleaving 效果评估方式作为补充，可以在小流量上很快得出结论。
- **机器学习**。它采用 Additive Groves 模型，在一定程度上能够自动进行特征组合的工作。

在知识图谱领域得到最广泛应用的产品是百度的图谱推荐产品，它有机地和百度搜索产品结合在一起，出现在搜索结果的右侧区域。当用户输入查询词时，搜索网页结果会出现在左侧区域，而根据知识图谱库产生的图谱推荐结果则会出现在右侧区域，用户点击后会发起新的查询。

百度图谱推荐的特点在于，系统对信息数据离线进行了深度挖掘和结构化处理，得到满足三元组结构的知识图谱库；基于用户搜索日志统计挖掘的实体共现关系，构建出满足推荐系统协同过滤算法要求的关联矩阵。

知识图谱库中最基本的三元组关系，来自于真实世界中每个实体的语义项，包括实体的名称、属性和属性值。实体之间通过属性关系关联，属性关系则体现了实体的层级高低。构建实体库需要处理大量语义问题，如一词多义和一义多词的问题。

仅有关联的实体集合还是没法和推荐技术联系起来，这就需要人们进一步挖掘用户搜索日志片段中的实体共现关系。系统从用户的查询词中解析出实体，再经过时间序列排列出用户在一段时间范围内连续输入的实体，认为它们之间的共现关系表明某种关联关系，并能够根据共现的频次得出关联关系的强弱程度。这种实体间的关联关系矩阵对应了协同过滤算法中的关联矩阵，因而系统可以在此基础上通过协同算法，找到适合在输入某个查询词下的推荐实体。

在餐饮 O2O 领域可以以百度外卖为例。除了默认的可选餐厅排序列表之外，百度外卖还在各种浏览场景下尝试推荐功能，主动推送可能满足用户个性化需求的菜品和餐厅，减少用户的选择成本、促进下单转化；主动推送还向用户提供了合适的消费场景，能够起到提升用户粘性、优化订单结构的作用。

百度外卖餐饮推荐功能的产品特点是，系统区分出侧重给出消费理由的场景化推荐和侧重猜测用户潜在需求的偏好化推荐。场景化推荐包括基于用户历史订单推荐商户、基于用户当前位置推荐商户、推荐符合用户口味的商户和推荐用户评价高且客单价低的商户。偏好化推荐则使用协同过滤、用户标签、浏览行为、附近热销等策略推荐商户。

下面以偏好化推荐功能的技术方案为例。

首先，用户登录后，系统可以获取到用户的画像标签、登录位置等基础数据。

其次，系统通过基于历史订单的用户行为的协同过滤算法，挖掘出候选的推荐物品；通过基于用户、商户和菜品的标签内容的协同过滤算法，挖掘出候选的推荐结果；从当前位置附近范围内找到一些热门的推荐结果。

再次，系统组合排序这些候选推荐结果，并根据业务要求进行品牌打散等处理。

最后，系统将这些推荐结果呈现给用户浏览。

在实际中发现，基于用户的协同过滤源于相似性原则，假设相似用户可以带来更多结果。这种算法的缺点是如果没有相似用户，推荐的结果就会很差，优点则是可以增加个人推荐的多样性。而基于物品的协同过滤则源于自相似原则，假设用户喜欢的东西都比较相似。这种算法的缺点是如果用户自相似比较小，推荐效果就会很差，优点则是可以有很好的新颖性。

13.4.2 技术挑战

上面的技术方案选型，还只是从信息的结构化程度和应用领域的垂直度两条主轴来划分出 4 个象限，以期能有一个粗略的概括，来指导读者在自己所遇到的业务场景下，该如何判断产品和技术方案的侧重点、处在哪个象限、通常会遇到哪些共性问题。但实际上，由于推荐系统技术在很多领域得到应用，它实际遇到的业务挑战也是不可能用简单的两维指标就能描述的。而且由于推荐系统技术横跨了数据、算法、领域知识和解释界面多个领域，无论哪个方面没有得到很好的处理，这些因素都有可能影响整体的最终效果。

不过业界前沿的产品、工程和算法人员，也在利用迅猛发展的商业规模不断锤炼推荐系统技术，通过大量的业务实践活动操练理论上的推荐系统知识，校验各种算法效果，培养收集和挖掘大数据的经验，逐渐掌握了推荐系统技术提高用户体验、实现业务有效高速增长的方法。在此过程中，学术界和业界都曾总结过推荐系统技术面临的各种技术挑战。接下来，经过这几年的快速发展，人们可以聚焦其中几项常见的难点问题，并体味出推荐系统技术所给出的回应和思考。

1. 数据稀疏性问题

通常，初创平台能提供的商品或服务的数量都能数以百万计，BAT 级别平台上的可选物品更是数以亿计，而每个用户所能覆盖的物品相比则少之又少。而且这似乎是一个不可缓解的问题，因为随着商业规模的发展、物质极大丰富，商业社会的一个重要特征就是要创造出远超过消费能力的商品以供消费者选择。

数据稀疏性问题对于学术界可能确实是一个棘手的难题，所能处理的数据集合就是这样稀疏分布的，科研人员只能基于如此数量级稀疏度的原始数据来构建模型、评估效果。但业界的优势是，技术人员能够拿到不同来源的用户行为数据，而不仅是符合传统系统过滤模型所要求的交易，或点评记录构造的关联矩阵。

这里需要抓住的核心思想是如何定义关联。在百度图谱推荐系统里，所有实体在某个语义片段里同时出现就是一种强关联。这种语义片段，可以是用户的一连串查询词构成 session 里的共现关系，可以是利用搜索引擎本身找出的查询词和结果摘要内容在搜索结果页上的共现关系，甚至可以是在同一篇网页中的相同段落里同时出现的共现关系。

这些共现关系被挖掘出来以后，系统就能有效地补充关联矩阵空间，解决数据稀疏性造成的算法效果不佳的问题。

2. 冷启动问题

平台获取新注册或登录的用户，商户发布新的商品或服务，这些都是一款快速发展的商业应用最常遇到和最希望的事情。但这也给推荐系统技术带来了所谓的冷启动问题，因为系统没有获取到任何有效信息和行为数据，平台无法给出可靠的推荐。这些新用户和新物品，由于在一开始就得不到重视，无法进入已有的推荐–交易–再推荐的循环，将会永远沉默在底层。

其实这种所谓的冷启动难题也只是一个理论上的问题，随着移动互联网的发展和各大移动应用的渗透，在线用户比例实际上逐渐趋于饱和，几乎不存在从没有在网络上留下过行为数据的账号。一些大型互联网公司建立起细致的用户画像体系。而通常认为缺少文本描述信息的音乐、视频、电影、商品等物品，也都早就有了很多公开或半公开的数据资料库，这些资料可以通过购买或抓取的方式很快获取。

有了这些初始化数据，冷启动问题在经典的基于内容推荐算法面前，就不再是那么不可控制。

3. 增量数据问题

系统在没有数据的时候很困难，但在有了数据而且是飞速增长的实时数据后，也会遇到增量计算的问题。如何把应用中不断增加的新用户和新商品以及新近发生的行为记录纳入原有的计算模型，如何保证计算精度并降低计算复杂度，这些是运用推荐技术解决业务问题时必然会面临的挑战。

与传统从提升算法所依赖数学公式的精巧度，或是借助图论原理设计更为复杂精细的数学模型的方法不同，业界已经实现了大规模的并行分布式计算架构，对 Hadoop、Spark 等成熟开源架构的应用和改造，这使得推荐系统技术可以构建在一个稳定可靠的底层分布式架构之上。只要定义好任务的需求和数据格式，系统就可以顺畅地调用分布在上百台服务器上的并行计算资源。

以今日头条为例，它为了能够记录用户的每一次浏览、点击、点赞操作的行为，将之实时增加到用户偏好模型里，不断地调整系统对用户的理解，系统能够做到把用户所有的行为都记下来。在 30 日里，系统采用上百台机器，用 20 个小时，就可以把积攒下来的 PB 级数据梳理完。这是通用的系统根本不可能实现的。对于快速变化的新闻和用户浏览行为而言，系统已经可以做到非常快地即时更新这些数据，对于几千万用户来讲，他们很难察觉到瞬间后台计算。

4. 作弊数据问题

研究推荐系统算法时，人们总会讨论到恶意用户企图通过操作物品的评分，以达到增加或打压某个物品受推荐程度的目的。有一些研究会聚焦于不同算法在适应物品评分关联矩阵时的健壮性，如通过分析对比真实用户和疑似恶意用户之间打分行为模式的差异，提前对恶意行为进行判断，从而屏蔽其进入系统，或消除这些疑似恶意行为的负面作用。

然而现实比理论更残酷，水军对电影评论网站的操纵其实并不难发现和修复，而且收益有限。更常见的情况是，刷单团队为了套取应用在快速增长期的优惠补贴，而大肆产生虚假订单，业务团队的不法分子为了制造虚假业绩，而在考核日之前突击产生空头订单。

因此，很多移动应用产品都有专门的风控团队，这个团队负责侦查每天大量交易行为中的作弊数据，找出疑似作弊的用户、商户和订单。这背后所依赖的反作弊技术，早已跨越了调整和比较推荐算法本身的健壮性，而是进一步将防线推到了更加前沿的位置：在交易事前就能主动通过用户登录账号的唯一性，判定识别心怀不轨的刷单机器账号；在交易事后很快能通过比对正常用户和异常用户的消费模式，找出异常订单。这些技术细节也将会在后面的章节讲到。

13.5   小结

搜索、排序和推荐，是经过多年发展相对比较成熟的技术架构，如何很好地应用它们帮助用户决策消费行为、提高订单的转化率，是实现智能增长的关键途径。通过上面的分析我们可以了解到，搜索、排序和推荐技术在实现方案、适合场景以及所能达到的效果上各有不同，运营人员需要在充分了解团队在这些技术上的实际能力水平之后，才能做到有的放矢地灵活运用。

本章介绍了搜索、排序和推荐技术在宏观层面面临的问题、在微观层面可选的解决方案。运营、产品和研发人员能更清楚地理解，在从用户转化率指标自上而下的拆解过程中，应该如何从优化用户决策路径的角度，摆正通常可以选用的搜索、排序和推荐工具的位置，让它们发挥出最大的效益。

第 14 章

营造虚拟经济循环

移动互联网线上平台的商业模式衍生出了大量虚拟的消费商品、社会化关系和有限资源，它们构成了虚拟运行的经济体系，有着符合自身发展规律的循环机制。如果资源利用得好，虚拟经济就能有效促进真实环境里的业务增长。

本章分别讨论了对虚拟的消费商品、社会化关系和有限资源，进行衡量、评估和建模的技术方案。未来随着平台对每个用户、商户或各种角色的服务者的理解越来越深刻，越来越能够实时获取到反映平台运行状态的各种数据，人们就能够更准确地找出这些虚拟因素的发展变化规律，营造出运行顺畅的虚拟经济。

14.1 背景

导流和成单为平台带来了真实的交易，庞大的交易行为构成实体经济。实体经济的发展除了大力开发资源（商品、服务），扩大人口基数（获取新用户、维护老用户）之外，还有赖于背后虚拟经济的刺激，或者说通过类似金融杠杆的力量，来调配虚拟货币的分配和循环过程。设计者最终将虚拟货币落实到真实的交易行为里，起到撬动业务快速发展的放大作用。金融现象可以被理解为人们在不确定环境中对资源进行跨时间和跨空间的最优配置行为。那么商业应用中的哪些环节和功能，可以在普通的商业交易之外，融入能发挥更大效用的虚拟经济循环呢？

　　平台可以在现实价格之外创造出用虚拟货币标价的服务或商品，放大服务或商品的价值。比如，平台用用户积分体系来衡量用户的忠诚度，引导用户更加持续和频繁地留在平台里；平台用点卡值为游戏中的道具和身份定价，激发用户为了满足虚荣和成就而加大对游戏的投入。这些虚拟货币往往可以直接兑换成真实货币或实物，或者可以由花费真实货币以换取虚拟价值的升值。积分体系中的积分相当于是平台对用户的负债，其优势在于平台能够以实际的好处换取用户的认可，但需要有实体经济的输血；点卡体系中的点卡相当于是用户对平台的预付费，其优势在于平台可以将虚拟货币转化为切实可行的盈利手段，但需要解决通货膨胀的问题。

　　平台可以在现实成本之外创造出用虚拟货币衡量的内部激励，降低管理成本。比如，平台用积分点数衡量出行订单难易程度的好坏，引导司机去接一些差订单，才能增加接到好订单的机会；平台用积分点数衡量配送员服务质量的好坏，引导配送员在每一次配送时提高服务质量，才能获得更多的订单。这些虚拟货币往往不能直接和实物或金钱兑换，其优点是，对平台来说发行虚拟货币似乎是无本生意，凭空就能激发出被管理者的积极性，降低管理成本。但如果运营人员管理不好虚拟货币的发行和回收，系统中也会出现虚拟的贫富分化和通货膨胀现象，积累下来潜在的矛盾，给运营人员带来管理上的风险和不确定性。

　　平台可以在服务提供者（商户、广告主）之间，用虚拟资源（展现位/广告位）创造出用真实货币衡量的竞争性价格，最大化虚拟资源的价格，达到物尽其用的效果。比如，在电商搜索结果中，由相关店铺竞价决定针对某个商品名的排序位置；在餐饮应用中，由附近餐厅竞价决定针对某个地理位置的餐厅排序位置。这些竞价最终直接转化为平台的抽佣收入，成为可靠的盈利模式。虚拟资源竞价的优点是能实现广告资源的最优化配置，让最能带来流量转化收益的商户和餐厅占据最合理的位置。但如果运营人员处理不好竞价广告和自然结果的关系，也会影响用户体验，干扰自然排序下的真实流量和收益。

　　接下来，本章将分别讨论这些类似金融杠杆作用的虚拟经济力量，是怎么撬动实体消费行为的增长的，有哪些技术手段和数学模型能帮助运营人员，看清楚不确定环境下资源配置可能会导致的结果，营造出健康顺畅的金融微循环。

14.2 虚拟商品定价

与实物商品不同，虚拟商品是在电商市场或模拟环境中的数字产品和服务。虚拟商品的特点是没有实物性质，不需要通过生产制造和物流运输就能完成交易，满足用户在某方面的需求，可由虚拟货币或现实货币进行交易买卖。由于虚拟商品的独特性，运营人员在定价方面也就更容易操作。但又由于虚拟商品要完成促进实物商品交易、满足用户真实需求、提升实体业务发展的任务，定价策略也必须要遵循客观规律。因此，有必要探讨针对两类重要的虚拟商品，即信用积分和道具资源，人们在定价时需要考虑的因素。

14.2.1 信用积分体系

信用积分是很多网站最早采用的虚拟商品定价模型，通常是将用户在网站里的不同行为标价，标价分别对应不同的信用点数，信用点数可以累加也具有一定的时效期限。用户积攒到一定数额的信用点后，可以兑换不同虚拟价格的商品或服务。整个微循环可以理解成，网站或应用平台以实物的形式向虚拟经济中输血，换取用户完成网站或平台所希望完成的活动。一般来说，代价较低的活动，比如登录次数、停留时间，对应的信用点标价会比较低；代价较高的活动，比如交易金额、推荐新用户个数，对应的信用点标价会比较高。同样，可兑换的商品或服务的虚拟标价标准，也符合这些实物在真实环境中的价格等级。最简单的方法就是，核算出愿意投入在期望用户完成活动上的成本（如愿意为每推荐一个新用户投入 10 元），选定某个刻度量级的范围（如以 100 点为结算单位），那么虚拟经济里的 1 点就相当于 0.1 元。如果可兑换商户的采购价为 20 元，则兑换品在信用积分体系的标价就是 200 点。

信用积分体系内，由于信用点在兑换成实物后会消除，因此虚拟经济内部不会出现通货膨胀的现象。但由此而来的是，随着被标价的用户行为对于网站和应用来说的价值降低，可兑换的实物也会出现相应的贬值。传递给用户的感受便是，积分还是那么多，但是它能换到的东西没有原先那么有吸引力了。

因此，积分体系的设计者需要考虑好信用点和可兑换物之间的汇率，汇率的大小取决于兑换物的边际成本与机会成本高低。这里，边际成本衡量的是，对平台来说再多出一份兑换物的情况下，新增成本平摊到整体成本的比例，如多增加一个乘客或旅客对航空公司或酒店来说几乎没有新增加太多成本，边际成本就很低。机会成本衡量的是，对平台来说如果将兑换物转而用作别处能有多少其他的产出，如一袋大米如果不被兑换而是售出的话能带来多少收入，极端情况下，如果兑换物是需要平台自己采购的话，那么机会成本就很高了。

14.2.2　道具交易体系

道具交易体系是在游戏领域常见的虚拟商品定价模型。在这套交易体系中，用户通常需要先购买一定数量的点卡，然后在游戏环境里购买相应标价的与游戏情节相关的道具、等级、能量等用来维持玩家在游戏里活动的虚拟商品。整个消费过程可以理解成，用户以现金的形式向虚拟经济输血，换取自己能够在游戏场景中体验到虚拟商品的价值，如能够具有某种特权、避免被别的玩家伤害等。游戏厂商对道具交易体系的控制机制，一方面是能够从用户收取费用的盈利模式，另一方面也是增强用户粘性、提高用户活跃度的有效方法。

然而，这个交易体系里并没有统一的"央行"，游戏厂商没法限制用户主动花钱购买游戏点卡，这就相当于每个人都可以发行等值的货币进入流通体系。因此用户越陷入游戏，投入越多，就会有越多的虚拟资金进入游戏系统，这导致交易体系里的商品价格不再稳定，甚至到通货膨胀的境地。通货膨胀的危害是致命的，它会导致前期大量投入的玩家拥有的财富实质贬值。如果平台在短时间内增加大量新的虚拟商品，并提高标价以补偿既得利益者，又会对原先买不起道具的普通用户造成抑制作用，降低他们的参与度。相反在限定的商品数量和价格情况下，道具体系不再满足众多新入玩家的需求时，自然会产生不受平台监管的私下交易，形成黑市。所以，一款能持续增长的游戏产品必须能够创造出温和的通货膨胀，以实现盈利目标，同时又必须能设计出良好的机制，来消除通货膨胀带来的负面影响，否则平台就会面临虚拟经济的崩溃和用户的流失。

这种收入型通货膨胀的本质在于，游戏中虚拟收入的积累速度，超过虚拟商品的产出速度和系统回收虚拟货币的速度。假定虚拟收入的积累速度是平台不可控的外部变量，而且从盈利角度来说是希望越快越好的，那么这时平台可以在内部调控的就是，虚拟商品的产出速度和系统回收虚拟货币的速度。

- ❑ 直接提高已有虚拟商品的供应量并保持其价格不变，会在已经出现通货膨胀虚拟货币贬值的情况下，进一步压低这些商品的实际价格，因此平台需要在原有的道具体系之外再推出新类型的虚拟商品。这些虚拟商品最好是与旧商品游戏功能相异的商品，或者是属于更加高端的奢侈品，平台创造新的需求，以吸纳大量积存在游戏经济里的虚拟货币。
- ❑ 平台可以提供类似银行的储蓄、类似证券的股票，甚至可以融资投资的金融工具，也可以直接回收虚拟货币，将其储存在由金融工具保证的池子中，暂时与正常的交易体系隔离开。只要平台不发生大规模的资金流入流出，游戏虚拟经济就能健康运转。
- ❑ 平台充当行政部门的角色，对道具交易行为收税。一方面可以通过税率的设定，平台就能消耗掉一定比例的虚拟货币。一方面对交易收税而不是对财富收税，收税也能抑制用户用虚拟货币购买道具。这样就能将大笔虚拟货币保存在玩家账户上，同时也不会影响用户购买虚拟货币而对平台盈利产生不利影响。

14.3　虚拟管理激励

移动互联网经济对原有商业关系的冲击，也表现在重新改变了商业合作者之间的博弈力量对比。原先被动接受雇用关系的一线服务者，通过互联网平台能够掌握更加全面及时的信息，并能够以非常低的成本在各大平台之间切换选择，因而也拥有了更加强大的谈判能力和议价能力。原先只能通过人员管理和层层考核才能掌握员工工作的管理层，可以通过移动应用直接获取到最终用户的评价反馈，借助地理信息数据实时收集到真实的工作状态，因而也能更加全面详实地判断员工绩效、奖勤罚懒、评优惩劣。

　　因此，比原先更为明显可见的人事管理，借助移动互联网技术及其相伴而生的虚拟数据，对更加容易变化的合作关系和难以探查的工作绩效进行虚拟管理和激励。虚拟管理激励在运营过程中显得格外重要，也成为营造良好虚拟经济环境的重要组成部分。

14.3.1　调节服务难度

　　对 O2O 服务的内部管理来说，如何衡量非标准化服务的成本或者难易程度，并且要做到在用户和服务提供者之间的均衡分配，是一件非常复杂的事情。服务资源交易体系，可以通过平台和服务提供者之间的虚拟货币，来有效调配资源、优化交易类型的结构。这种交易的表现形式通常也是一种信用积分，这种积分主要被用来解决"好、坏"订单在众多服务提供者之间平衡分配的问题。比如，对出租司机来说，从市区去机场的无红绿灯高速长途就是好单子，而在市中心内距离不长但十分拥堵的起步单则通常是坏单子。对众包外卖配送员来说，下午从星巴克取一单多人份的咖啡送到写字楼就是好单子，而在中午高峰期在成都小吃等着出一份盖浇饭送到高层办公楼就是坏单子。对代驾司机来说，以地铁站附近为出发点或目的地接送乘客就是好单子，而接送距离偏远交通不方便的乘客，还需要自己解决返程问题，就可能是得不偿失的坏单子。

　　然而从平台的角度来看，为了给所有的用户都提供无差别无歧视的满意服务，所有的订单都需要有人来满足，所有的需求都必须及时响应。拒客是绝对不能允许存在的现象。然而，不同于传统服务行业，基于移动互联网和实时大数据的商业应用，能够发现、调配和记录每一个服务资源和每一次服务过程，由于服务本身巨大的差异性和服务方出于成本利益的考虑，消极拒客的情况仍然无法绝对避免。因此，利益问题还是需要通过调节利益的方法来解决，而对管理者来说，虚拟货币则是成本最低、效果最好的管理激励方法。

　　以出租车接单调度为例，为了调动更多的司机接差单，运营人员可以在平台和司机内部设计一套虚拟货币的分配和转化机制。最简单的逻辑就是，要想得到好单子，司机就要损失信用点，如果完成差单子，司机就能赢得信用点。

有了之前虚拟商品定价的经验，人们就不难发现，通过虚拟管理激励来调节服务难度过程在通货总量上的明显特点：虚拟货币的产生和消失都有稳定的渠道，管理者可以随时调整两者之间的转化比例，控制虚拟空间里的货币总量，保证不出现通货膨胀或紧缩的现象。整体信用点多了，想要得到好单子的代价就会更高，完成新的差单子能得到的信用点就会更少；反之亦是。

设计调度信用点的初衷是，为了引导司机去接之前大家都不愿意接的差单子。可是人总还是存在趋利避害的心理。毕竟接一个差单子的损失近在眼前，而未来可能获得好单子的收益还不确定。由于接差单而获得较大信用点额度的设计是不够的，要强调获取好单子的代价，运营人员也必须设定较大额度的信用点值。这样，无论是同时放大虚拟货币的产生和消费速度，还是同时缩小虚拟货币的产生和消费速度，两个方向的趋势都会相互抵消。所以在宏观层面上，为了控制虚拟货币总量而调节虚拟货币产生和消失代价比例的方法，就无法在微观层面调控是否接每一单的心理动机。因此有必要引入针对每一单的惩罚机制：如果司机收到了差单的通知消息但没有接的话，除了得不到较高额度的奖励，还会面临较小额度的轻微惩罚；如果司机收到了好单的通知消息但主动放弃不接的话，除了不用担负较高额度的支出，还可以得到较小额度的鼓励。这样就能保证管理者对服务提供方的激励措施，能够落实到每一笔订单的选取上。

14.3.2 调节服务质量

平台作为服务的管理者，总是希望能够客观地评价服务提供者或者从事服务性质工作员工的服务质量，将这些评价作为衡量工作绩效、执行奖惩政策、指导改进方向的依据。传统的绩效考核工具，可以做到监控员工每天的工作时间、计件数量、投诉比例和销售金额等。但随着移动互联网经济对传统工作方式的颠覆，管理者越来越难以用原来的旧方法影响自己的员工或者共享平台的其他服务提供者。比如，对出租车招呼平台来说，使用打车软件的司机其实并不是平台的员工，平台并不知道每天会有多少司机上岗，工作到什么时候。平台虽然可以通过应用软件收集到每笔交易的起止时间、行驶里程和乘客反馈评价，并根据各项指标的综合表现对司机给出评价，但这也只是非常薄弱的约束，与大家都熟悉的公司绩效考核不可同日而语。司机和平台之间并没有严格的雇用关系。司机随时可以解除合作关系，注册一个新的账号，或者转入别的平台，这些做法都是成本不高的备选方案。

在大型组织约束关系越来越弱、越来越强调独立个体之间分工协作的互联网经济体系下，平台如何保证每个服务个体的质量是稳定可靠的？这就需要运营人员改变原有的服务质量绩效考核方法。在平台和服务提供者之间，运营人员要设计一套双方都能接受、彼此愿意互动博弈下去的管理激励体系。管理激励体系要让服务提供者有动力持续维护自己的信誉，能够从中获得可预期收益，让平台能够获取到真实有效的信息，清楚现状中存在的质量问题，迅速采取办法解决问题。

以众包配送快递员的服务质量评估为例，通过统计每个快递员的出勤天数、完成单数、平均每单配送时间、用户反馈的评价分数，设以不同的权重比例，运营人员可以综合计算出一套绩效考核分数。然而，这套分数一旦被计算出来，就会面临诸多问题。

首先，绩效分数作为快递员的信用货币，与之前提到的虚拟信用点不同，只会逐渐增加而不会消失。老员工会因为时间的累积而越来越占优势，新加入者在相当长的初期很难表现出特有的优质服务质量。

由于反映快递员服务质量等级的信用点不能被兑换或消费，因此运营人员有必要主动设置固定的时间周期进行统计评估。运营人员可以以一周或者一个月为周期，每次都统计最近一段时间内的服务质量。这样就既能保证快递员服务质量等级的稳定性，又能满足新进者迅速表现自身价值的需求，起到兼顾认可和鼓励的作用。

其次，分期统计服务质量的缺陷在于，系统将时间累计的区间限定在了总是距离当前最近的一段时期，快递员在过去相当长一段时期的历史表现被忽略了。如果人们简单地拉长统计的时间周期，则系统又会退化到原先不做分期统计的计算模式。比较便于理解和实际操作的方法是，对以往时间段的历史服务质量打分做时间衰减的累加计算。

比如，设定第 n 次得分的系数为 0.7，第 $n–1$ 次得分的系数为 0.3，那么这两次的得分分别为 8 和 7 时，第 n 次的考核分数为 0.7×8+0.3×7 = 7.7。如果第 $n+1$ 次的得分为 9，则经过时间衰减计算的累加考核分数为 0.7×9+0.3×7.7 = 8.61。

服务质量绩效考核的目标是，为了能调动服务者的积极性，系统激励服务者主动改进自己的服务质量。由于服务质量高在考核体系里总是和奖金激励相关联的，质量等级高的快递员自然有动力维护自己的荣誉和现实利益。对于质量等级低的快递员，系统则更需要有及时灵活的刺激手段，让他们感受到日常每一次服务可能对自己等级的影响。评分模型可以计算出，每一次服务在具体指标上的差距可能带来的最终得分差距，比如，用户评分 5 颗星相比 4 颗星会提升的信用点数、每天多完成一单会带来的总信用点数增长、配送时间在 30 分钟之内会对信用点数的影响，等等。如果这些细微的变化能够在快递员的每一次服务场景中被传递出去，使得快递员认识到自己短期行为的积累会对长期评价产生重大影响，服务质量考核模型就能发挥出预期效果，让每个个体也接受和适应这个模型，服务者愿意通过改善服务质量来追求自己的最大化利益。

14.4 虚拟资源竞价

与虚拟管理激励不同，虚拟资源竞价产生于存在服务提供者充分竞争的卖方市场环境下。竞价体系得以存在的前提是，服务提供者已经能稳定从平台获取利益，平台资源相对处于稀缺状态，系统可以对平台资源进行切割、量化、核算，竞价信息公开透明。

平台的意义在于，平台连接虚拟资源和竞价者，找出存在于虚拟价值空间的买卖双方，同时设置一定的准入门槛，避免搅局者干扰正常的流量变现过程。

14.4.1 发现虚拟资源

对于平台和竞价者来说，最合适的虚拟资源就是搜索或排序功能下的展现位置了。然而搜索和排序在竞价排名时不同的地方是，搜索排名需要竞价者选定关键词，关键词决定了对这个虚拟资源感兴趣的目标人群。排序排名需要竞价者指定投放地理范围和时间，具体的时空决定了对这个虚拟资源感兴趣的目标人群。目标人群的价值反过来决定虚拟资源的价值。虚拟资源的价值包括目标人群的大小、转化率、变现率、消费能力，这几项因素的乘积大致框定了竞价者在这个广告位投放信息所能带来的流量价值，流量价值又进而影响竞价者的出价高低。因此，发现虚拟资源的过程，也就是平台评估自身所能提供流量变现价值大小和流量导入入口大小的过程。

假设手机上一次能展现结果的总个数固定不变为 20 条，那么平台很自然地需要决定拿出多少条位置作为虚拟资源开放给竞价者。展现结果个数是 10 条、5 条、3 条，还是 1 条，展现结果位序是第 1 位、第 11 位，还是第 20 位，平台究竟该如何决定。

如果是搜索排名，系统需要先预估出每个候选关键词的检索量。检索量的大小决定了广告位能触达的用户人群规模。如果是排序排名，系统需要先预估出在这个区域和时段会登录的用户量，这个用户量也对应了广告位能触达的用户人群规模。假设是 1 万名潜在用户的话，以 30% 的转化率、人均 50 元客单价计算，广告系统就有 15 万元的预估市场价值。假设平台能从这 15 万元中获取 10% 的流量变现价值，那么预估变现价值就是 1.5 万元。如果系统开放出来 3 条位置，则意味着平均每个位置要为平台带来 5000 元的变现价值。考虑到不同位置价值不一，所以实际有可能是第 1 位要带来 8000 元，第 4 位要带来 5000 元，第 10 位要带来 2000 元。

14.4.2   找到竞价者

再看需求侧，如果是搜索排名情况会麻烦些，因为系统事先可能不清楚有多少竞价者会对某个关键词感兴趣。这时系统需要得知检索量和检索结果数，来预判这些关键词的热门程度。具体到某个业务场景下情况可能也没有这么复杂，因为平台事先能统计出每个关键词下会检索到的商户数量，并以此判断潜在的竞价者规模。如果是排序排名，系统则可以根据这个区域和时段具备服务能力的商户数量，直接统计出潜在的竞价者规模。

先假设有 1000 家潜在的竞价者。这 1000 家潜在竞价者每一单上的收益比例，是可以通过行业经验和摸底调研获得的，系统用每家的客单均价乘以单均收益比例，就能够计算出每家在这些流量上的出价能力。比如，商家 A 每单可以赚取 5 元的利润，商家 B 能赚钱 3 元的利润，商家 C 则在盈亏平衡线上，只能赚取 1 元的利润。

14.4.3 估算竞争价格

最后来预估竞价高低该如何设定。以第 1 位要带来 8000 元，第 4 位要带来 5000 元，第 10 位要带来 2000 元为例。假设运营人员根据历史数据能够估算出，应用在特定的关键词或指定的时空范围内，在第 1、第 4 和第 10 位带来的流量有 2000 次、1500 次和 800 次，那么在这些位置上单次流量的盈利目标就分别是 4 元、3.3 元和 2.5 元。

再将这个盈利目标和竞价者的出价能力相对比，平台就能估算出，潜在竞价者群体里到底有多少实力雄厚者具备平台预期设定的盈利目标，同一个位置上大致有多少竞价者在博弈，竞价空间还有多少。以前面的例子来算，商家 A 有可能愿意第 1 位上出价，商家 B 可能考虑第 10 位，商家 C 则根本没有竞价能力。

当同一位置可参与竞价者较多时，平台可以尝试开放式竞价的形式，鼓励竞价者主动抬高出价。反之，当同一位置可参与竞价者较少时，平台最好还是采用固定出价的方式，保证出价者只要超过预期门槛即可。

14.5 小结

本章针对平台与服务消费者和服务提供者在真实交易之外的虚拟关系，以及平台与服务提供者从管理激励到平衡竞争的力量对比关系，探讨了如何利用一些简单的数学计算和博弈模型，来激发各个角色的互动关系、促进真实交易增长、增加平台收益的方法。随着平台对每个用户、商户或各种角色的服务者理解越深刻，运营人员就越能够实时获取到平台的运行状态，进一步沿着这些基础模型的架构，将虚拟世界的运行规律分解得更加准确。

虚拟经济最终是要为真实交易量服务的，注意观察本章提到的分析方法对实际业务增长的影响，也是评估方法效果、修正基础模型的有效途径。因此，在设计这些模型和实际运行之前，实践者有必要反复演算每个细节落地后对业务的可能影响，这样在真正投入运行以后，可以很快发现异常，检验之前的假设条件是否成立。

第 15 章
挤出繁荣里的泡沫

随着互联网本地在线服务的快速发展，越来越多的交易正从传统的线下传统渠道迁移到线上实时平台上。很多互联网业务都是崭新的商业模式，需要经历培育市场、教育用户的阶段。互联网平台为了培育新生市场，也会在运营和推广中投入大量资金。在这个过程中，补贴优惠是一种快速说服用户、促成订单量增长、带来业务繁荣的有效方法。

然而，补贴的存在也会滋生另一个畸形的行业，即作弊者通过伪造虚假交易来套取补贴，谋取真实利益。这就给互联网"黑色产业"提供了滋生的土壤。行业发展的早期，平台和商家都需要迅速引入大量的用户来启动市场，制造繁荣。但是平台必须清醒认识到，虚假的繁荣不会持久，而且这种繁荣会损伤整个生态的利益，导致影响资源分配的信号失灵。其实，作弊的危害并不遥远。

❑ **对用户**：刷单挤占了本来应该分配给用户的资源，无法从忠实用户的活动中得到平台的倾斜和培育。

❑ **对平台**：刷单浪费了大量现金资源，虽然短期冲高业绩，但可能掩盖了更多现实问题不能及时解决，这将导致平台在将来的某个时刻陷入困境。

❑ **对商家**：商家在短期得到较好的业务量表现，并从平台获取更多倾斜，但自己的信誉度会受损，可能会面临下线或罚款等惩罚。

外卖和打车行业曾经出现过普遍刷单的情况，虚假的数字已经干扰了公司正常的运营。投资人在评估公司实力时，不仅要看前台的运营数据，也会重点考察这类平台公司的查控能力、控制刷单率的能力。强大的风控能力，已经成为小公司和大公司技术实力的一个分水岭。

在商业交易和复杂管理过程中，风险是无处不在的。风险管理者需要采取各种措施和方法，消灭或减少风险发生可能性，避免风险所造成损失的过程。风险控制在传统的企业管理、金融借贷、资金审计等领域中尤为重要，并已在实际操作中发展出了一套相对完整的理论和方法。然而，这里说的风险控制，指的是有别于传统风控的互联网在线业务风控，其特点是风险形式多样、变化快、可以利用的信息冗杂。因此在线业务风险控制成为了风险控制中一个独特的分支，它需要一套与之适应的方法论和控制系统，用以解决用户作弊和商家刷单、账号安全、资金安全等新风险问题。本章阐述的风控系统主要是针对以上这些风险而设计的。

15.1　什么是刷单

刷单是风控领域常见的话题，具体包括滋生刷单这一新生事物的外部环境对刷单形态的影响，以及促成刷单操作的内部条件在硬件和技术层面上的表现。

15.1.1　刷单形态

刷单是作弊者以欺骗或违反业务规则的手段，伪造虚假订单获得利益的常见手法，它的形式有很多种。通过刷单获取利益的获利方包括用户、商户、各种中间环节的参与者等，这些获利方可能会发生串通行为。

- **商户自己刷单**。商户为了获取销量、积分、评价打分、套取优惠补贴、帮助套现等不正当利益，违反商户与平台之间的协议，而发起或参与的虚假交易行为。极端情况下，甚至有商户伪造证件，利用平台管理漏洞申请注册虚假线上店铺，专门从事刷单行为套现。
- **刷单团伙刷单**。专业的刷单团伙利用技术手段伪造大量虚假用户身份，以欺骗或违反业务规则的手段获得平台优惠补贴、用户权益等利益。这些团伙可能会串通若干家商户共同获利，也可能对外出售伪造的虚假用户身份来直接获利。

- **配送员与商户串通刷单**。有些正常的交易流程需要平台的配送员参与才能进行，这时有的商户会串通配送员，或者欺骗配送员不用再配送，以达到伪造交易流程的目的。实际上，商户并没有生产和配送真实的商品，而是利用这笔虚假订单套取平台的优惠补贴。

- **司机自己刷单**。司机购买能够模拟乘客账号行为的硬件设备以及打车软件的乘客账号。司机利用这些设备，可以登录不同的乘客账号，模拟虚假的行车路线，伪造正常的交易流程，从而套取平台的优惠补贴。

- **乘客和司机串通刷单**。如果乘客和司机是熟识关系，他们可以约定时间叫单和抢单，保证这一单只被作弊司机抢到。司机可以利用其他真实路程或硬件设备模拟虚假路程，并将其套用在这笔作弊订单上，伪造交易流程。如果乘客和司机是临时认识关系，他们可以约定将一笔订单拆分成多笔订单，以套取更多的优惠补贴。

15.1.2 作弊手段

任何刷单行为都离不开背后作弊手段的辅助，作弊手段通常可以分为硬件作弊和数据作弊两大类。

- **硬件作弊**的目标是，作弊者要尽可能逼真地模拟出真实用户的所有信息和行为特征，让平台误以为是一个正常用户在完成交易流程。安装在电脑上的模拟器软件就相当于一部虚拟手机，作弊者在上面不仅可以修改手机IMEI号码和机型，也可以安装各种应用的APK（安卓软件）或者App。

- **数据作弊**的目标是，作弊者尽可能低成本地创造虚假的用户身份，这里主要是以虚假手机号码的形式，并能够持续地在已经验证成功的作弊路径上复制获利。这些手机号码并不具有实体SIM卡，而是以小号形式与主号码绑定，并设定呼叫转移。每个账号能套取的补贴受益是可知的，因此作弊者在售卖这些虚假账号的时候都会为账号标上对应的价格。对作弊者来说，数据作弊就是一个购买原料再加工的过程，一套刷单获利的生态链也因此形成。

模拟的 IMEI 号码加上虚构的新手机号码，就能构成一位虚拟新用户。作弊者用这个新手机号码注册应用 App，并在电脑上的模拟器内登录后，就可以按照正常交易流程下单，享受应用提供的各种优惠。刷单成交后，商户并没有提供相应服务或生产商品，但仍然会得到平台的补贴优惠，刷单者在商户退还支付金额后，还可以按照约定比例得到平台补贴优惠的分成。

为了源源不断地伪造出虚假的用户身份，数据作弊者会想尽各种办法窃取邮箱、手机号、登录密码、支付密码、住址、身份证号等关键信息。由于当前互联网服务安全意识不足和安全措施不健全，大部分用户有用同一信息注册多个互联网服务的习惯，专业的盗号团伙会利用这个习惯，通过邮箱、手机号等维度把这些信息关联起来，进一步得到更多、更加详尽的用户资料。

具体来说，与账号安全相关的典型攻击形式有如下 4 种。

❑ **穷举撞库**：作弊者找到已经确定有效的账号后，采用野蛮遍历验证信息的方式试出密码。这种方法比较低效，适用于获取那些安全程度不高、密码难度较低的用户资料。

❑ **筛选洗号**：作弊者从网上找到由于安全事故泄露的第三方网站的用户资料，在准备攻击的平台逐一尝试登录，筛选出为了记忆方便而在多个平台用相同密码的用户资料。

❑ **木马植入**：作弊者通过邮件、诱骗点击、下载等方式，将木马程序植入到用户电脑或手机客户端，来截获用户的短信验证码或密码信息。

❑ **钓鱼窃取**：作弊者直接利用伪造和诈骗的方法，从用户本人或者第三方获得用户的隐私信息。比如，发送一些钓鱼短信，谎称由于某种安全原因或故障，需要用户提供短信验证码、身份证号等关键信息，然后利用这些信息在其他平台完成账号的手机换绑、重置等操作，进而盗取用户账户。

但是，不管作弊者有怎样精巧复杂的技术手段，风控系统都可以提前发现这些异常交易里遗留的蛛丝马迹，通过加强数据校验、侦测数据异常的方法抓到这些刷单者，制止作弊行为。所谓"魔高一尺，道高一丈"，风控技术就是这样一种不断发现问题、解决问题、与人做斗争、常变常新的技术体系。

15.2　加强数据校验

要解决刷单问题，系统首先需要在数据层面上加强校验，找出变换多重身份但同系一人的经常作案者。那么就需要通过唯一性验证、常驻点验证和硬件验证这三个照妖镜，让幻化出多副面孔的作弊者现出原形，从而为后续方案找出蛛丝马迹。

15.2.1　唯一性验证

如果将作弊者和犯罪分子做类比的话，每一笔刷单就是一次作案，每一次作案都会留下各种蛛丝马迹。警察需要将多起案件中留下的物证联系起来，找到背后的惯犯。同样，风控技术要想找到作弊者，也需要首先确定他们的真身。

在移动互联网环境中用来识别标识一个人的凭证有很多，可以分成硬件设备和用户信息两大类。

从机器硬件角度来看有如下 4 部分。

❑ IMEI 或 MEID 号码：它又称为移动设备国际识别码，是手机设备的唯一识别号码。IMEI 号码是独一无二的，即不会出现两台设备共享同一个 IMEI 或 MEID 号码的情况。

❑ UDID（Unique Device Identifier）：它是苹果 iOS 设备的唯一识别码，由 40 个字符的字母和数字组成。在很多需要限制一台设备一个账号的应用中经常会用到它。

❑ SIM 卡号：它是全球唯一的号码，是国际电联分配给每个运营商的。国际移动用户识别码（ International Mobile Subscriber Identity，IMSI），是为唯一识别一个移动用户所分配的国际号码。电话号码和 IMSI 没有任何关系，当开通服务时，电话号码和 IMSI 号码在交换机上做绑定，这样 SIM 卡就可以用了。

❑ MAC 地址：它用来区分网络设备的唯一性。接入网络的设备都有一个 MAC 地址，它们都不相同，且是唯一的。

从用户信息角度来看有如下 3 部分。

❑ **手机号码**：它分为用户在注册时的手机号和用于收货时联系的手机号。前者是和用户账号唯一绑定的号码，后者则允许出现多个，甚至是别的用户账号绑定的注册手机号码。

❑ **邮箱账号**：它是用户在注册账号时唯一绑定的号码。

❑ **支付账号**：它包括银行卡号、支付宝账号、微信支付号和百度钱包账号等，是用于在线支付的账号。

系统收集到每笔订单背后的这些身份信息以后，通过对比关联分析就能很快找到作弊订单大量聚集到某些账号之上，验证出这些疑似作弊订单可能都是出自同一个作弊来源。当交易还没有达成的时候，风控系统也能及时甄别出，当前登录者的信息与之前的可疑账号存在唯一性验证上的关联关系，提前做出预警，及时中断可疑的交易。

15.2.2　常驻点验证

移动互联网应用已经将各种交易行为嵌入到了用户的真实生活场景中。地理信息模型数据是构成一笔正常交易必不可少的元素，它在便利用户生活的同时，也提高了作弊者伪造虚假交易成本门槛，限制了他们无法随时随地进行刷单。对风控系统来说，它通过分析用户经常出现的地址，就可以验证交易者是一个真实的用户，还是潜伏在电脑前操作各种作弊软件和模拟器的作弊者。

用户的常驻点位置信息有以下 4 种来源。

❑ **用户收货地址**。在收取配送商品或者接受上门服务的应用场景下，它是用户必须填写的地址信息。由于需要指定配送员或服务员到达精确地点，收货地址必须满足精准定位要求。如果信息短少或者语焉不详，系统就可以在最初记录地址信息的时候将其列入怀疑对象。

❑ **用户定位地址**。在用户登录应用开始选择商品或服务时，它是由应用软件的地址定位功能自动获取到的地址信息。只要应用软件没有被劫持或关闭定位功能，风控系统就能及时获取到第一手最准确的用户定位信息。如果手机被人动过手脚，或者系统总是无法正常获取到定位地址，那用户的真实意图就非常值得怀疑。

❑ **目的地地址**。它是用户选择接受出行服务要到达地点的地址信息。由于在接下来的服务中，司机和乘客还会有当面接触，所以目的地地址只写出大致范围，能够让平台和司机理解就可以了，不需要过于精确。然而，如果作弊者同时扮演司机和乘客，自己发单自己抢，则目的地总是在前一个停车地点的附近地方；如果司机和乘客是熟识关系，则目的地总是稳定的固定地址；如果司机临时串通乘客拆单，则前一个订单总是突然中止，下一个订单的目的地和之前订单重复。

❑ **IP 解析地址**。它是利用用户的网络 IP 地址，通过 IP 地址数据库反向解析出来的定位地址信息。只要应用软件没有被作弊软件修改掉底层的 IP 地址，风控系统就能通过地址解析，获取到网络设备透露的用户定位信息。当这个地址和其他位置信息不一致时，就很有可能是，隐藏在其他地点的作弊者在遥控作弊软件从事刷单活动。

系统综合来自多个信息渠道的地址信息，将更有利于分析发现，每笔交易背后究竟是真实的用户，还是试图伪造交易场景的作弊者。

15.2.3　硬件验证

智能硬件的发展给作弊者和反作弊者都提供了便利。智能硬件作为工具，如果掌握在作弊者手里，就会成为绕过风控系统验证、伪造正常交易记录的高效手段。如果作弊规律为风控系统所知，智能硬件所提供的信息也能成为反作弊者揭开真相、破解刷单秘密的利器。以目前智能手机硬件发展阶段为例，作弊者和反作弊者相互斗法的焦点主要集中在安卓平台模拟器的几个战场上。

安卓平台各种模拟器最初产生的原因是，为了支持各种底层运行制式的游戏产品，让玩家不必购买多家硬件厂商的设备就能玩转各种热门游戏。这种开放的硬件能力被作弊者用在了刷单产业中，让作弊者可以很低的成本复制出大量的虚拟账号，极大增强了作弊者的造假能力，提高了风控系统的侦察难度。然而，系统通过分析主流模拟器的设计逻辑和实现方法，还是有很多可以应对的手段。这时，硬件验证的技术发展趋势就变成了攻防双方不断调适模拟器仿真复杂度的过程。从一开始最基础的各种机器标识码、默认文件路径，到更难一点的 CPU 信息、型号、硬件参数，甚至到机器的温度、电量参数，它们都可以被攻防双方选定为争夺的阵地。

以重力传感器为例，它采用弹性敏感元件制成悬臂式位移器，采用弹性敏感元件制成的储能弹簧来驱动电触点，完成从重力变化到电信号的转换，广泛应用在中高端智能手机和平板电脑内。如果应用程序获取了重力传感器的访问权限，它就能够通过重力引起的加速度，计算出设备相对于水平面的倾斜角度。应用程序通过分析动态加速度，可以得到设备移动的方式。作弊者的手机都是僵尸机，僵尸机不会出现自然运动状态下的重力感应数据，这个状况可以辅助识别作弊者的原形。

15.3 发现数据异常

作弊者因其非法牟利的动机，必然会在行为模式上异于普通用户，在数据中留下蛛丝马迹的异常现象。反作弊本质上就是，平台从异常数据中找到作弊者。上一节提到的大量账号都源于同一身份就是一种数据异常。本节还会介绍更多常见的异常数据发现规律。

15.3.1 短期频繁行为

刷单者出于降低成本考虑，通常都会在相对集中的时间范围内，发起大量的异常交易行为，这就为风控系统提供了依据，系统因此可分析隐藏在订单数据中的短期高频模式，从而侦查出作弊行为。那么，如何定义短期高频行为，它们通常会出现在哪些特定场景下，人们可从以下角度入手挖掘。

❑ **用户按不同时间段统计的订单数**。通常，每个时期、不同地域范围内总会有一个合理的订单数均值。如果订单数过度高于这个均值，则有可能是作弊用户大规模刷单。

❑ **从登录浏览到下单的时长**。正常用户一般都会经历一个挑选比较商品或服务的过程，这个过程长短不一。但如果过程太短，用户几乎是登录以后就直奔选定的商品下单，则这很有可能是事先约定好的刷单任务。

❑ **反馈行为记录数量**。真正关心使用体验的用户，会愿意花费时间对已经完成的订单进行评价，这些评价褒贬不一。如果在用户的记录里几乎没有任何反馈，则表明这个用户不太像真正体验消费，而是在刷单。

❑ **完成收货确认**。与评价相反，作弊者在确认完成交易行为方面，反而显得特别积极，因为这有利于他结束当前的刷单任务。而真实用户要么是由于其他事情耽误了及时确认收到商品，要么是懒得操作这一步确认流程。

不过，短期高频行为只是意味着交易行为存在疑点，还不能完全代表就是作弊者在刷单。后面还会讲到，哪些方法能避免误伤。

15.3.2　批量雷同行为

与短期高频行为在时间上高度聚集分布不同，批量雷同行为是在空间范围上存在高度聚集分布的一种形式。这里的假设是，随着业务的正常发展，交易行为的数量在各种指标上的分布应该是均匀的，如果交易数量特别集中在某个数段，这也一定有合理的解释。

相反，作弊者在受限于伪造成本时，总会在某些地方留下漏洞。

❑ 在同一个商户里所下订单的手机号，都来自于一个号段。

❑ 刚注册的一批新用户留下的联系邮箱都有相同的后缀，前缀是相同长度、有类似组合方式的字母和数字串。

❑ 大量订单有着相同的客单价，甚至是相同的商品组合。这违反了个人喜好很难完全一致的常识。

❑ 在相近的时间段，一批用户从相同的出发点，到相同的目的地，人员数量明显超过合理的同伴人数。这违反在这个区域很难调集如此大运力的常理。

一般来说，对批量雷同行为的定义，决定了发现数据异常的能力和效果。如果定义太宽，算法有利于召回更多的可疑行为，但会损失精度；如果定义太严，算法能保证找到明显的作弊行为，但不利于杜绝隐患。针对这两种情况，人们通常可取的方案是先保精度，然后在此基础上发现更多特征和规律，再扩大召回。

15.3.3　抱团趋同

即便作弊者在实施刷单任务时放缓了频率，精心设计在不同场景下单独行事，风控系统还是能够从抱团趋同的思路，找到他们在各种关系中遗漏的作案痕迹。这里的假设是，作弊者只能维护一套远小于真实业务规模的虚拟交易体系，然后在这套体系中实现各种伪造交易。作弊者不可能复制一套和真实业务规模等量的体系，否则他将付出维护整个平台的精力。

既然如此，作弊者就只能在小圈子里行事。总是有那么一批用户会在特定的商户或司机那里下单，人员可能很多，有几人、几十人甚至上百人。如果统计交易行为，人们就会发现他们最终总是表现出趋同的情况，只会和有限的几个或几十个商户或司机成交。这种抱团现象是无法从单个用户或单个商户那里发现的，完全看不出规律。人们只有将交易的双方看成节点，将交易行为看作边，将问题转化成图论里的最小连通图问题，才能从复杂的网络连接中挖掘出可疑的抱团关系。

15.4　制止作弊行为

发现作弊行为的过程非常不易，充满了和作弊者斗智斗勇的历程。制止作弊行为更是一门需要平衡和斟酌的艺术，充满了辩证的思考。在业务增长的不同时期，运营人员会有不同的考虑和取舍，针对不同程度的准确率和召回率，也需要设置相互倚重和对冲的组合策略方案。

15.4.1　规则系统

对于应用产品发展早期的风控系统来说，业务上面临问题的关键在于，系统要能够迅速灵活地应对随时变化的攻击。因此，一套高效好用的规则系统是最合适的方案，便于对风控规则做精细化的运营和监控。

规则系统的优势在于如下两点。

☐ 业务容易理解、操作，便于运营人员观察效果。
☐ 生效快，工程师可以紧急上线部署，及时止损。

然而，规则系统也会存在以下问题。

☐ 规则复杂、叠加作用，不便于运营人员长期管理。
☐ 工程师无法掌握预期效果，准确率和召回率难以兼顾。

15.4.2 机器建模

要想构造全面完善的风控体系，人们还是需要通过机器学习建模的方法，掌握作弊者刷单行为背后的组合特征规律。随着学习样本的丰富和模型精度的提高，设计者不断调整模型参数，才能适应作弊形态的变化趋势，总是及时准确找到刷单。

在选取学习样本时，首先需要注意正负样本的比例。一般来说，反作弊业务中正样本的比例总是远远高于负样本的比例，这就需要在构造样本集合的时候，设计者主动放大负样本的个数，或者增高负样本在训练函数中的权重。其次，设计者要避免由于挑选样本时的偏向性和局限性，只集中在某几类作弊形态的样本中反复训练，而忽略了其他类型的作弊形态；也就是说，负样本中的多个不同作弊类型的样本比例也需要经过精心配比，这样才能避免模型面对真实环境的不适应。必要的话，人们可以针对单个作弊形态单独训练模型。

在选取特征集合时，设计者需要引入具体业务场景的经验知识，帮助产品和研发人员筛选可用特征的范围，甚至直接找到或组合出能表征作弊规律的强特征。原来规则系统里的很多初始特征都是最好的训练特征，而机器学习的优点在于，设计者能够对这些特征进行细分得到更多维度的表达，进行组合得到具有业务实际意义的新特征。最终，随着学习样本在数量上的丰富和在特征覆盖度上的提升，模型得到不断的提升和优化。

15.4.3 避免误伤

召回率和准确率是一对相生相克的指标，再精密的算法也会导致误识别正常用户的现象。然而，由于反作弊业务的严格性，别处可以容忍的准确率问题，在这里会放大成对每一个忠实用户的伤害。为了解决这个问题，人们通常可以从两方面来调控。

- ❑ 建立白名单和信用体系。首先，系统需要建立绝对不能伤害的用户名单，也就是白名单。名单的来源，可以是 VIP 用户、付费用户、主动邀请用户等。这其实是建立起了第一波防护堤。其次，通过信用体系，系统在可信任用户和可疑用户之间划出一条灰色区域。灰色区域的大小可以根据算法的精度来调整，对灰色区域内用户的处罚策略可以灵活设置不同力度的规则。
- ❑ 发现正常交易行为轨迹。与为了发现作弊而持有有罪推论相反，为了避免误伤，设计者需要先假设用户的交易是正常的。一些反复验证的明显行为，也可以作为判断用户满足正常交易的条件。比如，用户会在完成交易后投诉抱怨服务质量，用户订单留言的正常文本表达自己特别需求。

15.5 小结

作弊刷单行为是伴随着移动互联网发展的恶瘤。每个快速发展的平台都在不断促进业务增长的过程中，努力发展风控系统清除泡沫，避免被紧随身后的恶瘤感染。本章强调了通过加强数据校验和侦测数据异常的方法，为找出这些刷单提供一些可以尝试和借鉴的思路。

反作弊是一项与人斗争的战斗。"魔高一尺，道高一丈"，在商业平台发展技术能力解决作弊者制造的各种问题的过程中，风控体系也必然发展起来。很多平台的风控团队也都是这么走过来的。如果说有什么可以借鉴的经验，那就是不管作弊者多么猖狂，他们始终是在一个更加未知的环境里权衡利弊。风控体系能力的强弱，并不是体现在针对具体某种作弊形态识别准确率和召回率的高度，而是在于发现一种新的作弊形态后的打压速度。只要系统能迅速打击，压下作弊势头，作弊者会很快权衡得失，丧失斗志。反之，如果让他们找到了一个漏洞，作弊者就会群起攻之，局面不可收拾。当然，如果想做到快速响应的风控体系，系统则需要在日常数据挖掘、平台建设、算法调优上做到优秀。

第 16 章

为商户赋能

移动互联网平台，尤其是 O2O 领域应用，所承担的使命就是要降低达成交易的成本，促成交易量的增长。在这个过程中，平台通常会先后从不同的角度切入到这场效率优化的大工程中。

- ❑ 首先，平台需要解决用户获取可交易信息的效率问题，搭建信息展现平台，将线下的商户和商品信息搬到线上，利用优惠、打折等促销手段，促使用户改变原先的消费习惯，产生新的线上消费，将需求方制造出来。
- ❑ 其次，同类型的平台越来越多以后，信息不再是稀缺品，服务质量成为差异化的竞争力。平台会大力发展自己的物流配送能力和实体供应链能力，以求能确保所提供服务的质量，控制整个交易链上的风险环节。

在竞争对手意识到服务质量取胜的问题，并通过自建体系逐渐抹平竞争差异之后，这条商业链条上的竞争压力就会进一步传递到交易的另一端，即最终提供商品和服务的商户。得商户者得天下，能解决商户在生产、运营、运输、交易过程中遇到的种种问题的平台，才能在激烈的竞争中生存下来，从整体上提高交易链条每个环节的效率。

商户赋能，就是要从商户的角度出发，运用平台的大数据优势，帮助商户在激烈的竞争中掌握更精准的商业信息，为原先只能拍脑袋的商业决策提供辅助判断。

16.1　选地址

对必须考虑实体经营业绩的商户来说，将商铺选定在什么位置、覆盖方圆多大范围的客流是首要考虑的问题。传统情况下，商户可能需要利用个人经验或中介介绍的方法辅助决策。现在，商户可以通过商业平台对海量历史数据的分析，有效利用同行经营的经验数据，给出智能化的解决方案。

16.1.1　找到旺铺位置

开店第一件事就是选址，店铺坐落在哪里，将会在很大程度上决定商家未来的经营状况。然而，在实际的商业环境中，商铺的分布极为零散，缺少合理的规划，各种不同的业态相互交织，商铺分布形成了十分庞杂的商铺结构形态。而且，随着商铺换手率越来越高，商铺结构形态的复杂性和无序度也进一步放大。准备开店的商户无法凭借个人的力量去做详尽的调研，不了解潜在候选商铺的商业价值，也就无法结合希望从事的业态类型、经验规模、特色主题做出精准的选址决定。因此，越来越多的商铺开了又关，关了又开，但商户始终没有摸到商业选址的规律，陷入盲动无序的尴尬境地。

平台作为线上交易数据的汇集方，积累了大量真实可靠的订单数据，知道每天这个商圈里正在发生的交易行为。因此，平台最有可能提供专业服务，帮助商户找到理想中的旺铺位置，为商户赋能。

❑ 地理信息数据模型能够分析统计出每天在某个 POI 附近的人群分布情况。

❑ 系统从这些人群已有的消费行为中挖掘出品牌偏好、消费档次、需求类型，从而推导出对应需求所代表的业态类型。

❑ 已经采集到的商铺数据能告诉我们，现有的业态分布比例与经营状况。

这样，基于大数据智能分析的详细数据报告，就以专业商业地产顾问的角度，为希望找到适合自己业务形态和规模的商户，提供真实可靠的数据支持，从而避免盲目选址带来的开店风险。

16.1.2 划定服务范围

解决开店地址问题，相当于在地图上选定一个点。以这个点为圆心，能画出多大的圆，决定了商家究竟能够覆盖多大范围的用户。服务范围大小本身就是商户最基本的资源，可以说商户所有的利润都来自于这块范围能涵盖的用户群体。如果圆心辐射的范围很小，那么商户对其他资源投入再多，也会遇到发展的瓶颈，辐射范围反而成为负资产；反之，如果圆心辐射的范围很大，系统则能极大化利用商户对其他资源的投入，摊平整体的成本，取得事半功倍的效果。

从圆心到边缘的服务能力传导有两个方向。传统的到店服务强调，汇聚周边有需求的用户人群，这是一股吸纳的力量；新近的到家服务则强调，扩散商家服务能力，配送到周边有需求用户人群，这是一股推送的力量。两股力量相互作用，此消彼涨，共同确定了商户真实的服务范围轮廓。这两类服务能力都可以运用大数据的方法预先描绘出来，形成一幅服务能力范围地图，并成为商户科学决策的依据。

划定到店服务范围，就是要计算每个潜在用户的到店时间成本，绘制潜在用户群体的时长等高线图。首先，平台要获取以店铺为中心、方圆每一公里的移动人群分布数据，建立若干个远近不等的目标区域，了解对应的人群规模。根据距离远近和交通工具的不同，人们可以大致估算出，这些不同目标区域的人群到达店铺的平均花费时间。一般来说，花费路途时间越长，则用户越不愿意前往店铺。不同的消费类型对应的用户，愿意花费路途时间的心理预期各不相同。综合考量这些因素，人们就不难得出，特定地理位置的特定商铺，在特定商业环境下所能触达的潜在到店用户群体的数量，以及到店服务所能触达的最大地理边界位置。

划定到家服务范围，就是要计算每一单的运力价格，绘制每个商户的运力等价线图。通过掌握商圈内每个商户所有订单的地理分布和配送效果，人们就能够绘制出商户配送范围内的配送效率分布图。受到地理位置、道路特点和业务密集程度等因素的影响，这个分布图并不是基于商户地址的同心圆，而是类似衡量山丘高度的等高线图，可以让业务人员知道影响物流配送效率的瓶颈在哪里，该如何更合理地划分商户配送范围、调整商圈运力分布。

16.2 选商品

系统可以通过预测主打商品、细分商品生命周期来为商户赋能，这些都是能直接影响商户日常经营决策的关键动作。

16.2.1 知己知彼找爆品

新店开张该主推哪款商品，最能赢得消费者的注意力？在竞争激烈的商战中，哪款商品最有机会从大量雷同者中脱颖而出？消费趋势在发生什么变化，商户需要赶紧推出哪款商品，才能跟得上竞争对手的步伐？这些都是每个商户在考虑的问题，也是最难解决的问题。

知己容易，知彼难。同行竞争早就进入了白热化，谁都不愿意将自己最宝贵的商业信息让竞争对手了解到。虽然移动互联网上的信息都是公开的，但单个商户要想每天及时处理商圈潜在竞争对手的数据，这也是一件不可能完成的任务。商户与其依靠个人的直觉和繁重的分析比对，还不如依赖平台汇集的海量数据和预测分析。

- 系统发现相似商户历史经营数据中最受欢迎的商品和价格，并推算出一个合理的价格区间作为参考。
- 系统统计流失用户在其他商户的消费行为，推测出吸引他们离开的商品。
- 系统对比不同商户的相同商品的价格差异，了解目标客户群的喜好和热销的价格区间，推测重新修改定价会瞄准更多潜在用户。
- 系统从附近用户群经常搜索的查询词里，判断用户需求的变化趋势，提前找到还没能满足的需求热点，做好预先备货。

这里需要强调的是，对平台来说，这些商业情报都是在海量的交易行为数据基础上，而挖掘出来的统计规律的认识，并不会特别针对某一家商户的经营数据。对于被挖掘者来说，这样做并不存在泄露商业机密的风险。从另一个角度来看，平台也会尽量避免数据的过拟合性，即避免依赖过少的学习样本就得出经验性的结论。只有掌握的样本越丰富，商业环境越充分融合，那么得出的预测分析结果就越健壮。

16.2.2　商品的生命周期

波士顿矩阵理论告诉我们，决定商品结构的基本因素主要有两个：市场引力与企业实力。其中，市场引力主要包括销售量增长率，企业实力主要包括市场占有率。根据这两个因素的相互作用，人们可以划分出 4 个象限来代表 4 种不同性质的商品类型。

- ❏ 销售增长率和市场占有率"双高"的商品群（明星类商品）。
- ❏ 销售增长率和市场占有率"双低"的商品群（瘦狗类商品）。
- ❏ 销售增长率高、市场占有率低的商品群（问题类商品）。
- ❏ 销售增长率低、市场占有率高的商品群（现金牛类商品）。

根据每个商户的商品结构，人们同样可以划分出不同的商品类别。通过观察所有商品销售状态就可以分析，什么样的商品该淘汰，什么样的商品进入了销售高峰后的"倦怠期"，什么样的商品如"明日之星"般极具发展潜力。系统可根据每类商品的特点，制定合理的营销策略，将商品安排在店铺展示页的相应位置。

系统还可以建议商户采用组合推销、诱客最佳的"维持"策略，将最具有吸引力的商品与其他盈利水平高的商品结合推销，提高综合盈利水平。比如，系统设置套餐类商品组合，将最热门的菜品搭配上自制饮料，这样既能维持销售热度又能保证盈利。

16.3　选客群

为平台设计的用户增长方案，同样适用于每一个商户。相比于商户了解信息的局限性，平台更有能力从高层面分析商户面临的潜在问题和实际困境，可以给出更合理选客建议。

16.3.1　定制目标用户

商品上架之后最重要的问题就是找到销路，即找到有购买能力且有购买需求的目标用户。传统商户的做法，无非是在店铺周边摆上广告条幅、张贴宣传画册，甚至是雇用人在街边路口散发传单、组织促销活动。至于线上拉新方法，就是找一些和商户业态相关的投放渠道，比如楼宇分众广告来发布促销信息。这些方法虽然一直行之有效，但相对大数据定制获客来说，会显得粗放和低效了。发现目标用户的关键问题在于获客成本。无论是追求覆盖面的综合渠道，还是侧重精准度的垂直渠道，无论是传统还是线上，都无法精准触达用户群，人们无法预先估算这些用户的潜在价值和最小成本，也就无法真正降低获客成本。而大数据定制获客则是能以最低成本触达用户的一种新营销方式。

我们在前面的智能选址功能介绍中已经做过铺垫。地理信息数据模型能够分析统计每天在店铺附近的人群分布情况，从这些人群已有的消费行为中，挖掘品牌偏好、消费档次、需求类型等信息，推导出对应需求所代表的业态类型。服务范围划定功能可以分别找出到店和到家服务所能触达的人群范围边界。为商户赋能而挖掘潜在用户的业务背景与平台拉新有所不同，商户可以接受对平台来说不是新用户但对自己来说是新用户的目标用户群体。商户愿意用更好的服务和更低的价格，吸引留存在平台上其他商户那里的用户。这样平台就可以基于这些用户更丰富的历史消费记录，得出更多维度、更精准的结论。在这个潜在用户群体的大池子里，系统还可以更精细化地做到提高精准度和控制成本。

16.3.2 提高揽客质量

活跃度高的高价值人群，是最值得招揽的客群。商户都希望吸引到的用户是愿意持续下单消费的高频用户，而不是拿了优惠就再也不回头的一次性消费者。这样运营人员就可以根据 RFM 模型提供的用户价值，来选取当前最值得投放促销资源的人群。基于定格测算和时序分析发现的用户状态转移规律，也可以帮助商户进一步甄别哪些用户具有长久的消费能力，并预测他们在成为自己用户后的消费行为变化趋势。

根据兴趣匹配精准偏好人群，这样做会更加有的放矢。用户消费历史记录可以反映出他的品牌、口味、类别、身份等偏好信息。其中，哪些信息是与商户自身定位符合的，哪些信息是商户能够给出独特体验的，这些用户偏好属性都是商户可以用来招徕用户、精准定位的主打点。对一位经常购买罐装啤酒和宵夜外卖的用户来说，如果你的便利店地址离他家更近，这当然就是将他吸引作忠实用户的最好原因。

16.3.3　降低揽客成本

首先，平台可以利用价格敏感度控制成本。在所有偏好指标里，与商家成本利益关系最紧密的就是用户的购买力，购买力又可以分解成客单价和优惠力度。客单价反映用户的实际消费能力，优惠力度表示用户对补贴的敏感程度。两者之间存在相关关系，但不绝对一致。比如，经常采购高价商品的用户，可能也会很在乎每一次的优惠力度。但是不管怎样，这些已知信息可以向平台和商户传达有效的信号，告诉他们应该以多大幅度的优惠成本触达这些用户，而不是无差别地调高或调低拉新成本预算。

其次，平台可以从服务体验差异角度，寻找服务敏感用户的痛点。平台里沉寂着很多曾经有过恶劣服务体验的用户。他们之前并没有太多机会表达自己的失望，最多是对订单给出差评，投诉抱怨自己的体验。对于这些用户来说，吸引人的宣传和价格上的优惠可能都不是让其回心转意的原因，而高质量的服务体验才是他们看重的地方。对于那些新进的商户来说，它们有强烈的愿望用更高档次的服务赢得用户，而用户往往也愿意给这些新店表现的机会。这种在服务质量上的契合度，往往就能成为辅助商户找到那些服务敏感用户的机会。

16.4　小结

商户赋能是移动互联网经济继续向深度和精度延伸的方向，几乎所有 O2O 领域的竞争者都在循着这条路径，逐渐从早期的粗放式经营阶段，过渡到对提供最终服务和商品的商家精耕细作的阶段。商业效率的提升，不只是表现在满足最显而易见的用户需求上，而是更深入地体现在满足商业经济的主体，也就是中小经营者需求上。商业平台利用大数据和智能算法，改造生产、经营、销售和售后服务过程，辅助商户做出更多更智能的商业决策，这绝对是一片有待改造和竞争的蓝色海洋。

实际中，也会有很多不同商业生态链条上的企业，在跃跃欲试准备参与这场变革。

- ❑ 专门从事移动互联网商铺交易的平台，比如乐铺。他们擅长的是，深度切入这个垂直市场，以在线铺源的真实有效性和专业精准的匹配服务，赢得有强烈开店需求的用户。之后他们可以通过持续的后续服务，提供覆盖整个线下商铺经营过程的管家服务，从而实现一条稳定的收益链。
- ❑ 从移动互联网住宅交易平台转变而来，比如链家。他们已经在住宅交易市场，积累了大量现场服务和交易环节服务的经验，在大数据分析和预测领域也具有较强的开发实力。他们所需要适应的就是商业地产的特殊场景。毕竟开店是一件复杂的生意，涉及的环节远远超过自住。当然，收益也是丰厚的，如果有谁能掌握了商铺数据，他也就控制了这里的商业命脉。
- ❑ 从 O2O 平台的交易行为延伸而来，比如外卖、团购行业。这些 O2O 平台在逐渐掌控了用户体验、取得垄断地位之后，循着这条商业逻辑会自然而然找到更持久的盈利方式。商户赋能对他们来说是最天然合理的尝试，海量的线上交易行为积累了大量急需解决的商户痛点，甚至是商户自己都意识不到能通过大数据技术改造的地方。当然，从线上迁移到线下的落地能力是这些平台的薄弱之处。他们必须如解决了配送问题一样，还得解决商铺铺源真实性的问题。

本章介绍了商户通常会面临的选择店铺地址、商品结构和目标用户群体三类主要问题，结合大数据所能赋予的技术能力，分析了商户赋能最擅长的改造方案，可供希望从这三类问题所代表领域切入的竞争者参考。

第 17 章

调度一盘棋

　　到目前为止讨论的智能增长方法，更多涉及的是如何提高传统经济场景下供需双方沟通效率，让消费者更加便捷地知晓商品，让商家更有效地推销商品。然而，搜索引擎的出现早已能够让网民获取到准确全面的商品信息，推荐引擎的应用也在众多电商网站上改变了用户挑选商品的习惯。但是，这些技术的变革并没有直接催生出蓬勃发展的 O2O 经济，让线上需求和线下服务真正高效地连接在一起，两者发生剧烈的化学反应，唤出隐藏在高成本技术门槛下的出租车寻呼、拼车、代送、外卖、代驾和共享单车等新兴市场。这些原先被认为需求不值得一提，或者实现起来太困难的功能，为什么都能在短短一两年内迅速崛起，成为用户量上亿、日交易量千万级别的产品呢？

　　用补贴大战来解释这个难题是一种偷懒的做法，资本从来不会在没有未来潜在收益的地方浪费自己的能量，它们只是比普通人更早嗅到了山雨欲来的气息。招车、拼车、外卖、共享单车这类应用的大量出现，让广大移动互联网用户享受到地理大数据普及应用带来的便利生活。但这种革命性的突破建立在之前技术领域在算法和架构方面的长期投入和技术升级基础上。原先在文本、图像等信息领域适用的技术能力，比如搜索引擎、推荐系统、自然语言处理、计算广告等技术手段，经过改造后迅速在物流调度、路径规划、运力预测、供求计价等新问题上得到应用。先进的算法能力，为商业应用能够智能化利用地理信息模型提供了可行性。

这其中最为重要的是物流调度能力，它最终实现将人工寻呼模式改造成更加智能高效的机器分配模式，将到店消费模式改造成更加灵活便捷的到家消费模式，极大降低了用户的消费成本和商户的固定成本。调度平台除了促进线上需求向线下转化，也包括完成订单的最后一公里实地连接任务——基于城市道路交通状况的物流调度。高效的物流调度能力，是决定各种基于地理信息数据平台商业模式成败的关键，也是O2O经济区别于传统经济的根本，它运用城市交通大数据相关的云计算、深度学习和可视化技术，提升行业效率，创造并满足新的民生需求。

因此，智能调度系统是所有涉及线下运力调配应用的最核心环节，也是关联到诸多因素的综合系统，可以看作是一盘大棋。系统需要依托海量历史订单数据、配送/驾驶员定位数据、精准的商户特征数据，针对配送/驾驶员实时情景（任务量、配送距离、并单情况、评级），对订单进行智能匹配，实现自动化调度以及资源的全局最优配置，在保证系统效率的前提下，最大限度地提高用户体验。

为了更系统地认识调度问题，本章接下来的内容会先根据调度任务的复杂程度，对几种常见的业务模式进行分类。然后，本章将分别介绍物流调度决策的主体部分，也就是如何将一个多目标优化问题逐层拆解成可解的分配问题，以及在物流调度系统里需要重点考虑的极端情况下的预警和应急策略，在平时情况下主动的运力调配策略。

17.1 调度模式分类

人们对目前常见的出租车寻呼、拼车、代送、外卖、代驾和共享单车等应用进行分析便可知，这些应用需要由算法采集实时地理位置数据，进行运力分配，以求达到物品或人员在时间消耗和空间位移上最优解。由于有着运输供给方（配送员、驾驶员）和运输需求方（收货人、发货人、乘客）之间间隔地点是一处还是两处的不同，有着运输过程中供给方是否能够并行完成多个任务的不同，调度模式也会有难易程度的差别和基本逻辑算法设计的不同。

17.1.1   单地串行调度

单地串行调度的发生场景是，假设运输需求方在 A 处发起需求，即需要调度当时处于 B_1, B_2, $\cdots$, B_n 处的多个运输供应方中的某个配送员或驾驶员，前往 A 处运送货品或人员。在运送的过程中，配送员或驾驶员只能串行完成当前任务之后才可以接受下一个任务，系统不允许配送员或驾驶员同时运送多个需求方的货品或人员。

实际的代表性业务可以是出租车寻呼和代驾。乘客在某地发出出行请求后，调度系统需要搜寻乘客位置附近的空车司机或没有任务的代驾司机。司机可以直接前往乘客的等待地点，然后前往指定目的地。在整个任务中，司机不允许再去搭载其他乘客，也不能在行驶过程中偏离乘客的候车地点和目的地点，以便于完成其行驶任务，除非司机采取作弊手段修改自己的状态，以求能多完成任务，获得平台约定之外的非法收入。

单地串行调度是比较典型的调度问题。在假设平台约定能够得到强制执行满足的情况下，调度系统更多需要考虑实时获取空车司机或代驾司机的位置数据，这样当乘客在发出出行信息后能及时响应，找到附近的最佳候选者。这种匹配关系只限于短时间内的一对多关系，不需要考虑多对多的复杂关系，因此设计者还是比较容易抽象出与业务特点相关的排序算法。

17.1.2   单地并行调度

假设运输需求方在 A 处发起需求，单地并行调度的发生场景与串行调度的区别在于，系统调度当时处于 B_1, B_2, $\cdots$, B_n 处的多个运输供应方中的某个配送员或驾驶员，前往 A 处运送货品或人员的过程中，配送员或驾驶员可以并行地完成多个任务，可以同时运送多个需求方的货品或人员。

实际中的代表性业务可以是拼车和代送。用户在某地发出拼车出行或代送货品需求消息后，调度系统需要搜寻用户位置附近的、有能力顺道载客的司机或携带货品的配送员。司机或配送员可以直接前往用户的等待地点，完成搭乘和交接货品，然后前往指定目的地。在整个任务中，司机可以在去途和送途过程中，搭载或送达其他乘客，配送员也可以在取货和送货过程中，顺道去完成其他用户的货品交接任务。并行完成的任务个数本身并没有强制约定，只是受限于车辆载客最大人数和配送员所能携带货品体积重量上限。对这类业务来说，能并行的任务数越高则整个调度性能越优，这时才真正体现出共享经济的优越性。

单地并行调度是值得精心优化的调度问题。在这个场景中，调度算法性能如何决定了整个平台的用户体验和经济效益。调度系统在决定每一次运输供需双方的匹配关系时要考虑的因素更多了：既要观察之前调度分配的情况，由于并行任务的连贯性，在系统繁忙的时候几乎不存在某个司机或配送员完成所有订单处于空闲状态的情况，所有可调配人力都处于一个甚至多个订单的运输进行状态中；还要预估调度分配之后的情况，因为当前这一单的调配结果也会影响到之后订单的初始状态。当前的局部最优解在新的条件下，就未必还是合适的选择了。

17.1.3 双地并行调度

假设运输需求方在 A 处发起需求，双地并行调度的发生场景相比单地并行调度则更为复杂，其区别在于，要调度当时处于 B_1, B_2, $\cdots$, B_n 处的多个运输供应方中的某个配送员或驾驶员，在前往 A 处运送货品或人员之前，必须先经过 C 处才可以完成任务。调配配送员或驾驶员时必须同时考虑 A 和 C 两处位置，A、B、C 三者组成了复杂的关联关系，并不是距离 A 或 C 一处更近的配送员或驾驶员就更适合。当然，并行调度时还必须考虑要运送多个需求方的货品或人员的情况。

实际中的代表性业务可以是外卖。用户在某地发出订购某处商户菜品的订单需求消息后，调度系统需要搜寻用户位置附近的、有能力完成订单配送任务的配送员。配送员必须先前往用户指定的商户取得菜品，然后才能前往用户所在地。在整个任务中，配送员可以在取货和送货过程中，顺道去完成其他用户的菜品配送任务。这些交叉进行的配送任务之间，每个任务的取货和送货环节与其他任务的环节之间，并没有强制顺序关系。配送员完全可以在接连取得多家商户的菜品之后，才去分别向多个用户送餐，也可以在完成当前任务的取餐环节之后，再去完成前一个任务的送餐环节，然后再完成当前任务的送餐环节。尤其是当配送员在同一段时间内要并行完成的任务个数较多时，复杂的多任务取送关系将会形成极为巨大的选择空间。这时如果系统能调配好双地，也就是双环节与多任务并行的关系，将能大大提高整个调度系统的性能，进一步发挥出共享经济的优越性。

双地并行调度是最考验调度算法能力的难题。原先物流运力供需双方之间的直接关系中，被插入了一个新的可变因素：提供菜品的商户。这个因素带来的新增复杂度在于，配送员能达到用户所在地的时间和效率，不仅仅取决他自己接到任务命令后前往目的地的速度，也会依赖于商户能提供菜品的及时性。如果是现成的货品还好，但餐品往往都是现时制作，耗费时间根本不可控，因而系统很难精准控制配送员应该抵达商户所在地的时间。配送员去早了，则白白耗费本来可以并行配送其他任务的时间；配送员去晚了，则损失了本来可以早点到店取餐送给用户的时间。在调度算法中，系统除了要处理多任务时 n 个用户所在地位置之外，还会平白增加 n 个商户所在地位置，需要参与配送组合代价的衡量计算，算法复杂度又会增加一个数量级。

17.2　物流调度决策

物流调度平台必须基于国内城市非机动车道路交通状况，实时收集点对点物流运输需求数据和物流配送人员动态信息。这里将围绕着如何最大效率提高物流运输调度平台配送效率和需求方配送体验、解决城市最后一公里小时级配送等内容展开研究。在设计与开发实时数据环境下，物流调度平台负责规划、下发、反馈、评估和追踪定位等技术方法与软件架构的主要功能如下。

- ❏ 采集并计算所在地区道路、桥梁、河流、障碍物等的地理经纬度和距离信息。
- ❏ 实时采集点对点物流运输需求数据和物流配送人员动态信息。
- ❏ 进行物流运输路径规划和配送任务指派的决策判断。
- ❏ 结合应用场景，线下模拟真实物流运输的多维指标及演进状态。
- ❏ 设计并实现分布式、高并发、大容量的流式计算框架。

❑ 采集并存储所有调度参数信息，提供历史调度场景的追查定位服务。

以外卖物流调度真实场景为例，用户下了单就希望订单能按时送到，骑士上了路就希望在每趟路线能多配送几单，商户接了单就希望骑士快来取单，平台则关心如何以最小的运力承接最大的配送压力，而且能扛住高峰时段突如其来的订单量。更加困难的是，这些目标有时是互相矛盾的，满足了一方，势必会影响另一方，调度订单是非常复杂的多目标动态规划的决策过程。

智能调度系统需要将以上所有因素统统考虑在内，实时采集整个商圈里各方的动态数据，在 1 ms 内做出在时间跨度和空间范围内的最优分配序列，让骑士轨迹能无缝衔接起整个配送流程，让每个环节耗费的时间降到最少，让分摊到有限运力上的配送成本降到最低。系统采用云计算和人工智能深度学习技术，可以将复杂的调度问题分层处理，并在日益增长的物流配送大数据的基础上，不断精细化调度模型依赖的状态预估数值，不断提高调度模型的多目标规划能力。同时通过大量运用平台可视化技术，以实时、图表化和可交互化的方式，将系统运行状态呈现出来，最终在平台运力效率和用户体验时间上得到优化效果。

17.2.1 多目标优化

影响订单分配的因素很多，从订单生成那一刻开始，调度系统就要考虑到订单的取餐地址、用户的配送地址、商圈内的骑士数量和状态、订单的预期送达时间。每一个订单并不是孤立存在的，调度系统要想得到全局最优的配送方案，还必须考虑到这一时段内其他订单的配送情况，尽可能做合并，提高整体的配送效率。如果再考虑到不同城市、商圈、天气、节假日、工作日和商圈骑士运力配置等情况，事情就变得更加复杂。

这是一个极其复杂的多目标动态优化问题，它可以表示为：

$$\min\left(\min\left(f_1(x), f_2(x),...,f_n(x)\right), s.tg(x)\right) \leq 0$$

其中，$f_n(x)$代表单个指标的优化目标，举例如下：

- ❏ $f_1(x)$：即时订单的配送时间越少越好。
- ❏ $f_2(x)$：预约订单的送达时间距离预约时间点越短越好。
- ❏ $f_3(x)$：每单的配送距离越小越好。
- ❏ $f_4(x)$：骑士全天的总配送单量越多越好。
- ❏ $f_5(x)$：订单被并联配送的比例越多越好。
- ❏ $f_6(x)$：骑士空驶距离越少越好。

$g(x)$代表业务限制的约束条件：

- ❏ $g_1(x)$：不能超出预计配送时间 30 min。
- ❏ $g_2(x)$：单个骑士不能同时配送若干单以上。
- ❏ $g_3(x)$：同一商圈同一时段，骑士之间未完成订单量不能相差若干单以上。
- ❏ $g_4(x)$：新骑士必须每天保证能被分配到若干单以上。

17.2.2 分层建模降维

要满足这些优化目标和约束条件的直接计算复杂度太高，调度系统需要采取逐层建模的方式来降低复杂度，其基本逻辑具体如下。

(1) 降维代价函数将通用的参数变量（比如，时间、距离），在底层作为基本限制条件进行采集和转换，调度算法尽可能地对代价函数进行降维，拟合成线性多项式函数，减少计算复杂度。

假设在时刻 T 有一笔订单 O 要分配给候选的骑士 R_1, R_2,…, R_n，调度系统需要分别预估若由骑士 R_x 配送这笔订单的实际开销，比如，骑士的到店时间、等餐时间、送餐时间、交付时间、配送里程，计算式可以表示为：

$$f(x) = k_1 \times f_1(x) + k_2 \times f_2(x) + \cdots + k_n \times f_n(x)$$

调度系统计算出单次分配的综合代价打分，其中每项参数 k 根据经验给出初始值，后续在模拟系统中经过迭代优化调整。

(2) 系统模拟真实约束情况，将多变的场景变量（比如，商圈、天气、整体运力）在高层作为调优参数进行优化，尽可能模拟多维限制条件下的真实约束情况。

模拟系统会分商圈、分时间地统计每个调度场景下的订单分布数据，并将其解析成骑士在岗率、平均压单数、订单出单位置密度等参数的基础物理分布函数，再将这些分布函数作为刻画该调度场景的约束条件组。模拟系统还可以进一步调整这些分布函数的参数，得到人工设定的约束条件组，从而模拟出更复杂丰富的设定场景。

以这些动态场景相关的参数组作为调度算法的输入约束条件，算法工程师可以调用模拟系统反复推演虚拟订单的分配过程，通过梯度下降优化算法，求解出多目标下的最优解。

(3) 在真实场景中，调度系统可以基于单次分配代价函数，采用二分图最大匹配算法求解多次分配下的最优解，尽可能找出多个骑士和多笔订单间的最优组合，提高并单率或骑士人效，减少骑士空驶率。

假设可分配骑士为 $R_1, R_2, \cdots, R_n$，待分配订单为 $O_1, O_2, \cdots, O_n$，调度系统分别计算每一组分配 $<R_x, O_x>$ 的代价得分，找出全局最优的骑士—订单分配组合，使得总代价最低。调度优化问题可以转化成传统的完备匹配下的最大权匹配问题：在一个二分图内，左边的骑士节点为 X，右边的订单节点为 Y，每组骑士节点和订单节点的连线 X_iY_j 的权重为 W_{ij}，即配送代价得分，算法负责找到一种匹配使得所有 W_{ij} 的和最大，即总配送代价得分最小。

17.2.3 云端虚拟调度

系统首先将待分配订单存储在云端服务器，维护订单分配的虚拟队列，然后再通过设定压单时间窗口，调控将虚拟调度订单转换为真实派单的节奏。

云分配算法同时维护实际分配订单队列（下发到骑士客户端，不可更改）、虚拟分配订单队列（对应虚拟分配的骑士，可以随时更改）和待分配订单队列（未关闭压单时间窗口或未找到合适分配时机）。这样可以避免订单过早分配给骑士后，由于情况发生变化，如某个订单的延误导致后续配送代价函数估算失效，原先最优的分配不再成立。

最终，为了衡量调度系统优化效果，设计者需要将系统配送效率和用户配送体验结合起来，统计在存在并单的情况下系统为了完成订单配送实际耗费的时间成本，这样才能反映调度系统的整体效果。例如，并单配送的 2 单，40 min 送到，单均成本则是 40/2 = 20 min，比只送 1 单提升了 1 倍效率。如果并单效率不高，过于分离的 2 单被并联在一起，第 1 单 30 min 送到，第 2 单 50 min 送到，这样虽然节省了部分配送路程，但迟送的单会拖慢整个订单分组的单均成本，单均成本是 50/2 = 25 min。

以上复杂的调度规划、海量的数据建模和实时的平台响应，都需要强大的计算能力在背后支撑。调度系统为了得到最合适的订单调配，指派时机可能有多个，每个指派时机上各种可能组合也会随着商圈订单规模的增大而呈指数级增长。为了尽可能选择最优指派时机，系统还可能会做预测，尝试各种分支副本情况下的优化空间。如此一来，后台系统需要的计算能力就会非常高。总之，物理上计算能力的容量决定了系统的最终效果。

17.2.4　配送耗时预估

每天海量的订单数据为大数据深度分析技术提供了理想的应用场景。具体来说，调度算法的最终效果除了依赖云端的规划计算能力之外，还非常依赖每一个基础变量预估值的准确性，尤其是在不同环节所耗费的时间。相比配送环节而言，商户出餐环节的耗时更长，也更不可控。菜品类型、价格、数量，商户品牌、规模、堂客食比，下单日期、时段都会影响商户出餐时间。调度系统估算的出餐时间如果不准，骑士到店时间过早则会白白浪费运力，过晚又会延误本可以早点取餐的订单，并损伤一些菜品的品相和口感。

为了解决这个难题，调度系统采用深度学习方法，让系统自动学习利用并组合产生新特征的方法，借助深层次神经网络模型，能够更加智能地利用不同层次的特征，对样本数据中蕴含的规律进行更加准确、有效的表达。

具体来说，人们可以从以下三个方面结合餐饮O2O领域特点进行尝试和创新。

- □ 数据分析专家需要从历史订单数据中抽取出千万级训练样本，但难点在于人们如何认定这些订单的实际出餐时间，并需要借助骑士轨迹、停驻坐标等数据，清洗出由于商户和骑士操作不规范导致的干扰数据。
- □ 画像建模专家需要构建全面的商户和菜品标签体系，获取商户在竞品和本品的运营信息，将其作为系统的输入特征。比如，通过商户的品牌、营业面积等信息，可以估算该商户的产能，通过菜品在材料、价格、烹饪方法上的差异，可以估算制作时间。
- □ 机器学习专家需要设计针对不同时长区间样本敏感的深度学习评估框架。比如，系统对不同出餐时长区间的菜品的预估时间要求误差是不同的，处于中段区间的菜品对预估时间的要求误差最严。

最终，人们为了衡量调度系统的优化效果，仅仅计算整体的配送时间平均值变化还不够。例如，10笔订单的平均配送时间缩短1 min，有可能配送最慢的2单各延迟了1 min，配送最快的3单各缩短了4 min，但这并不是预期的理想效果，反而可能会导致更多的用户体验离开满意时间区间。还需要统计所有用户等待配送时间的整体占比变化，观察是否有越来越多的用户体验进入满意时间区间，以更加全面地衡量调度系统优化效果。

17.2.5 可视化平台

可视化技术能够结合业务逻辑、地理信息和人群画像，从多角度展现信息、观察趋势。物流调度逻辑非常抽象，但又会切实影响整个环节参与者的感受，因此人们需要可视化技术将复杂的数据和逻辑转化为可以理解和交互的图形界面，帮助骑士、用户和开发人员更好地理解和使用整个调度系统。好的可视化技术能够建立骑士和用户对调度系统的信任感，降低开发人员发现、定位并解决系统问题的成本，进一步发挥出大数据在提高物流调度平台效率、改进用户消费体验方面的作用。

具体来说，物流调度平台在可视化方面有必要做到如下三点。

- ❑ 系统将骑士定位数据实时回传给服务器，并向用户展现骑士的运行轨迹。
  其难点在于，在骑士端采集的骑士定位数据需要在精度和性能两者之间进
  行平衡，在用户端需要有稳定的长连接技术，来保证轨迹数据的有效性和
  及时性。

- ❑ 系统采集并存储每一次调度用到的所有参数数据，方便以后可以回溯定位
  到任意一笔订单的分配理由。系统能够回放出，当时将订单 A 分配给骑士
  B 的所有细节参数和判断理由，以方便相关骑士和研发人员定位排查调度
  算法逻辑错误或底层采集的数据问题。只需要调整可能有问题的特征值或
  权重，平台就能从那个时间点出发，按照新的模型重新演算一遍调度分配
  过程，并验证效果。

- ❑ 调度系统在掌握了商圈内每个商户所有订单的地理分布和配送效果之后，
  能够绘制出商户配送范围内的配送效率分布图。由于受到地理位置、道路
  特点和业务密集程度等因素的影响，这个分布图并不是基于商户地址的同
  心圆，而是类似衡量山丘高度的等高线图，可以让业务人员知道影响物流
  配送效率的瓶颈在哪里，该如何更合理地划分商户配送范围、调整商圈运
  力分布。

这些可视化技术降低了相关角色（用户、骑士、研发和业务人员）使用和理
解调度平台的难度，用更直观易懂的方式，将背后复杂海量的大数据规律呈现出
来。另外，基于应用客户端和 Web 页面的人机交互技术，则可以帮助使用者进一
步调控和分析感兴趣的过程和维度。从某种意义上讲，可视化技术放大了云端调
度计算和深度智能学习的能力和效果。

17.3　运力供需分配

更加智能的调度系统需要依赖人工智能技术，从物流配送大数据中主动发现
可以改进的方向，能够有针对性地解决用户体验和平台效率中存在的普遍问题和
长尾问题。一直以来，长期困扰人们的问题是，运力分布在时间和空间上的极不
平衡。显然，在所有的时空上都准备好充足的运力，是一项极为不经济的选择。
而且实际情况是，用户的出现或配送需求总是很不均匀，甚至会出现集中在某个

区域某个时段的突发性增长。

因此，要想设计好一套稳定可靠的调度系统，就必须事先考虑好运力的供需分配，包括平时对物流运输需求的预测、跨时间空间调配供需关系，以及极端自然或社会条件下物流运力预警及分配。

17.3.1 需求预测与跨时空调配

物流需求预测，首先要基于行业领域的物流运输需求大数据，挖掘城市区域内物流运输需求在时间、空间和人群上的分布规律和性质特点。人们通过研究如何精准预测，并在此基础上用技术手段干预物流运输需求，以实现在时间和空间维度上趋于均匀有效分布的状态，才能设计与开发大数据环境下，城市物流运输的预测需求、调配供给和平衡供需等技术方法与软件架构。

- □ 基于历史交易和消费信息，调度系统采集并存储特定行业领域的物流运输需求大数据。
- □ 利用数据挖掘和机器学习方法，调度系统分析物流运输需求在时间、空间和人群上的分布规律和性质特点。
- □ 调度系统动态调配可供给运力资源在人员数量、工具类型、投放能力等指标上的配比，以适应需求变化。
- □ 调度系统主动采用动态定价、划分服务范围、人群画像和推送消息等技术手段，引导运输需求发生变化，使之趋于均匀有效分布。

17.3.2 极端条件运力预警分配

极端自然天气现象或复杂社会环境等因素会引起短时期局部范围内城市交通堵塞或行驶困难，在这种状况下，调度系统需要多维度采集公共平台和行业领域综合交通业务数据。人们通过研究如何及时评判行业运力紧张状况的时间空间持续范围及程度，并采取分级预警和调控措施，才能设计与开发跨平台数据环境下，物流运力警报的评估、发布和关闭，以及相应级别下分配物流运力的技术方法与软件架构。

- 调度系统多维度采集公共平台和行业领域综合交通业务数据，如天气、节假日、重大社会活动、运力资源等。
- 调度系统实时采集目标区域内的运力指标数据，评判行业运力紧张状况，预估时间空间持续范围及程度。
- 调度系统结合智能终端设备，下发并适时调整运力警报分级，通报实时状态。
- 针对不同分级警报状态，调度系统有差异化地采取降级应对措施，提供运力灾备和最低限度服务能力。

17.4　小结

智能物流调度系统被引入到外卖行业以来，极大提升了整个业界的配送效率，确保用户能够得到稳定满意的及时配送体验，使得新兴的到家服务商业模式成为可能。目前，外卖行业排名靠前的几家平台加起来，每天约能达到 1500 万笔订单，其中通过智能物流调度系统派单的订单，据统计至少也能达到 500 万单。越来越多的用户开始尝试在手机端下单，半个小时左右之后，骑士就会从商户那里取来餐品并将餐品送到指定地点。

这种新模式给原有的餐饮行业带来了颠覆式的冲击。商户在原有硬件基础设施投资不变的情况下，每天可能新增上百甚至上千来自外卖 App 的订单。这些收入摊平了营业成本，到家服务商业模式使商户降低了对营业面积、商铺位置、室内装饰等条件的依赖，让商户可以投入更多资金到服务质量上，有利于餐饮行业的良性发展。这种升级变革涉及了全国 300 多个城市的上百万家中小商户和几万家大型连锁商户，这些商户接入到智能物流调度系统以后，每天总共约能产生数以亿计的交易量。而在背后支持这些订单配送的是几十万名骑士。

第四部分
团队篇

　　再好的增长技术和方案也离不开人，离不开团队的合作和执行。随着增长黑客概念的深入人心，越来越多的公司开始重视起，在企业内部组建专门负责采用更有效的方法，促进各部门协同完成业务增长任务的团队，也就是增长团队。

　　然而，人们对于这一新生事物的理解和认知还有很多分歧，很多正在建设的增长团队，也正从原先的数据分析团队、营销团队的基础上演化和整合而来。团队成员对于自身定位、承担角色、发展方向，也都还存有很多疑惑。

　　前面的数据篇、模型篇和场景篇，详细介绍了数据驱动增长在器物层面表现出的形态和重要因素。但为了真正能将以上理念落实到每个具体的公司和团队，在实践中发挥作用，本书有必要再辟出团队篇，解释数据驱动增长在人物层面需要具备的必要因素。

第 18 章

榜样的力量

通过深度挖掘大数据中蕴含的规律来帮助企业开拓市场，这已经越来越成为移动互联网经济环境下的共识。许多致力于拓展新兴业务的公司，都在将未来发展的重心，落在构建企业自身运用这项智能技术的能力上。他们相信未来企业的下一场变革，将会发生在从信息化到智能化的跨越过程中。在企业发展各个环节中重视人工智能技术应用的组织将会得到新一轮增长，而忽略错过这一机遇的迟钝者，将会被汹涌而来的技术浪潮拍倒在沙滩上。

为此，已经有很多企业开始了这一尝试。最开始尝试的是最接近人工智能技术前沿的互联网科技公司，他们本身就是业界里智能技术的发源地，他们提供的产品也基本都是在利用智能技术壁垒构建创新垄断。随后，越来越成熟的人工智能技术开始渗透到更多的传统行业，人们开始利用那些更加科技范的工具，来改造传统业务的各个流程环节，实现更高效的增长。于是新的需求得到满足，原先被掩盖的消费欲望得到释放。在移动通信迅速普及的情况下，一个又一个亿万用户量和交易量计数、打上移动互联网经济标签的新兴市场被催生出来。

这时的智能技术已经不再局限于实验室演示版或产品功能细节之中，势必突破原先人们对其的浅薄认识，而成为舞台中心的主角。是的，智能技术本身就是一个大的产品生态，整个公司的组织形态也要为之服务。这个新生物将不再遵守旧有规律，而是完全按照自己的逻辑智能增长，在众多竞争者中表现出明显的进化优势，并逐渐在生态链上移动到更高的阶段。

越来越多的领域开始出现这样的新物种，或者是在按照智能化的思路改造自己。在这些领域的企业里，增长就是整个组织的核心目标，智能增长则是他们胜过竞争者的最强竞争力。接下来，我们将选取一些典型例子，看看这些企业是如何在公司内部构建增长团队的。

18.1　Facebook 增长团队

Facebook 是美国最大的社交网络服务网站，于 2004 年 2 月 4 日上线，于 2012 年 5 月 18 日在纳斯达克上市，目前市值约 4300 多亿美元。

18.1.1　组织构成

资料显示，Facebook 的增长团队形成于 2007 年。设立这个团队的初衷是想尝试使用工程师擅长的方式，来实现公司活跃用户的自我增长，让更多的人成为 Facebook 的活跃用户。

增长团队内部会包含很多的小组，每个小组分别对应建立好友关系、邮箱营销、消息推送、注册过程、游戏这样的子产品，并进行数据营销的工作。每个产品小组内部会包含产品、设计、研发和数据分析师各类角色，由他们负责在小组内部实现快速的构想、开发、小流量测试、数据分析一整套迭代过程。每次迭代会迅速得到当初的创意能否真正产生收益的结论，如果符合预期，新功能就可以直接打开对所有用户开放，如果验证失败，增长团队就重新调整思路进入下一个实验流程。

此外，增长团队还包括负责数据采集、清洗、分类和存储服务的数据分析子团队，以及负责 A/B 测试、日志收集、数据可视化、数据库查询等服务的基础架构子团队。

18.1.2   主要经验

智能增长的很多方法看似简单又有科技含量，但其实需要上下游配套才能发挥出真正的实力，因此在最初的产品发展中显得鸡肋而又浪费资源。实际也证明了，Facebook 在其产品刚上线的时候，并没有动用过多数据驱动增长的手段，而是在 4 年后才组建了增长团队。对于初创公司来说，智能增长技术是一把双刃剑，并不是谁都适合把它拿来推广的。

组建增长团队并不表示要取代所有的其他方案，公司层面最终的业务增长目标并不全部落在增长团队身上。除了增长团队，公司里还有很多会对业务增长起到促进作用的部门和个人，他们都在以这样或那样的方式促进用户增长。增长团队存在的意义在于，要负责具体化整个公司对增长的理解和优化。增长团队更像是一个横向扩展影响到整个公司层面的虚拟组织，可以将所有影响增长的因素剥离出来，建立数学模型，用更有效率的方式解决问题，因而在公司内能够发挥巨大的影响力。

18.2   美团大数据团队

美团是中国比较大的团购网站，成立于 2010 年 3 月 4 日。2015 年，美团与大众点评合并成立新美大后融资额超 33 亿美元，融资后新公司估值超过 180 亿美元。

18.2.1   组织构成

根据公开资料显示，美团和大众点评在 2015 年 11 月份合并时，就设立了平台事业群和技术工程及基础数据平台。前者负责点评用户平台、美团用户平台、POI 信息平台、搜索平台、商户平台等，负责全公司的市场营销平台、用户体验设计平台等。后者负责公司云平台、数据平台、基础架构、运维平台及服务、信息安全、工程质量等。

从微观合作层面上看，美团的数据体系组织架构又可以分成自底向上的三层：底层是作为基础设施的美团云；中间层是提供数据分析能力的基础数据部，负责完成数据接入、流式计算、离线计算等架构功能，也会面向业务提供商业智能和数据挖掘服务；顶层是不同的事业部，到店餐饮、酒店旅游、外卖配送和广告平台等。三层都分别有对应的数据分析师对垂直领域的数据进行处理。

18.2.2 主要经验

运营人员要想在短时间内极速扩大用户量，需要通过补贴的手段，吸引更多的新用户到平台上来，同时也留住老用户。人们可以先通过留存率和自动转化概率这两个维度，将用户分成几个象限，对于不同象限的用户采取不同的营销策略。设计者对每个用户都建立用户画像，包括年龄、喜好、婚姻状况、收入水平、消费习惯、在什么地方等。基于用户画像提供的特征，再去做用户模型的训练，把这些参数和四个象限对应的运营策略再做一次训练，就知道给某个特定的用户推送什么力度的补贴红包。

用户补贴会带来刷单作弊的问题，这就需要依靠大数据的技术手段来抑制刷单。系统会收集大量的数据，包括每个月用户所有的下单历史、浏览历史，商户的销售历史。设计者在人工分析的基础上，判断哪些订单是刷单的，有哪些特征。然后再利用这些人工的样本作为种子，加上上面的一些数据，输入到机器学习模型里，来找到有可能作弊的商户和用户。

平台还需要解决控制成本的问题，尤其是对线下最消耗人力的物流配送来说，平台更需要通过技术手段来提高每个人每天能送的单数。在这样一个多目标优化的数学模型里，需要考虑的因素包括与订单相关的属性，如订单类型、下单时间、期望时间，也包括与配送员相关的属性，如人员数量、当前订单状态、人员经纬度坐标，还要考虑当时的环境因素，如配送距离、天气、运力负载。在优化目标函数过程中的约束条件非常多，学术界并没有提供成熟的解决办法，只能依靠工业界的不断尝试。

18.3   腾讯大数据团队

腾讯成立于 1998 年 11 月,是中国最大的互联网综合服务提供商之一,它的服务类型包括社交、即时通信、游戏、门户、新闻和视频等。2004 年 6 月,腾讯在香港联交所上市,目前市值约 2.6 万亿港元。

18.3.1   组织构成

根据访谈资料介绍,腾讯的大数据团队可根据基础平台、核心应用、产品包装和质量监控的思路分为 4 部分。

- □ 数据中心,负责建设管理腾讯大数据基础平台。
- □ 精准推荐中心,负责研发落地以数据挖掘为核心的大数据应用。
- □ 产品中心,负责大数据产品的策划和运营。
- □ 质量中心,负责质量监控与保障。数据来源于即时通信 QQ、QQ 空间、微信和增值服务。

18.3.2   主要经验

在做平台架构的架构设计时,人们要考虑的是数据开放、专业化、成本三点。

- □ 数据开放的目标是,要集中公司内部的数据,在保障数据安全性的前提下,对相关兄弟部门提供自助化服务平台。系统从人肉服务模式转向平台自动化服务方式,降低人工成本,满足快速增长的需求。
- □ 专业化则要求,从提供大量独立的系统/工具,转变向提供集成、一体化、自动化数据开发平台服务。来源于各条业务线的数据,经过整合和深入挖掘后被平台用于产生用户画像,再反过来为业务提供有价值的服务,快速孵化更多的数据应用。
- □ 在成本与性能方面,系统能够借助优化平台存储和计算方案、优化的数据模型和算法,去除重复计算和存储。形成规模效应以后,随着平台上的数据量、用户数、任务数不断增长，每个新用户/新任务带来的新增成本不断降低，成本优势可以不断放大。

18.4　GrowingIO 大数据团队

GrowingIO 成立于 2015 年 5 月，创始团队主要来自 LinkedIn、eBay 等互联网和数据公司。2016 年 6 月，GrowingIO 获得 A 轮 2000 万美元融资。

18.4.1　组织构成

GrowingIO 是一家专注为互联网金融、电商和 SaaS 企业提供基于用户行为的新一代数据分析产品的公司。也就是说，它本身没有要经营的业务，而是为其他中小企业改进传统工作模式，提供智能增长服务。这就使得，GrowingIO 更加重视大数据技术在用户增长过程中的应用过程，不断吸取国内外数据分析的最佳实践，革除传统数据采集流程漫长、耗时耗力的弊病，创新开发出一整套秒级响应的数据采集和分析解决方案，为产品快速迭代提供实时决策与支持。

由于 GrowingIO 的特殊定位，所以它的组织结构和延伸出来的产品必须能非常平滑和低成本地接入到其所要服务的企业业务流程中。为此，GrowingIO 所做的重大决策和变革是，系统不再依赖原有传统的数据采集方式，通过在客户端埋下确定的点，采集相关数据到后端，最终本地做可视化呈现。相反，系统采用无需埋点的方式，自动采集用户在网站或者应用里的全量行为数据，从分析流程的源头就控制了数据的格式。

在此基础上，GrowingIO 的全部核心就可以集中到数据可视化和商业智能分析上。GrowingIO 凭借其强大的商业分析、数据挖掘和机器学习等专业背景，先进的数据分析技术和丰富的实战经验，为那些迫切想改造业务增长模式，但又没有能力组建强大技术研发团队的中小企业，提供专业级的智能增长能力。从某种意义上说，接入的厂商越多，GrowingIO 所能接触到的数据和业务经验就越丰富，也就能提供越成熟可靠的智能增长服务，参与这个生态的厂商获得收益也就越大。

18.4.2　主要经验

人们通常会关注两类数据指标。一类指标是 PV、UV 之类流量概览性数据，常见于传统 BI 平台的展示界面里。这类指标看起来很重要，应该是公司主管和运营人员最关心的。但它们并不能指导我们去做些什么，可以称为虚荣指标。另一类指标是用户行为数据指标，比如用户获取、用户激活、用户留存等。这些指标背后都会对应一个优化流程，所以它们也叫作可执行指标，是用户行为数据最关键的地方。

用户行为数据的产生、记录、收集和整理工作非常琐碎复杂，而且会给应用程序里的功能逻辑里加上只是为了获取事件状态的代码。这样既破坏了代码的整洁性，不利于长期维护，又人为增加了很多开发和沟通的工作量，实际推动起来困难重重。然而，无论是 Web 上的 DOM 结点结构，还是 App 上的 UI 控件结构，都可以在本质上理解成是，经过浏览器或 Android/iOS 系统构建好的一个完整的树形结构，最终渲染在页面或者屏幕上。通过对树结构上绑定回调函数的事先定义和实时监控，人们可以非常方便地知道在哪些结点发生了变化，何时发生了变化，发生了什么变化。运用无埋点技术，系统提供了一个全新的角度来做到这些，避免了像传统 BI 类软件那样，很容易陷入为厂商清理复杂且问题各异的数据的陷阱。

设计者要分析并深度挖掘这些采集来的数据，提供可供应用方采用的商业决策。以互联网金融行业为例，GrowingIO 尤其关注，以最优的成本配置获取用户，根据用户历史行为记录判断用户价值，应该采取怎样的运营策略来提高用户的价值。其中设计者运用了很多前面提到的用户生命周期模型、AARRR 模型和 RFM 模型的知识，并加入了对金融产品消费行为的领域经验后，形成了一套便于理解和执行的工具平台。

18.5　京东大数据团队

京东是中国比较大的综合网上购物商城之一，成立于 1998 年 6 月。2014 年 5 月，京东在美国纳斯达克上市，目前市值约 540 多亿美元。

18.5.1　组织构成

京东大数据团队的优势，来源于京东电商业务的全价值链数据。数据覆盖了电商的全部流程，从采购、库房、销售、配送，到售后、客服。通过数据直通车在这些数据基础之上，大数据团队构建了京东大数据平台和京东实时大数据平台。

京东大数据平台，是一个分布式开源技术架构的数据仓库。大数据团队基于HDFS进行数据存储，MapReduce、Spark和Yarn进行数据处理，并独立开发出了配套的数据调度生产、数据分析提取、数据知识管理、数据报表呈现，及数据质量监控的产品体系。大数据团队在上层通过UDF、Hive和Shark对外提供数据访问，分别建设了相应的数据集市，为采购、销售、市场、仓储、物流等部门提供数据服务。

京东实时大数据平台，是为了适应实时业务需求而推出的一整套技术解决方案，包括数据的实时接入、实时解析、实时传输、实时计算和实时查询等技术环节。实时平台构建了实时数据拉链和数据镜像，解决实时数据抽取问题，构建了分布式消息队列和计算集群，解决实时数据计算问题。对外的统一查询引擎，则能满足业务方的全方位多角度实时检索需求，大数据平台内部则通过Hbase和索引存储再加上缓存，来支撑数量巨大又要求精准的检索请求服务。

18.5.2　主要经验

京东大数据已经不仅是一个单独的系统或产品，而是融入到每个业务应用系统当中。系统在不影响系统或产品效率以及用户体验的前提下，自动将所有定时和实时数据采集到数据平台上，将经过加工、处理、分析和挖掘后的结果，分发给各个业务系统以及数据产品。

这种融入形式包括通常的业务洞察和优化层面，能够让企业对业务发展趋势进行预测，采取对应的措施优化业务流程，改进生产、销售和服务的效率及体验。融入形式还包括更深层次的数据盈利能力，大数据团队花费大量的精力建立起来的精准用户画像、产品画像和商铺画像，再结合京东商业系统的应用，如罗盘、广告，最后为整个平台上的商户和自己带来了巨大的价值。

近年来，京东大数据逐渐过渡到大数据成熟度模型的最高阶段，也就是业务重塑阶段。在这个阶段，运营人员可以对用户的使用方式、产品效能行为及总体市场趋势进行分析，将商业模式转换到新市场的新服务，如京东金融、京东智能新开展的业务。最近，京东金融还推出了大数据消费指数和量化平台两款大数据应用产品。大数据应用产品的目的在于深挖平台大数据优势，为机构的证券分析和策略生产提供科学参考，为证券行业输出更多的金融科技能力。

18.6　阿里巴巴数据平台事业部

阿里巴巴是全球最大的零售交易平台，成立于 1999 年。2014 年 9 月，阿里巴巴在纽约证交所上市，目前市值约 3300 多亿美元。

18.6.1　组织构成

阿里巴巴集团在 2010 年曾经发布过数据魔方，这是阿里巴巴首次对外开放商业数据的产品。魔方为淘宝平台上的卖家提供类目行业数据，帮助卖家实现数据化经营。因此在魔方发布之后，平台快速积累了数十万的卖家，魔方成为一个具备持续影响力的产品。在此基础上，数据平台事业部于 2012 年成立了，并在 2015年初开始变成了阿里云数据事业部。它基于阿里巴巴海量的商业数据，对外部用户提供数据产品与服务，负责推进数据分享平台战略。

经过多年的发展，阿里巴巴数据事业部已经形成了稳定的后台、中台和前台的三层架构。其中，底层的后台依托于自主研发的大规模分布式计算系统，由多个数千台服务器组成的大型离线计算集群提供通用数据处理服务，发展到现在的数万台 ODPS。此外系统还要处理数十亿数据的流式计算引擎和支持高并发、多维分析的即时计算引擎，满足对实时业务场景的需求。中台负责搭建整个集团的基础数据仓库平台，从各个业务部门接入数据源，做数据清洗和数据仓库建模。强大的中台承担的任务是，要沉淀电商和云计算的能力，更好地去服务前台的各种业务。前台包括商业智能、搜索、推荐、广告和金融等业务部门，分别在不同的业务场景下定义任务需求，再去调用中台数据能力和后台的计算资源。

18.6.2　主要经验

由于阿里巴巴的业务线庞杂和数据源入口众多，打造口径标准统一、计算全面精确的数据成为有效利用大数据能力的关键。阿里巴巴建立了一套全集团的数据公共层，以 OneData 体系对多来源数据进行处理，对外提供标准化的（standard）、服务化的（service）、安全的（safe）和共享的（shared）4S级数据。

数据在公共层统一并不是最终目的，要想发挥作用还必须能够支持各类来源的个性化数据的计算、存储和调用。实时和离线数据应用层正是为了这个需求而生。这样阿里巴巴大数据平台，不仅能为客户提供标准、统一、全面、精确的数据，同时还能满足多样化的数据服务需求，进而带来数据价值的最大化发挥。

阿里巴巴的大数据能力也超越了优化现有业务流程的阶段，平台开始依循"数据即服务"的理念，在把多种数百亿的数据集整合、管理、共享的基础上，为用户提供高效的数据服务，建立通道帮助数据变现。从基于消费数据挖掘打通零售业供应链的商业革新，到建立在淘宝风控模型基础上的金融小额贷款业务，都体现了大数据从业务出发，服务业务，最终超越业务的发展思路。未来，这种大数据驱动的业务模式很可能会成为金融行业的标准模式，并从贷款领域进一步延伸到保险、担保、基金等领域。

第 19 章

组建增长团队

对于有志于应用数据驱动增长技术变革传统业务、提升生产效率的企业来说，它们已经有了太多成熟稳定的案例可以参考。但这些案例终究来源于其他企业的平台和工具，对自己的业务来说并不能简单复制就获得成功。因此，除了学习别人纸面上的技术解决方案之外，每个企业更要组建一支适合自身业务的数据增长团队。

那么，增长团队应该由哪些成员组成，又有哪些重要的角色，他们该采用怎样的工作方式来提升效率，这些才是在追求最终能发挥效能平台之前，企业必须要先着手解决的问题。

19.1 增长团队组织架构

增长团队的组织架构包括两部分：一部分是对内而分，需要划分出承担不同数据加工任务的团队职能；一部分是对外而分，需要理清楚公司内各个职能团队在增长目标下的合作方式。

19.1.1 增长团队内部成员

根据成员在数据加工过程中所承担的任务，增长团队通常可以分成数据分析团队和商业智能团队两大部分。前者主要负责搭建稳定、可靠的大数据存储和计算平台，对数据进行清洗、加工、分类和管理等工作，构建企业的数据中心，为上层数据应用提供可靠的数据。后者负责为改善产品体验设计和商业决策提供数据支持，输出可以在线上执行的增长方案，为业务方提供完整的结论。

数据分析团队承担的任务，主要对应在数据篇和模型篇里所描述的智能增长工作。其核心任务主要包括，大数据平台的数据实时对接、实时处理、入库的研发和设计工作，以及理解用户数据分析和挖掘应用场景，将其抽象为数据产品需求，不断完善基础数据的建设。

在实战中，数据分析团队要具备的能力包括如下 4 点。

❑ 承担 Hadoop、Spark、Hbase 和 Storm 等流式计算引擎的设计开发与搭建、调优、维护和升级等工作，保证平台的稳定，满足业务平台化建设。

❑ 熟悉 Apache、Tomcat、MySQL、ZooKeeper、memcached、Redis 等软件，能进行常规问题分析处理。

❑ 熟悉 MySQL，掌握 MySQL 分区、分表、集群等相关设计方案，具备 MySQL 优化经验。

❑ 了解 memcache、Redis、MongoDB 等常用 NoSQL 解决方案，了解各自优缺点以及使用场景。

在这些数据工具的基础上进行数据清洗、加工、分类等开发工作，并能响应数据应用方对数据提取的需求。负责挖掘出有价值的数据，把这些数据录入到数据中心，为各类应用提供高质量、有深度的数据。

商业智能团队承担的任务，主要对应在模型篇和场景篇里所描述的智能增长工作。其核心任务主要包括深入理解业务发展阶段，从业务指标中抽象出合适的数学模型，提升数据中蕴含规律所发挥的价值。团队负责反馈评估业务问题的真实状况，为业务发展提供决策支持。

在实战中，商业智能团队要具备的能力包括如下 4 点。

❑ 掌握 Python、C++、PHP 等适合处理复杂逻辑但又能快速部署实施的开发语言工具，能够熟练运用合理的数据结构和开发模式，完成独立的业务逻辑功能。

❑ 掌握动态规划、关联规则、贪心法等常用算法概念，能够很好地针对要解决的具体问题实地运用。

❑ 在高维数据的特征处理方面，对常见的归一化、组合、降维等操作都能有较深的理解和实战经验。

❑ 具备将数学模型转化成常见的机器学习模型求解过程的能力，能够在聚类、分类、线性、非线性模型之间灵活取舍，快速迭代到系统效果可用的程度。

19.1.2 增长团队相关角色

现实中，由于企业的数据智能程度发展阶段不同，企业内部具有的数据增长能力强弱程度也会处于动态变化的过程中，人们很难保证围绕着数据产生增长价值而工作的各个团队都在同一时刻具备相互匹配的状态。经常出现的情况是，在某个时期某方面的数据处理能力格外突出，而上下游的配合团队却出现了短板；或者由于公司层面上的战略定位决定了在某个时期需要专门发展某项数据处理能力，因此管理者必须放大某个团队的职能作用。

这就需要人们了解在坚持数据驱动增长理念的企业中，常见的 4 种团队合作方式。

1. 委托外部专业数据分析团队

公司通过外包数据分析业务给第三方公司，或者部署第三方公司的数据分析平台的方式管理与业务相关的数据。第三方公司以定期或不定期的报告，反馈数据分析结论，或者在数据平台上自动生成可视化的图表、文字报表。

优势：专业的外部团队可以帮助有些传统企业绕过自身在知识、经验和管理成本上的陷阱，节省更有价值的资金成本和时间成本。第三方公司提供的成熟专业服务能在短时间内迅速发挥作用，让原有的业务方看到数据驱动增长可能带来的潜在收益，扫清进一步增长方式转型的障碍。

劣势：第三方公司缺少对业务领域知识的了解和钻研的动力，对深入挖掘数据驱动增长的投入容易缺乏意愿。当最初的红利被拿到之后，第三方公司就很难进一步展现出持续改进的效果。公司层面的沟通协作效率终究还是存在绕不过的隔阂：双方合作沟通的响应周期长，而且沟通存在保密风险，人员流动也会对合作造成各种不确定的影响。

2. 分业务体系各自为政

在公司内部，由每个产品或业务线部门独立成立专属的数据增长团队。每个增长团队负责响应自己业务范围内的数据需求，为业务发展提供决策支持。

优势：数据增长团队与自己业务体系内部的研发、产品和运营团队，在组织架构上归属于一个体系，他们共同承担相同的业务发展 KPI 目标，这就减少了很多不必要的分工和责任划分纠纷。因为从产品最初设计一开始，所有的子团队都工作在一起，大家彼此对业务的熟悉理解程度天然具有优势，这样就避免了大部门间由于对彼此工作性质不熟悉而导致的资源空耗。

劣势：通常分业务体系的划分，要么是上下游配合关系，要么是并立发展关系。虽然从公司层面组织结构上这样的规划合理，但这违背了大数据驱动增长要求融会贯通公司内部各个方面资源、发挥整体优势的规律。以商户端和用户端的配合关系为例，商户发展数量的增长离不开高价值用户的引入，用户发展数量的持续留存也离不开高质量商户的存在；以代驾业务和拼车业务的并立发展关系为例，底层依赖的用户画像、地理信息数据都完全属于同质数据，公司没有必要开发两套平台。从节省公司成本、有效利用资源的角度来看，管理者也有必要克服这种各自为政的局面。

3. 商业智能中心/大数据平台事业部

数据增长团队独立于产品团队、运营团队，一般称为商业智能中心或大数据平台部，负责整个公司层面的大数据产生、收集、整理、挖掘、应用以及反馈的事务。增长团队同时也负责相应对接的各个业务团队、产品/运营团队和战略部门的数据需求，具有独立发起有关数据驱动业务增长项目的权限。

优势：公司级别的独立数据增长团队有助于，专心统筹管理那些存在于并应用在公司方方面面的数据资源，从全局角度考虑长期的数据生态建设，而不限于某个子业务线上的需求。团队进入健康发展的良性轨道后，能够具备独立的发言权，业务发展由原来只能依赖组织架构自上而下拆解业务目标推动发展的模式，转化为从数据出发、从技术出发，更合理更智能促进公司业务快速增长的模式。

劣势：数据增长团队的影响力扩张会挤压产品和运营团队的空间。产品团队会认为，自己原来把控公司新的产品方向、落实用户体验和业务增长需求的力度被削弱了。增长团队会越来越直接对接到业务运营方，自己缺少工作成就感。运营团队承接快速变化市场上的业务压力被直接传导到原来偏后端的数据和研发部门，导致运营团队往往得不到及时的承诺和响应，反而会觉得效率变得低下了。

4. 战略规划部门

战略规划部门独立于产品团队和运营团队，但在级别上又会略高于各个业务体系半个身位，更加紧密围绕公司高级管理层，负责向公司高管提供高度提炼的数据分析报告，制定公司中长期发展策略和衡量指标，规划需要多个业务部门落实执行的宏观方案。由于不太涉及具体项目的落实环节，战略规划部门的成员偏向少而精，更倾向于借助已有的平台和工具，获取数据，产出结论。

优势：增长团队能够方便地利用组织架构优势，接触到高层信息和业界动态，它所考虑的增长问题更加有针对性和指导作用。战略规划一旦真的落实，必能极大促进整个业务的发展进度，为公司带来预期的增长收益。团队要求人数不多，可以迅速采用外部招聘的方式，找到合适人选就能开展工作。

劣势：相同的战略规划人才落到不同发展阶段的业务团队里，会完全呈现出不同的效果，增长方案一旦涉及实操，就会难免遇到各种意想不到的问题。战略部门平时并不关注底下业务部门的实际建设情况，也没有改变现状的管理和研发能力。往往初衷是好的，得到公司上上下下的认可，但实际推动起来，增长方案缺少能够领导整个过程的核心，业务部门还是基于原先的绩效考核目标在以自己的方式做事。但要调整整个公司的考核体系又将是一件费时而又牵扯诸多无法预料问题的浩繁工程。

19.1.3　团队合作方式

那么，到底采取哪一种组织架构比较合适呢？组织架构随外界环境变化和内部能力成长，又可能出现哪些转化路径呢？

现实的状况通常是，增长团队根据公司数据驱动业务增长逐渐深入的过程，灵活采取以上一种或几种方式。

- ❏ **初创期**。公司关注更多的还是能否生存下来的问题。数据驱动增长可以作为锦上添花的事情，但在竞争环境瞬息万变的情况下，运营团队需要的是能够雪中送炭的有力工具。这时的公司组织结构通常都是产品导向的，在确定了公司定位和目标人群之后，最迫在眉睫的事情就是尽快将第一版可用的产品开发出来，然后增长团队在此基础上快速迭代，淘汰掉伪需求，找到用户的刚性需求。产品导向决定了所有资源都会向产品团队靠拢，结果就是围绕不同功能的产品团队形成各个独立的业务体系，在体系内部形成各自为政的数据增长团队。虽然各团队之间在数据共享和运营方案上的冲突不断，并造成浪费，但在早期这确实是一种最经济的做法。
- ❏ **发展期**。随着产品形态的逐渐稳定和对业务量发展的巨大渴望，公司会开始重视数据增长团队的作用，希望它们能在改造公司发展模式、提高资金利用效率上，完成原先单纯靠产品形态创新所达不到的高度。这时会产生两种趋势的分化。一种是将这块需求外包给第三方公司，运营人员利用其长期形成的专业性，帮助公司迅速绕过横亘在眼前的障碍，节省时间，避免由于缺少经验和知识而付更多的学费。一种是由公司内部战略层面的需求不断驱动，运营人员自上而下地挖掘已经积蓄起来的数据的潜在战略价值，形成对快速发展业务的深度理解，并将理解转化成可以指导原先野蛮发展业务线的规划方案。

这两种分化趋势，可能会在相当长的一段时间内都并存且相互竞争，内外两股力度共同驱动公司向更加智能增长模式转变。但由于其各自存在的内在缺陷，它们都不可能成为公司最终转型成功后稳定状态的选择。要么是由于公司对数据驱动增长的认识停留在粗浅阶段，而过早地丧失动力；要么是公司业务条件限制了其能掌握的数据规模和价值有限，而不再具备深度挖掘的理由；要么是公司的组织结构和人才储备并不支持再一步地促进数据增长团队的成长。这时，公司有可能暂时维持在以上两种虽然确实在利用数据驱动增长，但仍然存在很大改进空间的状态上。

❑ **稳定期**。经过发展期内公司级别数据分析平台和工具的广泛推广，公司各个层面各个业务线对大数据在驱动业务增长能力上有了更加直观的认识，一大批专注于对大数据的采集、整理、挖掘和应用的人才，开始在公司各个业务线里集聚。之前曾处于摸索阶段的数据运营方案，也分别得到了不同程度的验证和淘汰，形成适合本行业领域的成熟方案。这时很多公司开始推动原先分离存在的团队和项目进行整合，公司内部形成独立的数据增长团队，逐渐掌控起横跨多个业务线综合项目的推动工作。这种方式有利于进一步发挥大数据集中办大事的优势，团队之间相互促进相互补足，让无差别的数据优势快速辐射到不同的业务环节。

总之，没有最好的增长团队合作形式，只有适合自己的增长团队合作形式。

19.2 发挥数据科学家的作用

在组建优秀的数据增长团队时，人们通常都会提到的关键角色就是数据科学家。随着数据增长概念在业界的广受推崇，人们自然而然会把关注的重心放在那个承担数据增长团队点石成金作用的人身上，仿佛只要找到了这么一个合适人，所有的问题就都解决了。这个炫目的光环开始在科研领域和企业中流传，高校也开始纷纷设置数据科学专业，面向几年以后的人才市场培育大量的数据科学人才，而这其中最完美的发展路径就是成为一名数据科学家。人们对这样的人才越不理解，也就越容易产生不切实际的期望，希望他既懂业务又懂最先进的大数据技术。

尽管这样的期望有些高，但还是有人相信只要肯花大价钱也许就能招揽到这样的人才。

这里必须要泼出的冷水是，将所有成功的希望建立在还不那么了解的概念上，这是多么的危险。数据科学家是肯定存在的，也一定会在智能增长的过程中发挥独一无二甚至至关重要的作用。但他们并不是无所不能的存在，他们也需要面临大家都不擅长解决的棘手问题。前面的章节详尽描述了增长背后艰辛复杂的内容，每一种增长方法都为我们打开了一扇新的大门。但是，准备了最简略的地图，并成功走出去、登上顶峰的人少之又少。数据科学家就是那个需要准备好户外装备、带领团队野外生存并大有所获的领队，他身上需要具备多项荒野求生的本领。在这里没有成熟的教科书，只有不断尝试和脱险后的经验总结。

19.2.1　数据科学家做什么

数据科学家的前身被称为数据分析师或业务分析师，他们使用像 Excel、Tableau、Matlab、Weka 这样的数据可视化工具，编写脚本访问 SQL 和 NoSQL 类型的数据库，分析企业核心业务数据，给出能帮助公司高层决策的分析结果。他们可以被看作是数据的加工者，从一大堆没有关联的数字里找到规律，并将其转化成可以被理解的解释理由，完成了数据科学家的部分工作。

但数据科学家要做的事情不止这些，他们做的更重要的事情在于预测。

数据科学家需要对业务场景进行数学建模，开发算法逻辑来处理数据。他们需要用到机器学习方法，将大数据变成驱动业务向前转动的动力燃料。在他们眼里，海量的数据不再只是 Excel 表格里的数据项，而是用来描述真实世界的训练语料。日积月累的消费行为，不再只是用来统计业务运行指标的原始数据，而是可以从中挖掘特征标签的画像语料。科学家的职责在于，观察大量物理世界里的实验数据之后，要能提出符合其运行规律的模型和解释。在数据科学领域，数据科学家必须能在商业世界消费数据基础上，提出适合商业发展的解释模型，找到能推动其增长的可能路径。

19.2.2 数据科学家怎么做

在前一节内容里提到了公司内部发展增长团队的过程，数据科学家作为整个增长团队的领导者，尽管有可能还会遇到没有正式成立增长团队的情况，也需要在各个发展阶段能够主动引导整个过程的发展节奏。在某种程度上，数据科学家还需要创造必要的条件促成事情的发展，加重数据增长能力在整个公司业务发展中的作用。

- ❑ 在开辟新的产品功能或接手新的业务领域的时候，数据科学家要主动承担所有人都会面临的架构性能优化和数据清洗的基础性工作，达到从一线角度对数据理解和掌控的目的。
- ❑ 在各个产品线独立快速发展产生大量不规范数据的时候，数据科学家有必要挺身打破部门界限设定的障碍，在更基础的层面上实现数据流的联通以及规范定时的产出。
- ❑ 在公司高层习惯于依赖第三方公司提供的数据分析和决策结论时，数据科学家有责任从公司未来发展方向和自身对公司数据深度理解的角度，阐明当前对大数据资源的利用程度是否已经达到理想状态。
- ❑ 在数据分析团队面临战略规划部门日益频繁的数据挖掘需求时，数据科学家要有决心屏蔽大量低效重复的工作量，将分析团队的精力投放到实现更加高效的平台工具上，提供统一可靠的数据仪表盘服务。同时，数据科学家要能从数据角度，倒推出战略部门的原始出发点，找出更加合理的解决方案，并引导到夯实公司数据增长团队能力的发展方向上。
- ❑ 在组建公司级别数据增长团队发挥更大影响力的时候，数据科学家要有能力协调产品团队和运营团队的发展方向，厘清各自在新的组织架构下所应该承担的工作和优先侧重的专业能力。

最后可以看出，数据科学家并不只是具备相应的数据科学知识就能承担起职责。作为公司内部新兴的主导力量，他必须能在各种资源整合、力量配比的发展关头，找准数据团队的定位和要改变的局面，一步步地将蕴藏在纷繁复杂现象下的大数据价值唤醒出来，配合公司的业务发展需求，用能看到的增长数据说服大家。

19.3 常见陷阱与经验

组建增长团队的想法在刚起步时看起来是一件很简单的事情，管理者若不做好充分的准备，只能导致在后面的发展过程中不断踩坑还账。前车之鉴，后事之师。管理者要想着手改造现有的团队，需要避免以下陷阱。

19.3.1 避免大数据浮肿

电商类应用的兴起带给大家的印象是，随着用户交易量的增长，平台会持续积累下来永远在膨胀增殖的数据，而数据量大总是一件好的事情。大数据驱动增长必然要依赖体量足够大的数据才能有成效，而且数据似乎是越多越好。在这个观点的指导下，数据增长团队从一开始就容易陷入疯狂采集公司内部各个业务线数据的陷阱，而忽略了要先找到符合业务增长规律的数据生产、消费、反馈的逻辑，然后再有选择地采集相关数据，构建属于自己的数据驱动增长平台。

如果驱动业务增长需要更多的用户体验数据，增长团队才能找到在产品早期最影响用户消费过程感受的因素，进而评判用户的生命周期阶段，预估流失转化概率，那他们就应该更加侧重于采集用户反馈评分、客服投诉内容、订单留言内容等能够反映用户体验的数据。相反，如果驱动业务增长需要更多的用户盈利数据，增长团队才能找到业务在扩大营收阶段最值得注意的会影响到利润空间的因素，进而改进业务流程，调整管理方法扩大收入，那他们就应该更加侧重于采集消费订单价格、优惠补贴方式和金额、公司固定投入成本等，能够影响成本和收入的数据。

出于团队精力和软硬件资源效率的考虑，管理者也需要在组建增长团队时，从一开始就将目光聚焦到关键增长逻辑链条上的数据，而不是全面建设从而造成虚假繁荣景象。

19.3.2 沟通部门间障碍

根据之前描述的增长团队演变历程，不管是从各个独立的业务团队里由需而生的专属团队，还是根据职能划分而成的从业务、产品到研发的不同团队，都存在着信息不同、职责不明而产生的沟通协作问题。沟通问题不解决好，本来应该聚集在一起的数据被割裂开来，本来应该协调一致的增长动作被切分成跟不上节奏的零散方案，数据驱动增长只会是一句空话。

根据企业成长在初创期、发展期和稳定期的不同特点，管理者有必要分清楚各个部门或上下游相关方之间的作用，明确大家的责任和向下一个阶段转化的条件。

- ❑ 在初创期，发挥主导沟通作用的通常是距离高层更近的战略部门，他们适合发起各个新生业务部门利用大数据推动业务增长的行动方案，又能直接将增长效果反馈到高层。

- ❑ 在发展期，技术部门的主管则更适合同外部的专业增长团队沟通，平衡内部业务发展需求和外部技术解决能力之间的信息差。当战略部门继续向还不成熟的业务数据分析团队提出短频快的数据挖掘需求时，数据科学家则要承担缓冲角色，一方面对紧急的战略需求给出更高层次的解答，一方面要加紧分析团队的自身能力建设，提供高效的平台工具。

- ❑ 在稳定期，开始组建独立的数据增长团队时，数据科学家或 CTO 需要从更高的角度来平衡业务、产品和研发团队之间，对战略目标和合作节奏的不同理解，建立高效顺畅的沟通机制，迅速将战略目标转化成多个团队的协同作战方案。

总之，随着公司发展过程中各部门所占作用、力量和成熟程度的变化，增长团队需要有不同的关键角色出现，解决数据驱动增长过程中的信息不对称问题，帮助公司健康顺利地走过每个阶段。

19.3.3   防范全面建设

公司做大数据似乎就应该做到高大全，将其做成全面建设全面实施的大工程。实际部署过数据增长系统的业务负责人都知道大数据是一剂猛药，这剂药的药效很好，但它的代价也很大。原有系统方方面面需要调整适应的地方会很多，部署增长系统并不是推翻原有方案就能全新上马的事情。

比较稳妥的方式是，公司在全面建设大数据平台之前，需要先花一点时间做小规模的尝试。比如，运营人员可以试点准备开展的一个促销活动，用最小的代价手动完成一遍基于大数据分析支持的行动方案。整个过程代价低，但足以检查系统中存在哪些阻碍因素、部门间存在哪些沟通不畅，这些因素是否会影响预期目标的达成。当公司下一步真正开始搭建大数据体系时，就能更轻快地绕过这些已经发现的问题。

第五部分

结语篇

在本书最后，我们将回顾曾在各个不同历史阶段引领经济发展的增长力量。我们可以看出，在智能时代的增长方法和以往历次的相似过程究竟有哪些关联和区别。这些关联和区别又有哪些可以借鉴的地方，能指引我们避开一些不必要的陷阱，发现那些普遍适用的规律。

第 20 章

增长的力量

　　增长的力量体现为对经济发展的促进作用，而且在不同发展阶段，逐渐展现自身力量规模和作用方式。这些都值得我们从以往历程中去总结经验和发现规律。

　　增长的力量最终要由人来实现，也要实现人的成长。因此有必要在讨论完增长的本质之后，再回过头来关注这一历程中人的价值和归宿。

20.1　智能增长对经济的意义

　　智能增长对经济的意义在于，推动第四次技术革命，在经济生活更广泛深入的层面上，改变旧有的生产、运输、销售和消费方式。

20.1.1　互联网改造工业经济

　　在工业智能之前，人类社会经历了三次工业革命。

- ❑ 第一次的工业革命始于 18 世纪 60 年代，以棉纺织业的技术革新为始，以瓦特蒸汽机的改良和广泛使用为枢纽，以 19 世纪三四十年代机器制造业机械化的实现为基本完成标志。

❑ 第二次是在 19 世纪，伴随着电磁学理论的进展，工程技术专家敏锐地意识到电力技术对人类生活的意义，纷纷投身于电力开发、传输和利用方面的研究。随着电力、电子、化学、汽车、航空等一大批技术密集型产业兴起，生产更加依赖科学技术的进步，技术从机械化时代进入了电气化时代。

❑ 第三次是在 20 世纪，由于微电子技术的发明和应用，人类在原子能、电子计算机、微电子技术、航天技术、分子生物学和遗传工程等领域取得重大突破，这些突破涉及科学技术各个重要领域和国民经济的一切重要部门，技术从电气化时代进入了信息化时代。蒸汽机、发电机和计算机，成为了工业经济在不同阶段的典型代表。

进入 21 世纪，在计算机技术迅猛进步的带动下，原先嵌入在工业经济各个类别的生产、运输、销售和消费环节里的计算机，不断小型化，并且借助网络通信技术产生了互联。信息可以瞬时传遍整个世界，不再受到地理位置和国家界线的限制，每一个上网的人都可以便捷快速地接受和发布信息，工业经济的活力得到了进一步的提升，从而我们的社会进入了互联网经济阶段。

20.1.2 互联网经济到智能经济的过渡

互联网经济的发展很快迎来了新的标志性节点。在计算机硬件方面是以安卓、iOS 为底层操作系统的智能手机，在通信技术方面是普遍推广的 4G 网络。从 2010 年起，移动互联网经济开始席卷国民经济的方方面面。就像之前的每次革命一样，新技术进步对经济形态的影响是通过大量涌现的新生企业对传统经济的冲击而产生的。

比较奇妙的是，这场技术变革所影响的领域层次，看起来与马斯洛自上而下需求层次一致。这里并不是说，所有新生企业约定好先在高需求层次上创业，而后再往下满足较低的需求层次，而是随着市场的发展和企业成功的节奏，新生企业呈现出这样的规律。最初，出现了 Facebook 和微博这样的移动应用，满足人们在社会上获得尊重和认同感需求；然后，出现了微信、陌陌这样的移动应用，让人们快速便捷沟通，改善相互关系，获得和身边亲友、同事、顾客相互照顾的服

务；再后，出现了 Groupon、美团这样的移动应用，让人们以更安全的方式获取
更多外部资源，降低商业环境中面临的风险。接下来，人们才会开始在最底层的
生理层次依赖移动互联网，满足自己在出行、饮食上的需求，甚至还会在健康医
疗、学习教育上更加依赖移动互联网。

人类在让渡这些需求满足能力、交给移动互联技术时，是非常谨慎的。虽然
没有明说，但人类在做这些选择时的潜层思考就是：这项技术够不够智能，或者
说感觉起来够不够智能。之所以会出现从高到低逐层满足人类需求的现象，是因
为更高层的需求是在人类近期发展阶段才普遍重视起来的，在很长的人类早期历
史里并不是必需品，因此相对来说更容易通过具有初步智能的技术来先满足。譬
如尊重、认同等心理感受，可能只需要一个"点赞"和"笑脸"就能获得；既公
平又有利的交易体验，可能只需要智能定价机制和资源分配算法就能获得。人类
的心理发生机制虽然很复杂，但仍然可以用想象、抽象、精神等虚拟概念来满足。
但更底层的需求来自于人性的根本，是人类经历了更漫长的历史时期，经过与大
自然的不断奋斗和适应才逐渐得以满足的，因此更难被还不够智能的技术满足或
者欺骗。譬如治疗疾病的肉体感受，需要的不能是口头安慰和机械回应，而必须
让病人相信对方也能感同身受，有温度的智能体才能让病人关键时刻听从智能医
生的命令；学习语言的训练过程，需要的不仅是冷冰冰的答题和解题，还必须让
学习者从智能教师那里体验到面对面的个性化交互，接收到更加丰富及时的反馈
信息。所以，人类不会轻易将满足这些需求的能力让渡给机器管理，而必须在
实际、具体、物质的层面上积攒更多成功经验和案例，经历一个更加曲折漫长的
阶段。

因此可以预言，互联网经济尤其是移动互联网经济的未来发展方向，就是逐
步智能化地满足人类更底层需求的过程。这个过程的终点就是智能经济。

20.1.3 智能增长的本质

在从互联网经济到智能经济的过渡阶段，智能化的过程和之前曾经发生过的
机械化、电气化和信息化过程类似，都是要用新的技术手段改造生产、运输、销

售和消费活动的旧有形态，激发出经济生活中被落后组织方式掩盖的潜能。亨利·福特创造了生产流水线，提高了汽车工业的生产效率，使得普通人也可以买到属于自己的汽车。马尔科姆·麦克莱恩发明了集装箱，使运输进入标准化时代，由此建立的一整套运输体系使得跨国贸易变得既经济又高效。沃尔玛重建了零售供应链管理体系，以最终顾客的需求为驱动力重塑了零售业，使得人们在家门口就可以采购到品类繁多而又便宜的货品。亚马逊和阿里巴巴在互联网上构建了新的渠道和配送体系，摆脱了传统店铺的约束，让人们只要上网下单消费就能买到世界各地的商品。

从中可以看出，每一次技术革命给人们带来新的可能和更好体验的背后，都是变革者对企业自身组织形态和业务流程的全新改造。技术革命只有对公司内部资源进行优化配置之后，才能以更小的成本向社会提供更高品质的服务。因此，无论怎样描绘智能经济下让人惊诧的服务体验和不可思议的未来生活，都离不开采用这一次技术革命的最新成果来改造现有的业务流程，也就是运用大数据技术来改造公司内部的产品开发和销售运营活动。这就是智能增长的本质。

20.2　智能增长的阶段

智能增长从来不是一蹴而就的事情，必然会经历逐渐摸索适合企业自身条件和外部环境特殊路径的过程。在这个过程中有着一些显著的规律，会有不同角色的团队在不同发展阶段上起到不同的重要作用。用互联网行业常用的比喻就是，运用大数据技术改造公司内部的产品开发和销售运营活动，就好像是要为一辆飞驰在高速公路上的汽车换上更新的轮胎，既要保证汽车继续保持快速的前进，又要避免新旧交替过程中可能出现的偏差和冲突。

技术从来都不是万能的良药，不应过度宣扬其在智能增长的任何阶段都能发挥决定性作用。销售运营总是冲在业务增长的第一线，但也应该在需要炮火支援的时候让出前方空间，避免无畏的冲锋。产品的任务是从用户体验出发，但要记住用户是需要被教育的，运营人员需要通过运营手段让用户提前感受产品的价值，也需要运用技术手段延续这种感受的范围。

20.2.1　早期积累

任何一款想在商业模式上获得成功的产品，都必须在早期积累时期想清楚需要囊括的所有参与者所组成的生态环境。比如，出租车召呼平台就必须引入乘客和司机，外卖餐饮平台就必须引入餐厅和顾客，商铺出租平台就必须引入业主和店主。一开始大家自然是没有现成可遵循的交易场景，增长处于蛰伏状态，运营无处发力，产品还未开发，研发也不知道该如何组合现有的技术元素。

这时最常见的做法是兵分两路。销售运营的职责是，将还未成形的业务模式描绘出来、推销给潜在的商业生态参与者，先期投入精力和资金去教育习惯于现有商业模式下的需求提供者和消费者。产品研发的职责是，用最小的代价在最短的时间内将许诺给潜在参与者的功能变成可以稳定运行的服务，让第一批生态参与者能够体验到不同的服务，新产品的优质服务在人群中形成口碑，在更大的生态圈里传播新产品的影响力。

20.2.2　快速发展

新兴商业模式一旦得到市场认可之后，通常都会出现一段迅猛增长的阶段，越来越多的潜在参与者被连接到新的生态中。与此同时，也会有越来越多的竞争者开始进入这片新生的蓝海，试图从中分得一杯羹。由于市场增长速度足够快，所有的玩家也未必准备好足够的资源占满所有的份额，因此彼此之间的竞争虽然激烈，但玩家仍能够立足于自身的优势获得快速发展。但是细心观察的话就能发现，各家在运营、产品和研发上的不同侧重点将在这个阶段种下影响未来的种子，并将在随后的发展过程中逐渐显现力量。

销售运营体系的重心，通常都会放在迅速扩大一线团队的人员规模上来提高执行力。比如，将相近业务体系团队的人员调配到新兴业务里，能在短时间迅速整编出既有经验又有规模的业务推广团队；将一些成熟的推广手段外包给专业团队，进行线下地推、目标用户拜访、电话销售等活动；采用代理商模式，将新增业务和未来所有权合在一起，交给更熟悉当地市场环境的团队，利用本地资源迅速打开市场局面。

产品设计体系的重心，通常会放在对基本功能细节的精雕细琢，和快速迭代开发能形成差异化体验的产品功能上。前者优先解决用户最常用的 80%功能在体验稳定性和便捷性上的问题，这样使得这一时期涌入的新用户能很快在新应用上找到预期的熟悉感觉，顺畅地走完主要的交易环节。后者侧重解决用户在另外 20%功能上追求差异化细致体验问题，其目标是让用户能够在日常的使用过程中感受到这款产品的独特之处，留下独特好感，让产品优势转化成为用户下次继续留存的原因。当然，在攻取用户独特体验的同时，产品人员也要关注竞争对手的变化，发现有好的功能点在不涉及专利的情况下及时跟进，保证不被对手落下差距。

技术研发体系的重心，则要放在保证以上快速迭代的功能点能够得到及时响应，能够在周级的升级开发流程中部署到线上，同时保证整个服务系统的稳定性。前者快的要求，对应着更加简洁的代码架构设计和划分清晰的业务逻辑流程；后者稳的要求，则对应着更加严格的测试上线流程和健壮容错的运维系统。

20.2.3　精细运营

目标市场的增速终究会进入瓶颈阶段，这时在人力和资金上进一步的投入也很难带来合理的收益。那么运营人员就有必要依赖成熟的精细化运营方案，而不是依赖地推和砸钱来进行线下活动，更多地采用技术驱动的方式实现业务的自增长。

然而此时也是风险最高的阶段。外界环境和竞争格局的变化通过各种业务压力传导到公司内部，运营人员一方面需要沿用已有的增长手段进一步维持业务发展的速度，一方面又要着手转变发展方式，加大技术创新对业务自增长的带动作用。现状和目标这两个点的坐标是确定的，困难之处在于寻找和实施出一条能穿过障碍的路径。

对销售运营团队来说，依赖人员数量扩张和经过反复宣导培训以提高执行力而带来的增长动力越来越弱，但仍然没有人比他们更清楚业务一线正在发生的事情和每天层出不穷冒出的棘手难题。无论如何，再先进的技术也不可能绕过他们而独自行事。

对产品设计团队来说，他们也曾试图深入理解业务一线面临的问题，经过消化吸收提出了更加精细的产品需求。原来简朴的用户界面、简单的业务流程、简洁的功能逻辑已经膨胀臃肿起来。从提出一个需求到追加到现有技术框架里这个过程，经历的时间变得越来越长，涉及的部门人员越来越多，但业务增长的收益却似乎越来越少。

对技术研发团队来说，前面两个环节遇到的问题和需求只会放大后变成越来越紧的排期，而且任何人都难以理解，最后精确到日级要完成的开发任务到底在多大程度上对应了最初的问题和需求。

这是很多业务驱动型企业在面临增长瓶颈时都会表现出的症状。如果运营人员没有在业务快速增长期提前做好准备，那么在享受完市场扩大的红利之后，就必然会陷入如上很难摆脱的困境。

但是，反者道之动，弱者道之用。越是在既有的增长模式陷入困境的时候，就越是能见证出智能增长模式的价值。之前的所有积累为精细运营提供了必要的基础，业务发展到这个局面下，对于公司来说真正有价值的就是被连接到生态里的所有参与者和他们的数据。以此为起点重新出发，才是避开横亘在决策者面前貌似不可解问题的可行方案。沿着从数据、模型到应用场景的思路，管理者一步步构建企业在数据驱动智能增长方面的核心竞争力，分清企业自身的实力和阶段，选择组建数据增长团队的合适路径，才能完成进入精细化运营，实现从数据到数据的自增长状态。

20.3　人的未来

有心的读者可能会进一步追问，在这样一个颠覆大家业已熟知的公司组织和业务发展方式的增长过程中，个人究竟应该发挥什么作用，又会面临什么结局。就像蒸汽机、电动机和计算机，在各自的历史阶段，让曾经以为自己会终老于某个职业的人们，突然面临被日益强大的机器所取代的窘境。智能化的业务增长体系似乎更加无所不能，包办了原先被认为是更加体面、更加不可替代的中高端白领工作。

这一次，人的未来在哪里呢？

20.3.1 被机器智能替代

可以预见的是，那些需要简单技能就能完成，但需要提供真实交互体验的低端工作，反而不见得很快会被机器智能取代，比如物流配送员、上门维修工。因为这些工作本身的人力成本很低，而且能够被真人服务本身就是人的一种基本需求。反倒是那些需要经过一定培训和经验积累，但用户不介意是否有一个真人在背后、只需要看到最终结果的中端工作，最有可能被机器智能替代。

当替代现象刚开始发生的时候，很多人并不能准确地意识到这些事情的意义，大家会很自然地在以人的感觉理解新生事物。消费者只关注体验更好的服务质量，这是最常用的一种思考路径。从前面的分析可以看出，历次技术革命带来表面上生活质量提升的背后，都是提供这些服务的企业在不断优化自身组织结构和业务流程的结果。如果说之前的几次技术革命延展的还只是人类的体力和知识，那么这次机器智能的攻势已经逼近到了人类最引以自豪的智能堡垒。壁垒一旦被攻破，人类将再无险可守。

当然这中间会有一段过程，人类会反复校验这种智能增长的级别是否达到可信赖的程度，在现实中也会逐步从最容易放开的高层需求开始让渡，而把关系到人类最基本需求的功能放在最后。其中，标志性的三大领域将分别是自动驾驶、诊断病情和技能教学。这些领域对应的司机、医生和教师都一直是被认为必须由人来担当职责，但这些职业在未来也终将会被纳入到更加高层的智能体系里。机器智能在掠夺这些领地的时候，并不会考虑人的感受，而会完全出于效率优先、增长优先的考虑。当充足的数据、低廉的计算能力和复杂的算法满足条件之后，自驱动的增长体系自然会选择最优的方案，找到既能满足用户需求又能舍弃人参与的方法。

20.3.2　做机器做不了的

意识到危机的人们会开始想去做机器做不了的事情，比如刚才说的那些需要简单技能就能完成、但需要提供真实交互体验的低端工作。但并不是所有人都愿意低下头，接受这种可能看起来不太舒服的选择。

当然，机器智能也是有自身缺陷的。让一个小孩学会识别一只猫是一件很容易的事情，但想让机器学会识别确是件非常困难的事情。当然随着训练语料的增长和学习算法的改进，机器识别率可以再提升，但这总有些舍本逐末的意味。机械臂可以很精准地操作复杂仪器、抬举很重很大的物体，但却很难掌握细微的举止，表现出合乎礼仪的姿态，而且谁都更愿意和真人发生交互、有自然的感受。自然语言处理系统可以根据算法处理繁重的法律文件、生成标准规范的新闻稿件，但在更高级的艺术创作领域没有固定的规范，诗歌、音乐、绘画仍旧需要有创意的人来完成。

机器智能究竟是会奴役人类还是解放人类，这完全取决于人类有没有信心适应这个转变，人们是否能将这种转变的速度限定在可控范围内，逐渐调整自己的教育培训体系，让下一代人类迎接更美好的未来。

20.3.3　驾驭机器智能

如果说谈下一代还为时过早，那么这种转变对这一代人带来的冲击还是很现实的。生逢这个巨大转变的时代是一件幸事，可以体验到机器智能带来的更科技的生活。但这也可能是一件憾事。因为在这波浪潮之后，如果人们没有抓住技术变革的趋势，就可能会在业已成型的新时代中成为落伍者，无法再享受技术发展的精妙之处。

那么，有心既享受技术变革红利又不愿被技术趋势落下的人，该如何驾驭不以自己意志为转移的机器智能，成为与时俱进的那群人呢？

- □ 最好的办法是，让自己成为离机器智能最近的人。人成为利用技术驱动增长企业的一部分，在自己熟悉的领域运用智能增长方法改造现有的事务。如果大家已经认清了发展趋势，那就不妨投靠到机器智能的阵营，以帮助机器智能替换其他人类的工作作为自己的工作。

□ 与前一种方法相反的则是，人运用学习能力不断丰富自己，让自己成为不可替代的个体。终身学习在以往的年代可能只有很少量的人能够自觉做到，而且受限于学习资源和交互手段，学习方式也只停留在比较粗放的状态。在机器智能的时代，学习成本大大降低，学习效率大大提高，时间和空间不再成为阻碍学习和完善自己的理由。

20.3.4　增长的代价

在阿西莫夫的《银河帝国》系列第 6 部《基地边缘》中出场的历史学家裴洛拉特曾说："我有一种感觉，葛兰，文明的进步只不过是加强对隐私权的限制罢了。"刘慈欣在《镜子》一书中构造了一个能在微观粒子级别模拟真实世界、演算整个宇宙发展变化的镜像世界，并在解决了递归调用问题之后能够做到预测未来发展趋势。的确如此，从某种角度来说，为了达到精准控制事物发展状态的目的，人的隐私逐渐被剖解开存储到虚拟的数据世界里。

随着增长能力的提升，系统需要越来越多的数据来构造模型，需要越来越多的样本充当训练语料饲喂机器学习算法。增长的代价就是系统要掌握更多的用户数据，就是用户隐私权的丧失。在科幻世界里似乎没有人为此烦恼，是因为未来世界的人类改变了保有自身隐私权的道德观念，还是因为技术信徒在有意无意回避这个必然存在的难题？

回到现实世界里讨论智能增长话题，人们必须强调保护用户隐私的安全性问题。在技术层面能做到的事情，包括对用户密码的加密保存处理、对用户私密身份信息的脱敏处理，以及数据库系统的防攻击措施等。在道德层面，人们则需要妥善处理商业利益优先和避免骚扰用户的权衡。在法律层面，还需要面对用户隐私权和强制力量之间如何平衡的问题。

本书之所以在最后提到增长代价的问题，也是希望所有有志于利用数据驱动商业增长的变革者，在挥舞这把双刃剑的时候，能把握好利用大数据的尺度。

后　　记

　　本书的缘起来自于我经历的技术路线。从搜索引擎到推荐系统，再到机缘巧合进入外卖团队后开始广泛接触物流调度、营销、风控、画像等技术方向，我伴随了团队由小到大、管理由粗放到精细的发展过程，逐渐感悟了一些隐藏在纷繁复杂事件背后的规律。这些感悟只是自己的个人认识，由于自身分辨能力的局限和掌握信息不全，必然会存在一些疏漏甚至谬误。我一直试图以某种逻辑架构的形式将这些感悟书写出来，毕竟只有将零散杂乱的思绪变为逻辑严谨的文字，才能明确知道自己到底在思考什么及如何思考。只有将不成熟的观点，分享给众多同样致力于思考这些问题的朋友，大家才能互相借鉴、共同进步。

　　于是，在 2016 年，因为翻译《推荐系统》一书而保持友好关系的人民邮电出版社图灵公司联系我，邀请我将自己的技术经验和感悟总结成书时，我才正式开始将酝酿已久的思绪有意识地整理成文。成书的过程并无章法可循。如果说有一条主线的话，也就是我常常会持续思考工作中遇到的事情，事情如何发生、如何发展，及其前因后果。这些念头一旦产生，就会常驻大脑内存。通勤乘车、休闲散步、睡前发呆、洗漱如厕都成了整理这些念头的好时机。一开始，还都是互相缺乏关联的零散概念，被我记录在 OneNote 记事簿里。慢慢地，零散知识点集腋成裘，互相产生了联系，我便逐渐找到了它们之间的逻辑和在本书中的位置。

实践是检验这些想法的最好方法。我要感谢百度外卖诸位同事在业务发展过程中的鼎力相助。

感谢谢工、刘江老师在本书选题阶段的信任与支持。

感谢王军花、毛倩倩、陈兴璐编辑的专业、认真和耐心，帮助我顺利完成出版过程。

感谢家人一路相伴的付出和无微不至的照顾。

站在巨人的肩上
Standing on Shoulders of Giants

TURING
图灵教育

iTuring.cn

站在巨人的肩上
Standing on Shoulders of Giants

TURING
图灵教育

iTuring.cn